Dr. Hubert Klingenberger, Studium der Pädagogik, Psychologie und Soziologie, ist freiberuflicher Dozent, Coach und pädagogischer Berater/Curriculumentwickler mit den Themenschwerpunkten Lernen, Führen, Persönlichkeitsentwicklung; Buchautor und Entwickler von Lernmaterialien; lebt in München, verheiratet, zwei Söhne.

Erika Ramsauer MTD (Master of Training and Development) ist Heilpraktikerin für Psychotherapie und Mentorin für Logotherapie und Existenzanalyse. Sie arbeitet als ressourcenorientierte, freiberufliche Trainerin und Beraterin v. a. im Bereich Sinnfindung, Persönlichkeitsstärkung, Resilienz, Be- und Erziehung sowie Biografiearbeit.

Liebe Leserin, lieber Leser,
als Käufer dieses Buches bieten wir Ihnen eine umfangreiche Sammlung von Methoden und Checklisten des vorliegenden Buchs als PDF-Download mit dem nachfolgenden Code zum Sonderpreis an. So gehts:

- Gehen Sie auf www.donbosco-medien.de.
- Wählen Sie die Artikelnummer 51820 aus.
- Legen Sie das Produkt in den Wahrenkorb.
- Im letzten Bestellschritt geben Sie den Code ein.

Der Download wird Ihnen in Ihrem Kundenkonto bereitgestellt. Da das Produkt sofort heruntergeladen werden kann, benötigen Sie für den Kauf eine Kreditkarte oder einen Paypal-Account.

Mit freundlichen Grüßen
Ihr Don Bosco Verlag

vhf2Sjam

Hubert Klingenberger | Erika Ramsauer

Biografiearbeit *als Schatzsuche*

Grundlagen und Methoden

DON BOSCO

Gerne nehmen wir Ihre Anregungen, Wünsche, Kritik oder Fragen entgegen:
Don Bosco Medien GmbH, Sieboldstraße 11, 81669 München
anregungen@donbosco-medien.de
Servicetelefon: (0 89) 4 80 08-341

Bibliografische Information der Deutschen Nationalbibliothek
Die Deutsche Nationalbibliothek verzeichnet diese Publikation in der Deutschen Nationalbibliografie; detaillierte bibliografische Daten sind im Internet über http://dnb.d-nb.de abrufbar.

1. Auflage 2017 / ISBN 978-3-7698-2241-0

www.donbosco-medien.de
Umschlag und Layout: Meike Sellier
Satz: Don Bosco Medien GmbH, München
Druck: BoD – Books on Demand, Norderstedt

Gedruckt auf umweltgerechtem Papier

Inhalt

Für den guten Überblick

2003 erschien das Buch „Lebensmutig" von Hubert Klingenberger. Es war zu diesem Zeitpunkt eines der ersten, das den Ansatz des biografischen Arbeitens sowohl konzeptionell als auch mit methodischen Anregungen vorgestellt hat. Inzwischen sind einige Jahre vergangen und die Literatur zur Biografiearbeit ist explosionsartig angewachsen. Neben theoretischen Arbeiten[1] stehen Methodensammlungen[2] und auch viele Praxisberichte und -reflexionen sind auf dem Buchmarkt zu finden.

Biografisches Arbeiten hat mittlerweile eine große Resonanz erfahren und ist mit Blick auf unterschiedliche Zielgruppen (z. B. Jugendliche, Menschen mit Behinderung oder Paare) und vielfältige Handlungsfelder in der Begleitung von Menschen (z. B. Seelsorge oder Pflege) weiterentwickelt worden.

Es ist also an der Zeit, die Ausweitungen und Differenzierungen wieder einmal zu bündeln und in einer Gesamtschau darzustellen.

Mit dem vorliegenden Buch wollen wir den Ansatz des Buches „Lebensmutig" aufgreifen und weiterführen. Die Informationen wurden aktualisiert und erweitert. Neue Methoden wurden ins Werk aufgenommen.

Ziele

- Sie kennen (Hinter-) Gründe und Grundlagen des Biografischen Arbeitens.
- Sie sind sich der stärkenden Wirkungen der Ressourcenorientierung bewusst.
- Sie verfügen über Methoden und Impulse zur ressourcenorientierten biografischen Begleitung von Klienten/-innen i.w.S. bzw. zur persönlichen Auseinandersetzung mit dem eigenen Leben.

Nutzen

Sie erweitern Ihr methodisches Instrumentarium und stärken sich selbst und/oder die Menschen, die Sie auf ihrem Lebensweg begleiten. Sie eröffnen diesen neue Lebensperspektiven und -wege.

Dieses Buch richtet sich an haupt-, neben- und ehrenamtliche Mitarbeiter/-innen in den unterschiedlichsten Bereichen der Begleitung von Menschen: in Pädagogik und Psychologie, Pflege und Medizin, Coaching und Beratung sowie in der Seelsorge und in der Personalentwicklung.

- Zu Beginn des Buches wenden wir uns dem Begriff „Biografie" in seiner Vielfältigkeit zu. Wir beantworten die Frage, was sich alles mit diesem Begriff verbindet und welche Lebensthemen und -bereiche damit angesprochen sind (**Kapitel 1**).
- Danach klären wir Grundlegendes zur Biografiearbeit (Ziele, Wirkungen, Prinzipien u.a. – **Kapitel 2**).
- Im **3. Kapitel** stellen wir Ihnen ausgewählte Bezugstheorien der Biografiearbeit vor.
- Biografiearbeit kann in der Begegnung zweier Personen, aber auch in Gruppen stattfinden – was beim biografischen Gespräch zu beachten ist, erfahren Sie im **4. Kapitel.**
- In solchen Gesprächen können Themen ans Tageslicht kommen, die besonders herausfordernd sind: Scheitern, Scham und Schuld, Leiden, Sterben und Tod (**Kapitel 5**).
- Zusammenfassend beschreiben wir in **Kapitel 6** die Aufgaben und zu erwartenden Fähigkeiten der Personen, die als biografische Begleiter/-innen unterwegs sind.
- Allgemeine Literatur finden Sie zum Schluss.

Folgende Gestaltungselemente werden Ihnen das Lesen und das Arbeiten mit diesem Buch erleichtern:

- Ziel- und Nutzenbeschreibungen am Anfang eines jeden Kapitels: Sie helfen Ihnen, einen Überblick über das jeweilige Kapitel zu gewinnen. Sie können für sich entscheiden, inwieweit dieses Kapitel Ihren Anliegen entspricht.
- Fragen zur Selbstreflexion: Wir empfehlen Ihnen, diese schriftlich – z.B. in einem eigens dafür angeschafften Notizbuch, einem sogenannten Lebensbuch, zu bearbeiten.
- Methoden: Sie können diese Methoden in Gruppen und Seminaren oder in der Begleitung von Einzelpersonen einsetzen.
- Ausgewählte Leseempfehlungen am Ende eines jeden Kapitelabschnitts: So können Sie Themen, die Sie stärker interessieren, vertiefter bearbeiten.

Zum Weiterlesen

Hölzle, Christina & Jansen, Irma (Hg.). (2009). *Ressourcenorientierte Biografiearbeit: Grundlagen, Zielgruppen, kreative Methoden*. Wiesbaden: Verlag für Sozialwissenschaften.

Kappner, Stefan (2015). *Schreibend erzählen: Biografiearbeit mit Senioren und Demenzkranken: Praxismaterial mit Tipps, Anleitungen und Kopiervorlagen* (1. Aufl.). Mühlheim: Verlag an der Ruhr.

Ruhe, Hans Georg (2014). *Praxishandbuch Biografiearbeit: Methoden, Themen und Felder.* Weinheim: Beltz Juventa.

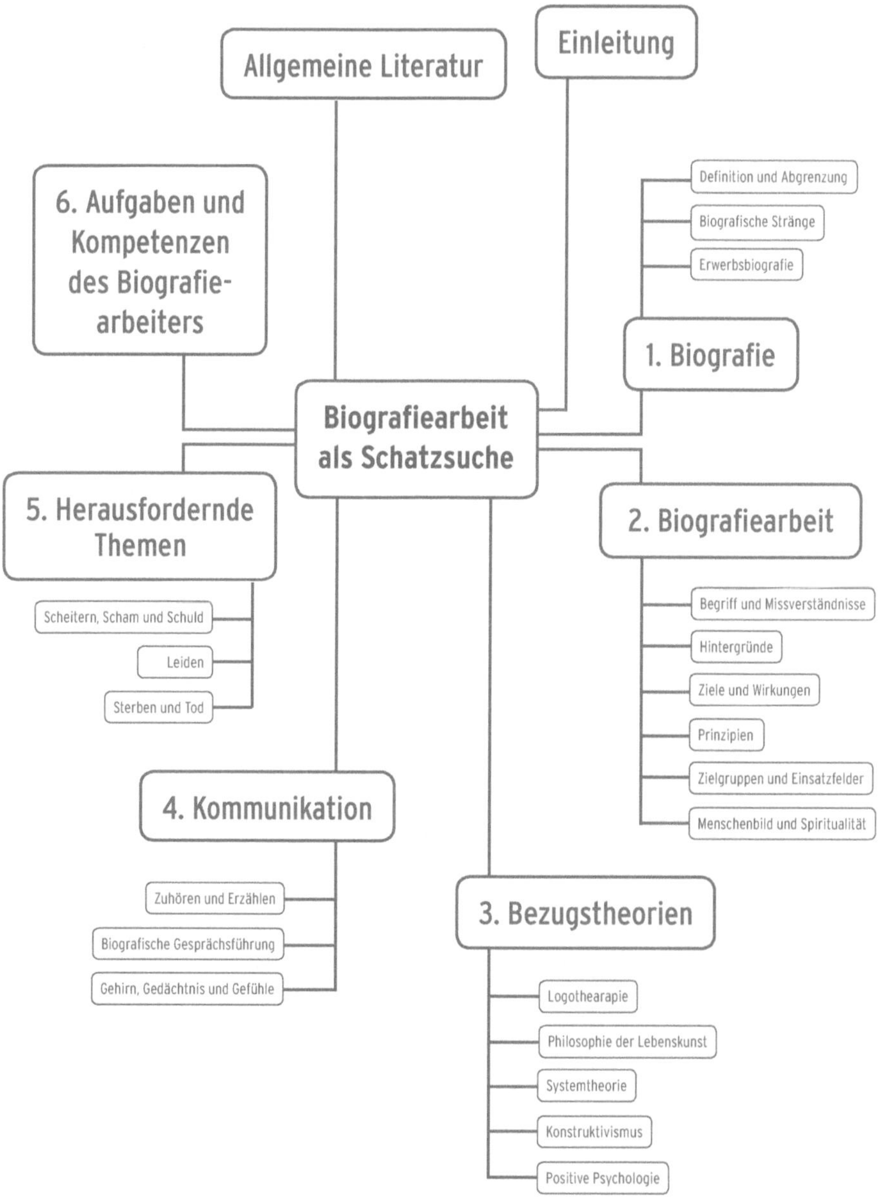

Kapitel dieses Buches im Überblick

KAPITEL 1 Vielfalt und Fülle – Was unter „Biografie" zu verstehen ist

> „Die meisten Menschen sind im Grundverhältnis zu sich selbst Erzähler.
> Sie lieben das ordentliche Nebeneinander von Tatsachen,
> weil es einer Notwendigkeit gleichsieht, und fühlen sich durch den Eindruck,
> dass ihr Leben einen Lauf habe, irgendwie im Chaos geborgen." *Robert Musil*

Im ersten Kapitel dieses Buches wenden wir uns dem Begriff „Biografie" zu – ein Wort, das wir oft benutzen, zumeist ohne uns dessen Bedeutung und Fülle im Genaueren bewusst zu sein.

- Wir fragen nach dessen Bedeutung und grenzen es vom Begriff „Lebenslauf" ab (**Kapitel 1.1**).
- Wir differenzieren den Biografie-Begriff in einzelne Aspekte (**Kapitel 1.2**).
- Und wir befassen uns ausführlich mit der Erwerbs-Biografie – weil ihr in unserer Leistungsgesellschaft und unserer von Arbeit und Beruf geprägten Kultur eine besondere Bedeutung zukommt. (**Kapitel 1.3**)

Ziele

- Sie grenzen den Begriff „Biografie" vom „Lebenslauf" ab und kennen wichtige Aspekte der Biografie.
- Sie sind sich der Vielfalt biografischer Themenfelder bewusst.
- Sie verfügen über Methoden, die Vielfalt von Biografien ins Zweier- oder Gruppengespräch zu bringen.

Nutzen

Sie verfügen über Hintergrundwissen zur Biografiearbeit und handeln auf einem guten begrifflichen Fundament.

1.1 Definitionen und Abgrenzungen

„Jeder Mensch erfindet früher oder später eine Geschichte, die er für sein Leben hält." *Max Frisch*

Im Alltag verwenden wir den Begriff „Biografie" sehr häufig und zumeist unreflektiert. Als Literaturgattung und Thema für Filme sind uns Biografien wohlvertraut.[3] Für die bewusste und professionelle Begleitung anderer ist es notwendig, diesen Begriff von unterschiedlichen Seiten zu betrachten:

- Nach der griechischen Wortwurzel („bios" = „Leben"; „graphein" = schreiben) stellt eine Biografie eine Lebensbeschreibung dar. Eine Autobiografie (im Griechischen steht „auto" für das deutsche Wort „selbst") ist eine Lebensbeschreibung, die von der betreffenden Person selbst verfasst wird.
- Bei einer Biografie handelt es sich um eine Lebensgeschichte, die aus Lebensgeschichten besteht. Wir können eine Biografie nicht an sich erzählen. Wir teilen sie auf in Geschichten und Episoden, die wir dann zum Besten geben. Und zugleich ergeben diese einzelnen Geschichten ein Ganzes – unser Leben.
- Die Biografie ist das „Fleisch auf dem Gerippe des Lebenslaufs": Während der Lebenslauf lediglich die Daten eines Lebens aufzählt (z. B. 1981: Abitur), beschreibt die Biografie die dazugehörige Geschichte („Also, das war so …").
- Dabei ist eine Biografie nichts objektiv Gegebenes (= „Faktum"), sondern eine subjektive Konstruktion. Wir machen uns *unser* Bild von unserem gelebten Leben. Wir gestalten diese Geschichte so, dass wir gut damit leben können – auch wenn das manchmal auf den ersten Blick nicht so scheint. (So machen es sich manche Menschen in ihrer Opfergeschichte, d. h. in ihrer Vorstellung, dass es ihnen im Leben meistens nur schlecht ergangen ist und ihnen übel mitgespielt wurde, sehr heimelig.)
- Zudem ist sie eine soziale Konstruktion: Gesellschaftliche Muster bestimmen mit, wie wir die Geschichte unseres Lebens erzählen. So sind Lebensgeschichten seit Beginn der Industrialisierung zumeist auch Wachstums- und Fortschrittsgeschichten.
- Was wir für unsere Biografie halten, ist nicht nur ein Aspekt der Vergangenheitsbetrachtung. Davon ist auch unsere aktuelle Lebensführung berührt: So lässt sich Biografie als „eine in einem lebenslangen Prozess erworbene Aufschichtung von Erfahrungen, die bewusst oder unbewusst gewonnen in unser Handeln eingehen"[4] verstehen.

Methode 1 → siehe Seite 48

Für die Biografie gelten die drei grundlegenden Momente des Menschseins, wie sie Niklaus Brantschen SJ formuliert hat:

- Verschiedenheit: Menschliche Biografien sind vielfältig und verschieden.
- Einheit: Verschiedenste Faktoren wirken auf die Biografien ein, und die Menschen in ihrer Gewordenheit wirken in die Welt zurück.
- Einzigartigkeit: Jeder Mensch ist einmalig. Jede Biografie ist einmalig.

Als weitere Charakteristika von Biografien werden angeführt[5]:

- Komplexität: Biografien weisen mehrere Dimensionen (vgl. Kap. 1.2 „Biografische Stränge") auf, die sich wechselseitig durchdringen und beeinflussen.
- Subjektivität: Biografien sind eine subjektive Verarbeitung des Erlebten und Erfahrenen.
- Räumlichkeit und Zeitlichkeit: Biografien sind bestimmt von Vergangenheit, Gegenwart und Zukunft. Sie vollziehen sich in verschiedenen sozial-ökologischen Nah- und Fernbereichen.
- Identitätsbezug: Unsere Biografien beschreiben, wer wir sind. In ihnen wird die jeweilige Identität der Person erkennbar. „Ich bin all diese Geschichten. Sie machen mich aus."
- Mittelbarkeit: Biografien erschließen sich über Texte – gesprochene oder geschriebene, Autobiografien, Interviews, Episoden.

Methode 2 → siehe Seite 49

In Blick auf die persönlichen Sichtweisen und die Interpretationen von „Biografie" lassen sich verschiedene Pole feststellen, zwischen denen sozusagen unterschiedlichste Schattierungen denkbar sind[6]:

- So vertreten manche die Ansicht, im Leben gehe es immer weiter, gar aufwärts, während andere meinen, bestimmte Aufgaben kämen immer wieder und wiederholten sich. Andere sehen im Leben einen Aufstieg bis zur Lebensmitte, bevor es dann („mit 40") wieder bergab geht.
- Manche glauben, vor allem die äußeren Umstände bestimmten den Menschen. Andere sind der Meinung, die Menschen bestimmten selbst über ihr Leben.
- „Mit dem Erwachsensein kehrt Ruhe ein", denken die einen. Andere entgegnen, jeder biografische Standort sei nur ein „vorübergehender Aufenthalt".
- Und schließlich ist die Meinung vorzufinden, Lernen sei nur etwas für Kinder und Jugendliche, während andere die Bedeutung des lebenslangen Lernens betonen.

Sichtweisen von „Biografie"

nach Hudson & MacLean, 2001

Es geht immer weiter aufwärts.	⟷	Bestimmte Aufgaben kommen immer wieder.
Vor allem die äußeren Umstände bestimmen den Menschen.	⟷	Die Menschen selbst bestimmen ihr eigenes Leben.
Mit dem Erwachsensein kehrt Ruhe ein.	⟷	Jeder biografische Standort ist ein „vorübergehender" Aufenthalt
Nur Kinder und Jugendliche lernen.	⟷	Lernen geschieht lebenslang.

Zum Weiterlesen:

Brantschen, Niklaus (2009). *Vom Vorteil, gut zu sein: Einsicht und Orientierung für ein erfülltes Leben* (1. Aufl.). München: Goldmann.

Fischer, Veronika (2007). Biografisches Lernen. In Fischer, Veronika u.a., *Handbuch interkulturelle Gruppenarbeit* (3. Aufl.). (S. 179-215). Schwalbach: Wochenschau.

Herder, Babette (2006). Biografiearbeit und biografische Dokumentation unter dem Aspekt der Lebensweltgestaltung. *Unterricht Pflege, 11* (1), 8-16.

1.2 Biografische Stränge

„Man muss das Leben lieben, um es zu leben,
man muss das Leben leben, um es zu lieben." *Thornton Wilder*

Das Leben eines Menschen ist so vielseitig und so komplex, dass es sinnvoll ist, dieses differenziert zu betrachten und in Teilbereiche einzuteilen. In der Biografiearbeit wird gern die Metapher einer Kordel, eines Wollfadens oder eines Taus verwendet. Wenn Sie diese näher betrachten, sehen Sie, dass auch eine Kordel aus verschiedenen, wieder in sich gezwirnten, Garnen besteht. Genauso setzt sich die Biografie eines Menschen aus verschiedenen „Teilbiografien“, den sogenannten biografischen Strängen zusammen. Dies erleichtert es uns, das Leben unter verschiedenen Aspekten näher zu betrachten, und hilft uns, dieses zu verstehen. Selbstverständlich sind diese Stränge miteinander verwoben und greifen ineinander über. Manche Teile laufen vielleicht großteils sehr glatt und unauffällig ab, bei manchen gibt es eventuell Knoten, z. B. in Form von krisenhaften Ein- und Umbrüchen.

Unser Leben setzt sich also aus verschiedenen Teilbiografien zusammen. Diese wollen wir hier kurz aufzählen und danach näher auf jeden einzelnen biografischen Strang eingehen:

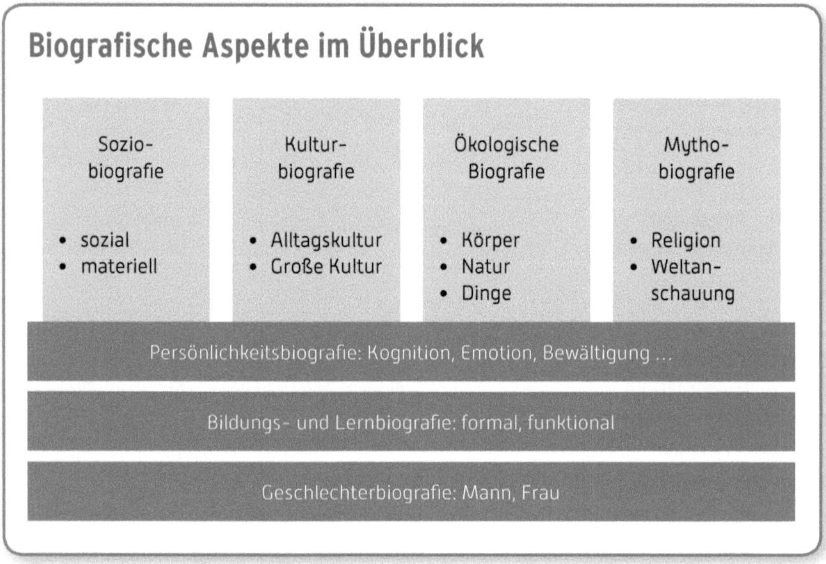

- **Soziale Biografie oder Soziobiografie**: Das ist zum einen die Geschichte unserer sozialen Beziehungen und zum anderen die Geschichte unserer Lebensverhältnisse.
- **Kulturbiografie**: Gemeint sind Kunst und Kultur, aber auch Alltagskultur und -gewohnheiten.
- **Ökologische Biografie**: Diese umfasst sowohl unseren Körper als auch die Natur und die Umwelt bzw. jene Dinge, die uns umgeben.
- **Mythobiografie**: Darunter fasst man die Einstellung zur Religion, zum Glauben und zur Weltanschauung zusammen.

- **Persönlichkeitsbiografie**: Das sind alle Aspekte unseres bisherigen Lebens, die die Entwicklung unserer Persönlichkeit prägen.
- **Bildungs- und Lernbiografie**: Sie zeigt unsere Lernerfahrungen in Institutionen oder auch durch das Leben selbst.
- **Geschlechterbiografie**: Sie beschreibt unser Leben als Mann bzw. als Frau näher.

1.2.1 Soziale Biografie

Unter Soziobiografie lässt sich zweierlei verstehen: die Biografie unserer sozialen Beziehungen und die Biografie unserer sozialen Verhältnisse.

Die Biografie der sozialen Beziehungen

Soziale Beziehungen sind wichtig:

- für unsere Identitätsentwicklung
- für den Austausch von Deutungen, der wiederum zur Sinnerschließung dienen kann: „Der Sinn von Beziehungen ist, dass sie Sinn machen" (nach Wilhelm Schmid).
- für die gemeinsame Problembearbeitung und -lösung
- als soziale Ressource (vgl. Salutogenese Kap. 2.2)

Jeder Mensch verbringt unterschiedliche Lebensphasen mit den gleichen, häufig mit immer wieder anderen Menschen (Herkunftsfamilie, Freunde, Partner/-innen, Kollegen/-innen, Nachbarn/-innen, Kinder, Enkelkinder, ...), aber auch mit Menschen, die im Leben bzw. auch während eines Lebensabschnittes besonders wichtig waren, wie z. B. eine besonders geliebte Oma, der Taufpate oder auch eine Zufallsbekanntschaft, mit der ihn ein Stück Geschichte verbindet.

Es macht auch Sinn und Spaß, sich den Familienstammbaum in Form eines Genogramms einmal näher anzuschauen und etwaige Ähnlichkeiten bezüglich der Lebenswege oder auch verschiedener Charaktere zu entdecken. Auch Grundeinstellungen zum Leben werden oft schon in der Kindheit geprägt und haben so manches Mal ihren Ursprung in der besonderen Beziehung zu einem Menschen.

In das Genogramm (s. Seite 16) können zusätzlich zu den Symbolen noch sogenannte Beziehungsdaten eingetragen werden. Dazu gehören:

- (Vor-) Name, Alter bzw. Geburts- oder Todesdaten der jeweiligen Person
- Daten von Kennenlernen, Heirat, Trennung oder Scheidung
- Wohnorte und Ortswechsel
- Krankheiten und Todesursachen
- Berufe

Grundlegende Symbole und Gestaltungselemente für das Genogramm

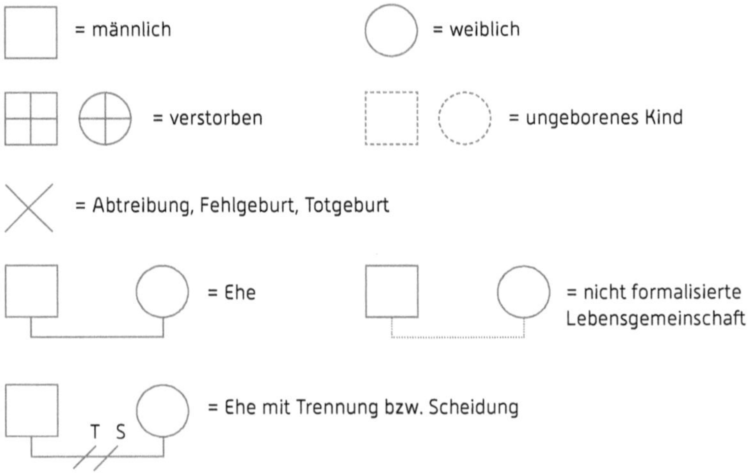

Weiterhin können noch eingetragen werden: drei Eigenschaften pro genannter Person, Begriffe zur Kennzeichnung der Familienkultur/-atmosphäre oder „immerwährende“ Streitfragen und Tabus in der Familie.

Mit Hilfe dieser Gestaltungselemente kann man sich nun einen Überblick sowohl über die „derzeitige“ Familie als auch über die Herkunftsfamilie verschaffen. Sie werden gerade für die Herkunftsfamilie feststellen, dass Sie über manche Informationen gar nicht verfügen. Dies kann Anlass zu ebenso vorsichtigen wie ergebnisreichen Gesprächen sein. Wie ein solches Genogramm dann aussehen kann, sei an einem Beispiel vorgestellt:

Erika (geboren 1932) war mit Oskar (1925-1984) verheiratet. 1965 haben sie sich voneinander getrennt. Aus ihrer Ehe sind zwei Töchter hervorgegangen: Nora (geboren 1955) und Maria (geboren 1962). Nora lebt in einer „wilden Ehe“ mit Thomas (geboren 1975). Maria hat Ronny geheiratet (geboren 1959), von dem sie sich 1995 scheiden ließ. Aus deren Ehe sind zwei Kinder hervorgegangen: Lisa (geboren 1982), die im Jahr 2000 tödlich verunglückte, und Paul (geboren 1979), der mit Konrad (geboren 1981) in einer Lebensgemeinschaft zusammenlebt.

Methode 3, 4 → siehe Seite 51f.

Genogramm-Beispiel

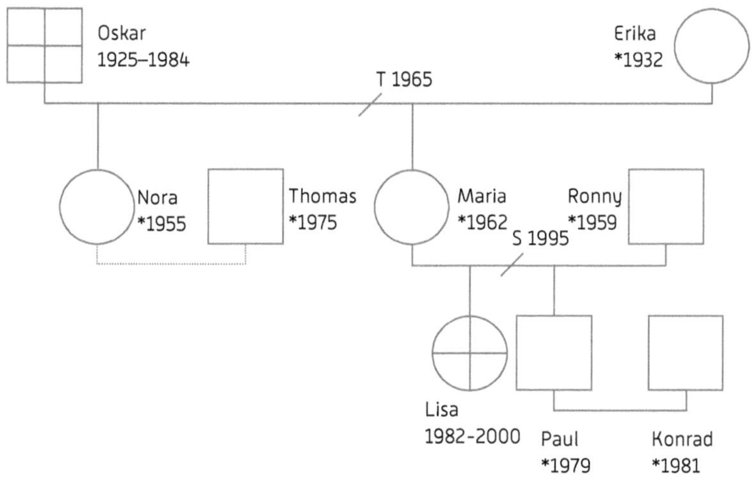

Selbst wenn soziale Kontakte sehr wichtig in unserem Leben sind, machen wir im Laufe eines Lebens auch kurz- oder längerfristige Einsamkeitserfahrungen. Vielleicht haben wir die Einsamkeit selbst gewählt und sind glücklich damit, vielleicht sind wir auch unfreiwillig durch Phasen der Einsamkeit gegangen.

Selbstreflexion

- Welche Erfahrungen haben Sie im Laufe Ihres Lebens mit dem Thema „Einsamkeit" gemacht?
- Inwieweit ist sie Ihnen vertraut? Wie sind Sie damit umgegangen?
- Was hat Ihnen geholfen, Erfahrungen der Einsamkeit zu bewältigen?
- Was bedeutet für Sie Geborgenheit?
- Mit wem und wo fühlen oder fühlten Sie sich wohl, wer schenkt(e) Ihnen dieses Gefühl von Geborgenheit?

Die Soziobiografie und die Fähigkeit, diese zu gestalten, werden immer wichtiger. Denn die Menschen heute leben immer weniger in vorgegebenen und lebenslang kontinuierlichen Beziehungen. Vielmehr wirken gesellschaftliche Erwartungen wie Mobilität und Flexibilität gerade auch in die Sozialbiografie hinein.

Biografie der sozialen Verhältnisse

Zur sozialen Biografie gehören aber auch die materiellen Bedingungen, in denen der Mensch durch seinen Lebenslauf hindurch lebt (z. B. die Wohlstands- und Armutsbiografie). Besondere Aspekte sind hier beispielsweise die Höhe des Einkommens, der Wohnstandard, das Verfügen über ein Kraftfahrzeug (und wenn ja welches?) usw.

Diese materiellen Lebensbedingungen prägen uns in einem nicht zu verleugnenden Maße: Sie fördern ein Gefühl der Sicherheit (bei ausreichendem Einkommen) oder des „Behaust"-Seins (Wohnraum). Umgekehrt fällt es nicht schwer, sich vorzustellen, dass das alltägliche Ringen um das materielle Auskommen die Persönlichkeit prägt.

Selbstreflexion

- Inwieweit war Ihre Kindheit von Wohlstand oder Geldknappheit geprägt?
- Inwieweit konnte sich die Familie auch zusätzliche Ausgaben, z. B. für einen Urlaub, leisten?
- Welcher Schicht bzw. welchem gesellschaftlichen Milieu gehörte Ihre Familie an?
- Wie ging diese Entwicklung bei Ihnen weiter? Welche Auf- oder Abstiege gab es im Laufe Ihrer Biografie?
- Welche Rolle spielt das Thema Geld in Ihrem Leben?

1.2.2 Kulturbiografie

In der Kulturbiografie unterscheiden wir zwischen der „großen" Kultur und der „kleinen" Kultur, der sogenannten Alltagskultur.

Biografie und die „große" Kultur

Die „große" Kultur umfasst das Theater, den Tanz, die Oper, die Literatur, die Malerei, Kunstausstellungen, Konzerte etc. und unseren Umgang damit bzw. unsere Einstellung dazu.

Selbstreflexion

- Welche Zugänge hatten Sie in Ihrer Kindheit zu Kunst und Kultur? Vielleicht nahmen Ihre Eltern Sie schon als Kind mit ins Theater und legten damit den Grundstein für eine Begeisterung für Opern?
- Welchen Musikstil bevorzugen Sie heute und welche Musik hörten Sie früher?
- In welche Museen gehen Sie gern? Welche Stile der Malerei und der Bildhauerei gefallen Ihnen?
- Welchen Stellenwert hat Literatur in Ihrem Leben? Welche Literaturgattungen bevorzugen Sie (Lyrik, Prosa, Dramen ...)? Wo, wann und mit wem lesen Sie?
- In welcher Hinsicht waren und sind Sie selbst künstlerisch tätig bzw. kreativ: Malen, Schreiben, Fotografieren etc.

Biografie der Alltagskultur

Unter Alltagskultur verstehen wir einerseits Gewohnheiten, Rituale des täglichen Lebens, andererseits unseren ganz persönlichen Stil und Selbstausdruck. Diesen entwickeln wir im Laufe des Lebens, er macht uns unverwechselbar: z. B. durch Sprechweise, Umgangsformen, Kleidung und Accessoires, aber auch durch Vorlieben und Konsumgewohnheiten bzw. durch die eigene Einstellung zu Arbeit, Freizeit, Medien und Technologien etc. Nachstehend finden Sie ein „ABC der Alltagskultur" in nicht vollständiger Aufzählung.

ABC der Alltagskultur	
Ausdruck und Abgrenzung	Im persönlichen Stil findet unsere Identität ihren Ausdruck. Wir teilen uns so der Außenwelt mit und demonstrieren damit unsere Unverwechselbarkeit. Diesen Stil erwerben wir in der Auseinandersetzung mit anderen Stilen und Kulturen. So wird zunächst - bis etwa zum 10. Lebensjahr mehr oder weniger (meist unbewusst) der Stil der Hauptbezugspersonen übernommen. Im Teenageralter grenzen wir uns bewusst von den Eltern und allen Erwachsenen der vorhergehenden Generationen ab und entwickeln danach einen ganz individuellen Stil. In späteren Jahren geht es weniger um die Zurschaustellung als vielmehr um die Entwicklung eines persönlichen Stils, der wiederum in der Gestaltung der Wohnung bzw. in der Lebensgestaltung ihren Ausdruck nach außen findet.
Badezimmerkultur	Für manche Menschen ist der Weg ins Bad ein notwendiges Muss, andere zelebrieren die Stunden im Bad und genießen ihre persönlichen Reinigungs- und Pflegerituale. So entwickelt jeder Mensch seine ganz persönliche Badezimmerkultur.

Chaos oder Ordnung	Hierzu gehört z. B. die besondere Ordnung am Schreibtisch, die es nur dem Besitzer/der Besitzerin erlaubt, dort alles zu finden, was für die Arbeit nötig ist. Der Umgang mit Chaos und Ordnung ist allerdings zum Großteil ein Aspekt der Persönlichkeitsstruktur.
Esskultur	Weitere Aspekte unserer Alltagskultur sind unsere Koch- und Esskultur. Hier geht es zum einen um unser Ernährungsbewusstsein und daraus resultierende Ernährungsgewohnheiten (vegan, mediterran, fast food u.v.m.). Zur Esskultur gehört auch die Art und Weise, wie wir unser Essen zelebrieren (z. B. mit Kerzen, Stoffservietten) oder unsere Nahrung „nebenher" zu uns nehmen.
Fest- und Feierkultur	Feste sind ganz wesentliche Bestandteile im Jahresverlauf. Persönliche Feste wie Geburts- oder Jahrestage, religiöse Feste und Feiertage, aber auch bestimmte Tage, die den Jahreslauf bestimmen und vielerorts gefeiert werden, wie z. B. Silvester oder die Sonnenwende. Hierbei gibt es oft Traditionen aus Kindertagen, die in die eigene Familie übernommen oder auch bewusst gestrichen oder verändert werden.
Genusskultur	„Wer nicht genießt, wird ungenießbar." Rund um das Wort „Genießen" gibt es sehr viele Redewendungen, wie „in vollen Zügen genießen" oder auch „mit Vorsicht zu genießen". Gemeint ist, sich mit allen Sinnen auf eine Tätigkeit, einen Menschen, auf das Leben allgemein einzulassen und dies - im besten Fall - positiv auf sich wirken zu lassen. So kann für den einen ein Glas Wein und für die andere die Ruhe, wenn die Kinder im Bett sind, Genuss bedeuten.
Haarkultur	Unsere Haare sind, soweit wir das Aussehen und den Haarschnitt beeinflussen können, auch ein Ausdruck der Persönlichkeit und waren früher sogar ein Standeszeichen. Auch der Männerbart gehört zu dieser Kategorie dazu. Im Laufe eines Menschenlebens ändert sich die Frisur mitunter sehr oft.
Kleidungskultur	Auch der Stil unserer Bekleidung ändert sich - beeinflusst durch verschiedenste Menschen, Modeströmungen und unser eigenes Modebewusstsein - häufig im Laufe eines Lebens. Gesundheitliche Aspekte, Umweltbewusstsein und unser Selbstwert spielen hier ebenfalls eine große Rolle.
Kommunikationskultur	Wir haben im Laufe unseres Lebens eventuell verschiedene Kommunikationsstile und -weisen an den Tag gelegt: Vielleicht waren wir einmal sehr offen und plauderten fröhlich vor uns hin. Vielleicht gab es Phasen der behutsamen und sensiblen Kommunikation. Und vielleicht waren wir in bestimmten Zeiten des Lebens eher verschlossen und nicht gesprächig.

Mußekultur	Wie wir mit der freien Zeit umgehen, kann auch dem biografischen Wandel unterliegen: So kann es Lebensphasen gegeben haben, in denen wir freie Stunden und Tage genießen konnten. Aber genauso sind Zeiten denkbar, in denen wir die freie Zeit nicht ausgehalten und sie mit Aktivitäten und Ablenkungen gefüllt haben.
Quellen der Kraft	Das Leben der meisten Menschen weist ein hohes Tempo auf und fühlt sich teilweise für die Betroffenen zu „dicht" an. Um mit Belastungen verschiedenster Art umgehen und den Herausforderungen entgegnen zu können, ist es wichtig, dass wir auf unsere inneren Ressourcen schauen und die Kraftreserven immer wieder auftanken. Hier macht es Sinn, den Status der eigenen Kräfte zu bestimmen und den persönlichen Energiehaushalt durch kraftspendende Orte, Menschen, Tätigkeiten immer wieder in Balance zu bringen.
Rituale	Rituale verschiedenster Art beeinflussen und durchdringen unser Leben. Der tägliche, ganz persönliche Ablauf am Morgen vom Aufwachen bis hin zum Gang oder zur Fahrt in die Arbeit ist genauso ein Ritual wie die Gute-Nacht-Geschichte für Kinder oder ein Ritual in der Betreuung von Pflegebedürftigen. Rituale schenken Sicherheit und Orientierung, können aber auch als Zwang belasten und sollten im Laufe des Lebens von Zeit zu Zeit auf ihre Sinnhaftigkeit hinterfragt und bei Bedarf abgeändert oder gestrichen werden.
Streitkultur	Unsere Streitkultur bzw. der Umgangston untereinander beeinflusst unser Zusammenleben in hohem Maße. Dabei werden bestimmte Muster bereits in unserer Kindheit vorgelebt und prägen uns. Nicht immer sind wir Menschen einer Meinung und dabei ist es wichtig, dies zu kommunizieren, zu diskutieren, wenn es wichtig ist, und dabei das Gegenüber zu akzeptieren, auch wenn dieses anderer Meinung ist.
Tischkultur	Unter Tischkultur verstehen wir all jene bewussten und unbewussten Regeln und Gewohnheiten rund um das Essen: von der Lieblingsspeise über die Tischmanieren bis hin zur Tischordnung.
Wohnkultur	Unter Alltagsbiografie verstehen wir auch die sogenannte Wohnkultur wie z. B. die Wohnungen oder Häuser, die wir im Laufe unseres Lebens bewohnen, zusammen mit der gewählten Einrichtung. Die Wohnbiografie gewinnt besonders bei Brüchen in unserer Biografie an Bedeutung. Vielleicht war besonders der Einzug in die erste eigene Wohnung eine besondere Erfahrung. Ein Leben in einer großen Wohnung oder einem Haus mitsamt der Familie und danach vielleicht der Umzug in eine kleine Wohnung nach einer Trennung oder wenn die Kinder ausziehen. Auch der bevorstehende Umzug in ein Seniorenheim prägt ein Menschenleben und will gut gestaltet und vorbereitet sein. Wohnen bedeutet im Normalfall ein Stück Geborgenheit und bedient eines unserer elementarsten Bedürfnisse, nämlich das Bedürfnis nach Schutz und Sicherheit.

Zeitkultur	Ähnlich wie bei der Mußekultur stellt sich auch hier die Frage nach dem Umgang mit der Zeit. Diese kann mit dem Lebensverlauf variieren: Es kann Phasen gegeben haben, in denen wir mehr vergangenheitsorientiert waren. Dann lebten wir mehr in der Zukunft. Vielleicht gelang es uns hin und wieder auch, ganz gegenwärtig zu sein. Auch die Art, mit der Zeit umzugehen, kann sich gewandelt haben: Einerseits konnten wir alles auf uns zukommen lassen; andererseits hatten wir ein ausgeprägtes Planungs- und Kontrollbedürfnis und managten deswegen die Zeit.

Methode 5, 6, 7 → siehe Seite 52f.

Auch im Zusammenhang mit den Aspekten Seniorenheim und Pflege im Alter ist die Kenntnis einiger Gewohnheiten und Vorlieben durch Angehörige, die diese an Mitarbeiter im Pflegebereich weitergeben können, Gold wert. Dann kann ein Stück weit auf die besonderen Bedürfnisse des einzelnen Menschen eingegangen oder ein Stück Verständnis für die Situation eines Menschen entwickelt werden. In vielen Einrichtungen ist es bereits üblich, eine kurze Biografie bzw. ein Lebensbuch für den alten Menschen anzulegen und diese bei Pflegehandlungen zu berücksichtigen. Das Wissen um die Biografien hilft, das Verhalten der Menschen nachzuvollziehen und angemessen und erfolgreich darauf zu reagieren.

1.2.3 Ökologische Biografie

„Ökologische" Biografie meint unsere Geschichte mit der naturhaften und dinglichen Umwelt. Damit ist einerseits die Geschichte unserer eigenen Natur thematisiert, also unser Leib und unser Umgang mit ihm und andererseits unsere persönliche Geschichte in und mit der äußeren Natur. Weiterhin sprechen wir hier unsere Lebensgeschichten mit ausgewählten „Dingen" an, die für uns biografisch „aufgeladen" und von stärkender Bedeutung sind.

Die Biografie meines Körpers

Jeder Mensch hat nur den eigenen Körper, der ihn – zusammen mit Geist und Seele – unverwechselbar macht. Der Körper wandelt sich von der Geburt bis zum Tod und erfährt im Laufe des Lebens spezifische Einflüsse und Prägungen. Einen begrenzten Sonderfall stellt die gesundheitliche Biografie dar, wie sie z. B. in der ärztlichen Anamnese (Erfassung der Vorgeschichte in Bezug auf Gesundheit und Krankheit) ermittelt wird. Es ist auch möglich und sinnvoll, sich biografisch mit dem Körper bzw. mit verschiedenen Körperteilen auseinanderzusetzen.

Selbstreflexion

- Wie behandeln Sie Ihren Körper und wie reagieren Sie auf die Signale, die er Ihnen sendet?
- Wo und wann gönnen Sie sich und Ihrem Körper hin und wieder Entspannung, Ruhe und Pflege?
- Wie und wann werden Sie dem Wort „Bewegungsapparat" im Zusammenhang mit Ihrem Körper gerecht?
- Wie viele Stunden Schlaf brauchen Sie, um sich erholt zu fühlen?
- Inwieweit erleben Sie sich als schön? Inwieweit hat sich Ihre Einstellung zum Thema Schönheit des Menschen vielleicht im Laufe des Lebens geändert?

Unser eigenes Körperbild hängt natürlich sehr von unserem Selbstbild ab. Was wir vielleicht als nicht schön oder problematisch an unserem Körper empfinden, sehen andere Menschen ganz anders. Erst wenn wir ein gutes Selbstbewusstsein entwickelt haben, können wir zu uns und unserem Körper stehen. Jugendliche, die sich noch in der Entwicklung des Körpers befinden, erleben den eigenen Körper oft als fremd. Auch der sich verändernde bzw. der alternde Körper ist für viele Menschen eine Herausforderung. Eine besonders schwierige Aufgabe für die Akzeptanz des eigenen Körpers stellen Operationen wie z. B. Amputationen in Zusammenhang mit Krankheiten oder Unfällen dar. Hier bedarf es oft professioneller Unterstützung.

Zum Leben im und mit dem eigenen Körper gehört selbstverständlich auch die Sexualität.

Selbstreflexion

- Wie erlebten und erleben Sie Ihre Sexualität und wie gehen Sie mit Lust um?
- Wie hat sich der Umgang mit Ihrem Körper und mit Ihrer Sexualität als Kind und Jugendliche/-r entwickelt?
- Inwieweit wurde in der Familie darüber gesprochen?
- Wer hat Sie aufgeklärt (ein Lehrer/eine Lehrerin im Biologieunterricht, Jugendzeitschriften, ...)?

Die Biografie mit der äußeren Natur

Auch die Einstellung zu und der Umgang mit der äußeren (naturhaften) Umwelt unterliegt biografischen Prägungen und Wandlungen. Umgekehrt prägt die äußere Natur uns. So macht es einen Unterschied, ob man in den Bergen, am Meer, in der Großstadt, in einem Waldgebiet oder in einer Heidelandschaft aufgewachsen ist. Die uns umgebende Natur, in der wir aufgewachsen sind und uns zu verschiedenen Zeiten unseres Lebens aufgehalten haben, lässt sich vielleicht am besten über die „Lebensorte" aufzeigen. Solche Lebensorte können aber nicht nur allgemeiner topografischer Natur sein. Es können auch ganz konkrete Stellen und Plätze sein, sogenannte Lieblingsplätze, die wir im Laufe unseres Lebens hatten. Zur Naturbiografie gehören auch die Urlaubsorte, die natürlich mehr sind als nur Teil der Naturbiografie – haben wir dort doch auch meistens andere Menschen und Kulturen kennengelernt.

Aber nicht nur Orte und deren topografische Beschaffenheit sind Elemente der Naturbiografie. Dazu gehören auch die Jahreszeiten und die Veränderungen, die sie im natürlichen Umfeld bewirkt haben und bewirken. So wird der Frühling in einem Obstanbaugebiet wie z.B. in der Wachau in Österreich oder der Herbst in einem Weinbaugebiet in Franken anders ge- und erlebt als an der Nordsee. Der Sommer in einem Fremdenverkehrsgebiet oder auf einer Alm anders als in einer Großstadt.

Selbstreflexion

- Wo leben Sie: auf dem Land, in der Stadt oder anderswo – was bedeutet das für Sie und warum bevorzugen Sie vielleicht das eine oder das andere?
- Was bedeutet für Sie Geborgenheit und was genau brauchen Sie dazu? Wo finden Sie Geborgenheit? Welche Menschen fallen Ihnen in Bezug auf diesen Begriff ein und was ist das Besondere an diesen Menschen? Wie weit gelingt es Ihnen, in sich selbst Geborgenheit und Halt zu erfahren und zu erleben?
- Welche Erlebnisse in und mit der Natur prägten Sie und wie erleben Sie Natur heute?
- Inwieweit brauchen Sie die Natur als Kraftquelle?
- Wie viel Zeit verbrachten Sie in Ihrer Kindheit in der Natur? Wer begleitete Sie dabei?
- Wie, wo und mit wem verbrachten Sie Ihre Ferien und was ist Ihnen heute im Urlaub wichtig?
- Wie erlebten und erleben Sie die Jahreszeiten damals und heute? Welches ist Ihre Lieblingsjahreszeit und warum genau diese?

Die Biografie der Dinge

Bestimmte Gegenstände begleiten uns durch unser Leben. An sie sind besondere Erinnerungen geknüpft. Sie sind Teil unserer Lebensgeschichte geworden. Der Intendant der Berliner Festspiele, Thomas Oberender[7] hat aufgelistet, welche Gegenstände (und anderes mehr) seit 1966 in unserem Alltagsleben aufgetaucht bzw. verschwunden sein, z. B.:

Verschwunden		Aufgetaucht	
• Videorecorder • Durchschlagpapier • Maggi / Fondor • Audiocassette • Aufziehwecker • Telefone mit Wählscheibe	• Floppy Disc • Walkman • Tintenfass • Bonanza-Rad • D-Mark / Schilling • 8mm-Filmprojektoren	• Tintenkiller • Überraschungsei • Mikrowelle • Thermomix • Solarzellen • Touchscreen	• E-Zigarette • Drohnen • Haargel • Geldkarte • Playmobil • Euro

Im Laufe unseres Lebens sammeln sich sehr viele Dinge an – es ist hilfreich, diese immer wieder zu sichten und uns auch von so manchen Gegenständen und Andenken zu trennen. Aber manche dieser Dinge finden ihren Platz in unserem Leben und machen jeden Umzug mit. Sie sind uns wichtig und wertvoll geworden. Sie sind Zeugnisse unseres gelebten Lebens.

Gegenstände können zu persönlichen Heiligtümern werden: Sie geben Sicherheit, Orientierung und Stabilität, ja, helfen zum Teil als Glücksbringer. Solche Gegenstände (es können auch Texte oder Musik-CDs sein) können in einem biografischen Schatzkästlein aufgehoben werden.

Methode 8 → siehe Seite 53

1.2.4 Weltanschauungs- und Glaubensbiografie

Die Mythobiografie ist die Geschichte unseres Glaubens, unserer Weltbilder und unserer Ideologien. Die Wahrnehmung von transpersonalen, unbewussten oder bewussten Mächten und die eventuelle Integration dieser in das eigene Leben oder deren Verleugnung – beide Varianten vielleicht auch nur zeitweise im Lebenslauf – gehören zur Mythobiografie.

Religiöses Leben

nach Marco von Münchhausen

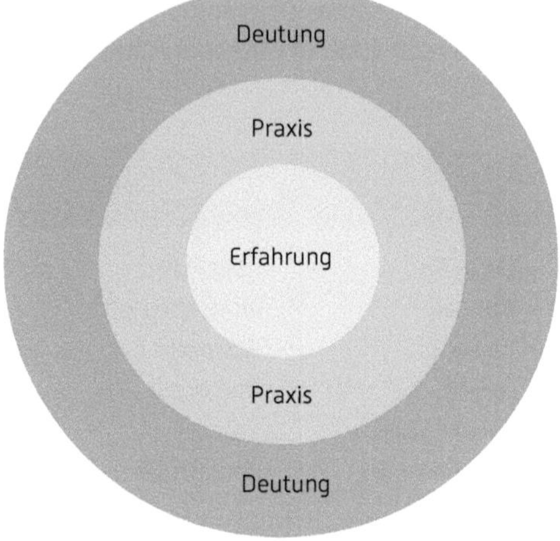

Der Autor und Coach Marco von Münchhausen[8] unterscheidet drei Schichten des religiösen Lebens:

- **Die religiöse Erfahrung** (z. B. des Getragenseins, des Gehaltenseins, des Durchflutetseins): Der Theologe Leonardo Boff beschreibt in seiner „Kleinen Sakramentenlehre"[9], dass alles (Gegenstände, Tätigkeiten, Personen, Einrichtungen …) ein Sakrament sein kann. Durch diese weltlichen „Dinge" (Immanenz) scheint (Transparenz) etwas aus dem Jenseitigen (Transzendenz) durch. So kann ein Berg zum Zeichen für Gott, dessen Beständigkeit und Festigkeit werden.
- **Die spirituelle Praxis** (z. B. das Gebet, die Meditation, der Gang zur Kirche/Moschee etc., Rituale, aber auch bestimmte Gegenstände wie Rosenkranz, Ikone, heilige Bücher …)
- **Die persönliche (Glaubens-) Deutung** (z. B. mein Gottes-, Kirchen- oder Weltbild oder meine Vorstellung vom Leben nach dem Tode im Wandel der Biografie). Religiöse Leitsätze können sich im Laufe eines Lebens wandeln und an Bedeutung gewinnen oder verlieren.

Methode 9, 10, 11 → siehe Seite 54f.

Im Laufe des Lebens gehen wir durch die verschiedensten Phasen. In manchen dieser Phasen – besonders auch bei Umbrüchen oder Abbrüchen – ist für viele Menschen der Glaube ein äußerst wichtiger Anker im Leben. Auch die Einstellung zum Glauben bzw. die Orientierung an gewissen Werten entwickelt sich im Laufe eines Menschenlebens immer weiter. Jeder Mensch hat eine persönliche Glaubensgeschichte, die gerade in den ersten Lebensjahren sehr durch die Einstellung der Hauptbezugspersonen zum Glauben geprägt wird. Auch die Umgebung, in der der Mensch aufwächst, die Gesellschaft und die Kultur sind ausschlaggebend für die Entwicklung der eigenen Glaubensgeschichte. Manche Kinder wachsen sehr religiös auf und integrieren das selbstverständlich und gern in das eigene Wesen und Leben. Andere lehnen den Glauben vielleicht aus diesem Grund, dass sie es als zu viel und zu gezwungen erlebt haben, ab und lehnen sich gegen bestimmte religiöse Rituale wie das Gebet auf. Je nach Reife des Menschen reift auch sein Weltbild.

Jedes dieser Themen bietet Anlass und Möglichkeit, mit Menschen über ihre religiöse Biografie ins Gespräch zu kommen. In all diesen Aspekten lassen sich Faktoren finden, die Orientierung in Entscheidungssituationen und Ermutigung in „Wüstenzeiten" ermöglichen.

Mein Glaube gestern, mein Glaube heute

nach Sylvia Hindelang

Mein Glaube in verschiedenen Lebensphasen:

- Was gehörte damals zu meinem Glauben?
- Welche Gebete waren mir wichtig?
- Wie habe ich / haben wir wichtige Feste gefeiert?
- An welche Erlebnisse erinnere ich mich gerne zurück?

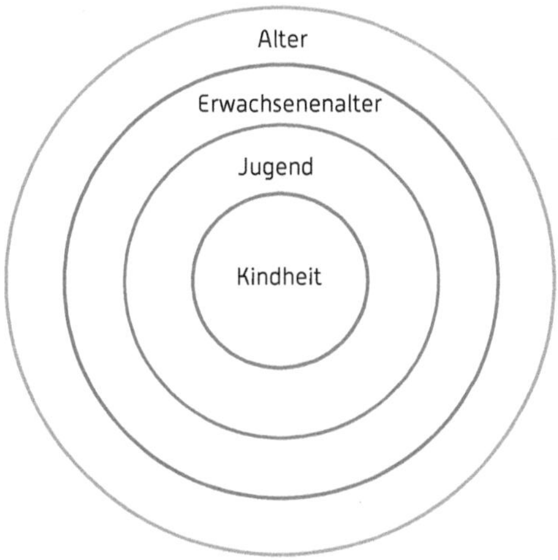

Doch in der Glaubensbiografie muss es nicht ausschließlich um religiöse Inhalte gehen. Der Theologe Fulbert Steffensky[10] formuliert das Spektrum der möglichen Glaubensinhalte so: „Wonach man sich von Herzen sehnt, das ist unser Gott – oder unser Götze." Und zur Differenzierung dieser Aussage gibt er[11] folgende Fragen mit auf den Weg:

- „Worauf vertraut unser Herz? …
- Worauf setzen wir?
- Woran hängen wir unser Herz, und was beten wir an?"

Das können z. B. auch Luxus und Konsum, Vergnügen und persönliches Wohlbefinden oder auch ein überzogenes Gerechtigkeitsempfinden sein.

Selbstreflexion

- Wer hat Sie das Beten gelehrt?
- Welche Gebete blieben Ihnen in Erinnerung bzw. welche sprechen Sie auch heute noch immer wieder? Was hat sich beim Gebetsverhalten im Laufe der Biografie verändert?
- Welche Rituale gab es beim Zubettgehen oder beim Abschied am Morgen (z. B. ein Kreuzzeichen durch die Mutter auf die Stirn)?
- Wie und wo fühlen Sie sich Gott nahe?
- Welche Gottesdienste besuchten und besuchen Sie und wonach wählen Sie sie aus (ein bestimmter Prediger, eine bestimmte musikalische Gestaltung, Tanz oder Meditation, …)

1.2.5 Bildungs- und Lernbiografie

So wie sich die Biografien insgesamt individualisieren, lässt sich dies auch an den Bildungs- und Lernbiografien feststellen: Sie gestalten sich individueller und einzigartiger. Aber auch umgekehrt lässt sich feststellen, dass die Notwendigkeit, die eigene Biografie selbst-bewusst zu gestalten, zu einer lebenslangen Lernaufgabe wird.

Lernen ist ein lebenslanges Phänomen. Der Mensch ist ein Lernender. Und es ist eine Kunst und bedarf letztlich großer Anstrengungen, nicht zu lernen.[12] In diesem Zusammenhang wird auch vom „lebenslangen Lernen" gesprochen: Dieses betrachtet nicht nur die institutionalisierten Lernprozesse und -angebote, sondern auch das nonformale Lernen. Mit der Lernbiografie ist zum einen die Biografie unseres Lernens in Institutionen (Schule, Fahr-, Tanz-, Hochschule usw.) und unserer Bildungsabschlüsse gemeint (z. B. Hauptschulabschluss, Abitur, Führerschein etc.). Dazu gehören zum anderen alle Lernerfahrungen (bezogen auf Wissen, Haltungen, Fähig- und Fertigkeiten), die wir quasi nebenbei „en passant" aufgenommen haben,

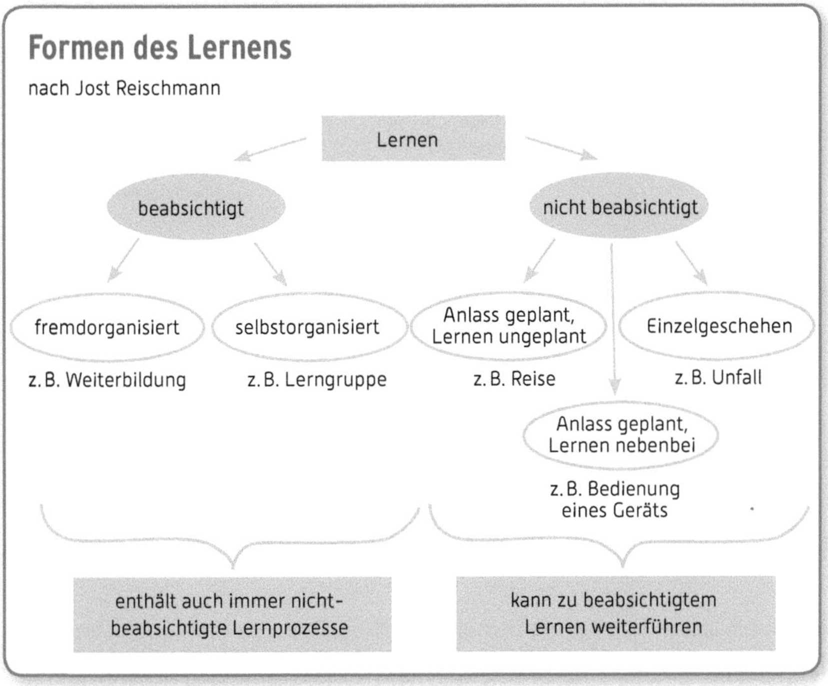

z. B. durch Reisen, Lebenskrisen usw. Lernen ist eben nicht nur auf Schule etc. beschränkt und kann somit auch nicht auf Kindheit und Jugend begrenzt werden.

Unsere Lernbiografie gewinnt auch von daher an Bedeutung, dass wir in einer Lern- oder Wissensgesellschaft leben, in der lebenslanges Lernen geradezu (über-) lebensnotwendig wird. Der Sozialwissenschaftler Lothar Böhnisch[13] fasst dies in die Worte: „Was Hänschen gelernt hat, kann Hans vielleicht gar nicht mehr gebrauchen." Da Lernen immer Anschluss-Lernen ist, also an das anknüpft, was bereits an Wissen, Kompetenzen und Erfahrungen da ist, ist der biografische Rückblick sehr wichtig. Er erlaubt es, den bisherigen Lernweg zu betrachten, vorhandene Fähigkeiten und Kenntnisse zu erkennen und neue Lernschritte zu planen.

Orte und Anlässe, Inhalte und Motivationen des Lernens können vielfältig und unterschiedlichster Art sein. Insofern legt sich auch für die Betrachtung der Lern- und Bildungsbiografie ein breites Spektrum an Themen nahe[14]:

- Betrachtet man die kognitive Seite des Lernens, so stellt sich die Frage nach dem Wandel unserer Wahrnehmungs-, Denk- und Lernstile. Die Veränderung unserer emotionalen Intelligenz gehört genauso zur Lernbiografie wie das konkrete Tun, unsere Handlungskompetenzen, Fähig- und Fertigkeiten.

Zentrale Eckpunkte einer Lernbiografie

nach Horst Siebert

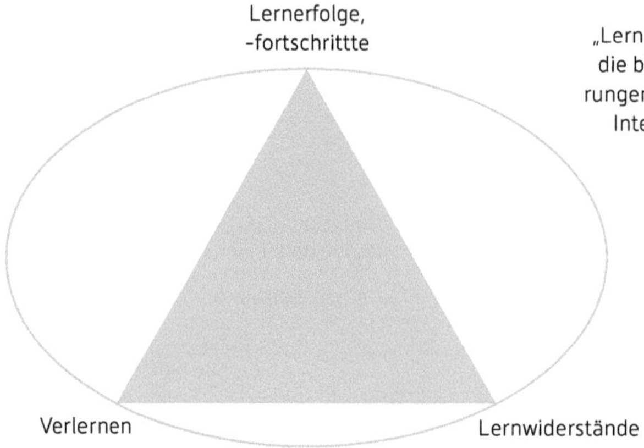

„Lerngründe sind eng an die biografischen Erfahrungen, Erwartungen und Interessen gebunden."
P. Faulstich

- Weiterhin lassen sich unsere Lernbiografien erzählen als eine Geschichte der Lernfortschritte, aber auch des Verlernens, als eine Geschichte der Lernmotivationen (Lerngründe) und Lernwiderstände.
- Die Lernbiografie lässt sich in einzelne Teilbiografien aufgliedern[15]: die Bildungsbiografie (der Weg des institutionalisierten Lernens), die Berufsbiografie, die Freizeitbiografie (Hobbys und Ehrenamt), die Kommunikationsbiografie, die Rollenbiografie, die Lebensweltbiografie sowie unsere Erfahrungen mit unterschiedlichen Kulturen.
- Biografisch interessant sind auch die Motive, die uns zum Lernen gebracht haben. Was uns zum Lernen antreibt (und auch, was uns bremst), ist oft biografisch verankert. So belegen unterschiedliche Studien, dass die Schulerfahrungen das Weiterbildungsverhalten im Erwachsenenalter beeinflussen: Erwachsene mit höherer Schulbildung, die zudem bekunden, dass ihnen das Lernen in der Schule Freude gemacht hat, sind in der Regel lernmotivierter. In die Lernmotivation fließen auch biografische Zukunftsaspekte mit ein: Erwartungen hinsichtlich der Folgen einer Bildungsteilnahme und Zukunftspläne.
  Horst Siebert unterscheidet zwischen der Habitual- und der Aktualmotivation des Lernens: die Habitualmotivation (Lernen ist hier ein Habitus, eine Haltung; man lernt aus Neugier, Wissensdurst und Bildungshunger) und die Aktualmotivation, die anlassbezogen und eher praktischer Natur ist. Die biografische Erinnerungsarbeit kann einen Beitrag zur Förderung der Lernmotivation leisten.

Die Biografie institutionalisierten Lernens

Zu den primären Orten unserer institutionellen Lernbiografie gehören Schulen, Hochschulen, Weiterbildungseinrichtungen u.Ä.

Der individuelle Lernweg endet selten mit der Schule. Berufliche Weiterbildungen schließen sich an. Praktische Erfahrungen bereichern unseren Kompetenz-Schatz. Bestimmte Themen finden unser Interesse. Auch hier sind Anknüpfungspunkte für weitere Lernherausforderungen.

Methode 12 → siehe Seite 55

Die Biografie des informellen Lernens

Das informelle Lernen lässt sich auch mit der alltagssprachlichen Frage „Was hat das Leben mich gelehrt?" erfassen. Die Beantwortung der Frage „Was oder wer hat mich geprägt?" kann uns helfen, bestimmte Entwicklungen in unserem Leben ebenso wahrzunehmen oder wertzuschätzen wie nicht-eingetretene Lebensereignisse anzuerkennen.[16]

Als Allererstes sind es wohl Menschen, die uns etwas „gelehrt", die uns geprägt haben. Hinzu kommen aber auch andere prägende Faktoren: Medien und Ereignisse, aber auch Träume und Sehnsüchte. Zur informellen Lernbiografie kann deshalb auch die Entwicklung der jeweiligen Interessen einer Person gezählt werden (durchaus in Nähe zur Persönlichkeitsbiografie). Lerninteressen entstehen während unserer Lernbiografie und wirken auf diese ein. Dauerhafte Interessen werden sogar als Teil, ja als Kern der jeweiligen Identität angesehen. Neue Interessen entstehen im „Anschluss" an bereits vorhandene Vorlieben oder Aktivitäten. Sie werden durch kritische Lebensereignisse initiiert oder finden Anregungen durch andere Menschen. So werden manchmal auch alte, schon vergessene Interessen wieder ausgegraben und wieder belebt bzw. können zu einem Umbruch in der Berufsbiografie oder auch zu einem anderen Interessensgebiet für die Zeit der Rente werden.

Die Reflexion über die eigene Lernbiografie hilft, Lernerfahrungen auf den Punkt zu bringen. Dies stärkt das „Selbst-Bewusstsein", bietet Ansatzpunkte für weitere Lern- und Handlungswege und zeigt auf, was man selbst auch an Angehörige und nachfolgende Generationen weitergeben kann oder will.

Methode 13 → siehe Seite 56

Veränderungen im Bildungs- und Beschäftigungssystem werden die Bildungs- und Lernbiografien der Individuen verändern. Wie genau, das lässt sich nur im Groben absehen. Der Blick wird sich dabei verstärkt darauf richten, dass Bildungswege nicht im Sande verlaufen oder in Sackgassen enden. „Durchlässigkeit" wird zu einem Schlüsselbegriff werden: Durchlässigkeit zwischen den verschiedenen Bildungsbereichen, zwischen Privat-, Berufs- und Bildungsbereich, nach einer abgeschlossenen Aus-/Weiterbildung in die nächste Phase der Lernbiografie. In diesem Zusammenhang spricht man auch vom „Übergangsmanagement": Damit verbindet sich das Anliegen, „dass Übergänge in das Zentrum der Betrachtung gestellt werden müssen, wenn es darum geht, auf der individuellen Ebene günstige Voraussetzungen für eine erfolgreiche Bildungs- und Berufsbiographie zu schaffen und Lebenslanges Lernen als Kernelement zivilgesellschaftlicher und regionaler Entwicklung zu verankern"[17].

Die Verantwortung für die eigene Lern- und Bildungsbiografie wird immer stärker dem Individuum übergeben. Er/Sie wird im wachsenden Maße Gestalter/-in der eigenen Kompetenzentwicklung. Ob die Menschen die dafür erforderliche biografische Kompetenz besitzen, ist offen und wird sicherlich milieubedingt unterschiedlich sein. Insofern werden Angebote der Lernberatung und Lernbegleitung sinnvoll und notwendig werden. Auch hier kann biografisches Arbeiten von großem Nutzen sein.

1.2.6 Geschlechterbiografie

Die Geschlechterbiografie ist der Blick auf unser Mann- bzw. Frau-Sein und die Sicht auf besondere Prägungen aufgrund unseres Geschlechtes. Es gibt viele Bereiche des Lebens, die vielleicht von Männern und Frauen unterschiedlich erlebt werden und die, gerade im Zusammenleben, oft Stoff zur Diskussion bieten. Typisch Mann! Typisch Frau! – gibt es das wirklich? Immer wieder stoßen wir auf Definitionen, was ein echter Mann bzw. eine echte Frau ist.

Der amerikanische Psychologe Herb Goldberg[18] hat das traditionelle Verständnis von Männlichkeit durch sieben Aufforderungen umschrieben – die sogenannten „maskulinen Imperative":

Ich bin umso männlicher,

- je weniger Schlaf ich benötige,
- je mehr Schmerzen ich ertragen kann,
- je mehr Alkohol ich vertrage,
- je weniger ich mich darum kümmere, was ich esse,
- je weniger ich jemanden um Hilfe bitte und von jemandem abhängig bin,
- je mehr ich meine Gefühle kontrolliere und unterdrücke,
- je weniger ich auf meinen Körper achte.

Dies ist sicherlich eine Extremposition falsch verstandener Männlichkeit. Aber viele Männer haben wahrscheinlich den einen oder anderen Gedanken auch schon einmal gehabt, geäußert, gelebt.

Selbstverständlich lässt sich dies auch auf Mädchen/Frauen umlegen bzw. gibt es eine Reihe an Klischees, wie typische Frauen „sind“:

Frauen …

- reden mehr als Männer,
- gehen gern einkaufen,
- brauchen ganz viele Schuhe,
- essen bei Liebeskummer eine ganze Packung Eis auf einmal,
- gehen zu zweit auf die Toilette,
- sind gefühlvoller als Männer,
- heulen im Kino,
- die gut ausschauen, können nicht klug sein.

Diese Liste ließe sich noch unendlich fortsetzen und zeigt, welche Vorurteile und Pauschalierungen gegenüber Frauen nach wie vor kursieren.

Die Identifikation und die Prägungen beginnen natürlich schon in frühester Kindheit, z. B. durch klischeehafte Bilder und Vorstellungen der Umwelt wie „Mädchen/Jungen sind/dürfen/sollen oder sollen nicht …“ – vom Mädchen, das nicht auf Bäume klettern durfte, bis hin zum Jungen, der gern seine Puppe versorgt oder den Ballettunterricht besucht hätte, aber nicht durfte, weil das für einen Jungen zu weiblich ist.

Von Geburt an begegnen wir Menschen, d. h. Männern und Frauen. In den ersten Lebensmonaten und -jahren sind es vor allem Frauen, zu denen wir Kontakt haben: die eigene Mutter und die Mütter anderer Kinder, Erzieherinnen und Grundschullehrerinnen. Dass dies für Jungen nicht immer einfach ist für die Entwicklung einer männlichen Identität, ist mittlerweile allgemein bekannt. Die zahlenmäßige Dominanz der Frauen und die immer noch weitgehende Abwesenheit der Väter (das gilt aber auch für den Mangel an männlichen Erziehern) führen dazu, dass Jungen ihre männliche Identität nach dem Motto „Nicht so wie die Frauen!“ entwickeln – was aber den Begriff „Männlichkeit“ nicht positiv füllt. Mädchen wollen zwar ein Stück weit so sein wie ihre Mutter, grenzen sich mit zunehmendem Alter aber auch sehr gezielt ab. Der Vater spielt im Leben eines Mädchens eine sehr wichtige Rolle: Er ist Beschützer, Bewunderer und Idol. Er prägt das Männerbild im Allgemeinen und spielt unbewusst auch bei der späteren Partnerwahl eine Rolle.

Methode 14, 15 → siehe Seite 56f.

Selbstreflexion

- Wie war es für Sie, als Mädchen/Junge aufzuwachsen? Was gefiel Ihnen daran und was nicht?
- Wie reagierte die Umwelt darauf, dass Sie ein Mädchen/ein Junge waren?
- Wie entwickelte sich Ihre Identifikation mit der Frauen- bzw. Männerrolle im Laufe Ihres Lebens?
- Wie leben Sie heute Ihr Frau-/Ihr Mann-Sein?
- Welche Aspekte davon lieben Sie, was daran fällt Ihnen vielleicht schwerer?
- Welche Einschnitte gab es für Sie im privaten und familiären bzw. im beruflichen Bereich aus Ihrem Geschlecht heraus?

Abgesehen von den für Mann oder Frau als typisch angesehenen Merkmalen wissen wir heute, dass die Varianz innerhalb der Geschlechter höher ist als die Varianz zwischen den Geschlechtern, dass auch jeder Mann mehr oder weniger weibliche Anteile in sich trägt und umgekehrt. Hier kommt es auf die Sichtweise und die Einstellung der jeweiligen Person an, ob sie die gegengeschlechtlichen Anteile sieht und diese schätzt, verleugnet oder annimmt.

Unter dem Aspekt Geschlecht können natürlich alle anderen Teilbereiche der Biografie beleuchtet werden (Erwerb, Familienorientierung, Alterungsprozess, Rentenansprüche, Sexualität, …).

1.2.7 Persönlichkeitsbiografie

Die Persönlichkeitsbiografie beschäftigt sich mit der Persönlichkeit, der Identität eines Menschen. Diese wird geprägt durch den Lebenslauf, die Erlebnisse, die Umwelt, also durch all die vorher angeführten Teilaspekte einer Biografie. Wir können hier drei Ebenen unterscheiden, die zusammen unsere Identität ausmachen. All diese Aspekte fließen zusammen in die Entwicklung unserer Persönlichkeit und beziehen sich deshalb auf die Persönlichkeitsbiografie:

- **Kognitive Ebene**: Wir alle entwickeln im Laufe des Lebens sogenannte Denkmuster: Muster, die einerseits Sicherheit geben, uns andererseits manchmal behindern, da es schwierig ist, aus den Mustern auszusteigen, andere Sichtweisen anzuerkennen bzw. diese vielleicht auch auszuprobieren oder gar anzunehmen.
- **Emotionale Ebene**: Zusätzlich zum kognitiven Zugang verfügen wir auch über emotionale Muster: Wir reagieren mit Gefühlsmustern auf das, was uns in der Welt begegnet, und auf unser Tun.

- **Verhaltensebene**: Unser Verhalten ist der Teil, den die Umwelt am stärksten mitbekommt. Wir entwickeln im Laufe unseres Lebens Methoden und Vorgehensweisen, wie wir den Herausforderungen des Lebens begegnen. Auch hier haben wir viele Automatismen entwickelt.

Selbstreflexion

- Wie nähern Sie sich mit Hilfe Ihres Verstandes der Welt an, wie begreifen und verstehen Sie sie?
- Wie erleben Sie Ihr Leben auf der Gefühlsebene?
- Wie weit lassen Sie Gefühle zu, wie weit können Sie sich gefühlsmäßig auf Ihr Gegenüber einlassen?
- Inwieweit vertrauen Sie auf die Macht der Intuition („Bauchgefühl")?
- Wie reagieren Sie auf Personen, auf Lebensumstände, auf das Leben selbst?
- Wie bewältigen Sie Lebensübergänge oder Krisen?
- Wie verhalten Sie sich bei unterschiedlichsten Situationen und Herausforderungen des Lebens?

Die Persönlichkeitspsychologie hat zur Beschreibung von Persönlichkeitsunterschieden **fünf Basisdimensionen** formuliert, mit welchen sich Charaktereigenschaften gut umschreiben lassen. Diese Dimensionen finden sich im „Big-5-Persönlichkeitstest" wieder, der z. B. bei Einstellungsgesprächen in Firmen immer wieder verwendet wird. Dieser Test dient wie viele andere Persönlichkeitstests nicht zum „Schubladisieren" eines Menschen, sondern hilft, sich schneller ein erstes Bild einer Persönlichkeit machen zu können.

- Emotionale Stabilität bzw. Labilität äußert sich darin, inwieweit ein Mensch oft angespannt, ängstlich oder nervös ist, viel grübelt und zweifelt und wie er auf Stress reagiert.
- Extraversion bzw. Introversion erkennt man darin, inwieweit ein Mensch eher nach außen oder nach innen gekehrt ist. Der eine ist gesellig und gesprächig, der andere eher in sich gekehrt und still, aber sehr aufmerksam im Zuhören. Kein Mensch ist allerdings extra- oder introvertiert in Reinform und manch eine/-r ist vielleicht beruflich extravertiert und privat eher introvertiert oder auch umgekehrt.
- Offenheit für neue Erfahrungen erkennen wir, wenn ein Mensch neugierig und wissbegierig ist, sich für vieles interessiert und am liebsten immer Neues erleben und lernen würde. Oder hätte jemand am liebsten, dass alles so bleibt, wie es ist?

- Verträglichkeit (aus dem Englischen „agreeableness", übersetzt als „Beliebtheit" und „Freundlichkeit") zeigt, inwieweit ein Mensch höflich, zuvorkommend und hilfsbereit ist oder ob er mehr auf sich selbst sieht und leicht in Streit gerät.
- Gewissenhaftigkeit äußert sich wiederum in Pflichtbewusstsein, Ordnungsliebe und einer prinzipiell systematischen, planvollen Arbeitsweise.

Mit Hilfe dieser fünf Persönlichkeitsdimensionen und ihrer jeweiligen Ausprägung lässt sich nun beobachten, inwieweit sich Charaktere im Laufe eines Lebens verändern können. Bereits in einem Alter von ca. elf Jahren haben wir eine relativ gefestigte Persönlichkeitsstruktur entwickelt. Eine Änderung dieser (z.B. weil mich selbst eine Eigenschaft sehr stört) ist schwierig, aber machbar. Die größten Veränderungen finden vor dem dreißigsten Lebensjahr und dann wieder ab dem sechzigsten Lebensjahr statt. Wahrscheinlich hilft aber auch das zunehmende Alter dabei, mit den eigenen Eigenschaften und unserer Persönlichkeit nicht mehr so streng, sondern reifer und menschlicher umzugehen.

Ein weiterer Aspekt der Persönlichkeitsbiografie kann das Thema „Zeit, Zeiterleben und der Umgang mit Zeit" sein. Ob wir ein lineares oder zyklisches Zeitverständnis haben, wir mehr in der Vergangenheit, der Gegenwart oder in der Zukunft, und ob wir die Zeit gestalten und managen oder sie lieber gelassen verstreichen lassen – all das sind Aspekte, die unsere Persönlichkeit ausmachen und die sich im Laufe eines Lebens verändern können.

Ein Bereich, der auch unmittelbar mit der Persönlichkeit zu tun hat, ist die Fähigkeit, persönliche Grenzen wahrzunehmen, diese abzustecken und wenn nötig auch zu verteidigen. Diese Grenzen betreffen die Körperlichkeit (wer darf mich wo berühren?), unser Revier (wer darf mir wie nahe kommen?) und Gegenstände, die wir unser Eigentum nennen (wer darf was auch sehen oder benützen oder hat welchen Zugriff?). Wo wir welche Grenze setzen und wie wir diese verteidigen oder auch einmal aufweichen, verändert sich durch den Lebenslauf hindurch und ist beeinflusst von Erfahrungen mit Grenzen in unserer Biografie.

Zum Weiterlesen:

Soziale Biografie:

Juul, Jesper (2009). *Was Familien trägt – Werte in Erziehung und Partnerschaft* (3. Aufl.). Weinheim: Beltz.

Schmidt-Denter, Ulrich (2005). *Soziale Beziehungen im Lebenslauf.* (4. Aufl.). Weinheim: Beltz.

Wer bin ich? – Neue Erkenntnisse aus der Lebenslaufforschung (2017). *GEOKompakt*, (50/20).

Kulturbiografie:

Geißler, Karlheinz A. (2008). *Zeit – Verweile doch... – Lebensformen gegen die Hast.* Freiburg: Herder.

Marx, Susanne (2013). *Herzintelligenz kompakt – Gesund und gelassen, klar und kreativ.* (4. Aufl.) Kirchzarten: VAK.

Schnitzler-Forster, Jutta & Schmale-Gebhard, Kerstin (2005). *Ein Jahr für die Sinne – Das große Buch der Jahreskreisfeste.* (2. Aufl.). München: Kösel.

Ökologische Biografie:

Barral, Jean-Pierre (2010). *Die Botschaften unseres Körpers – Ganzheitliche Gesundheit ohne Medikamente.* München: Südwest.

Eizinger, Werner (2000). *Die Sprache der Dinge.* München: Don Bosco

Hühn, Susanne (2012). *Was dir Kraft gibt – Kleine Rituale für das tägliche Glück.* (3. Aufl.). Darmstadt: Schirner.

Stelzig, Manfred (2008). *Keine Angst vor dem Glück.* Salzburg: Ecowin.

Oberender, Thomas (2017, 30. März). Seit 1966... *Die Zeit*, S. 63.

Tutmann, Linda (2017, 2. Feb.). Alles mein. *Die Zeit*, (6), 47 f.

Weltanschauungs- und Glaubenbiografie:

Boff, Leonardo (1985). *Kleine Sakramentenlehre* (8. Aufl.). Düsseldorf: Patmos.

Klingenberger, Hubert (2016). *Biografiearbeit in der Seelsorge.* München: Don Bosco.

Münchhausen, Marco von (2004). *Wo die Seele auftankt: die besten Möglichkeiten, Ihre Ressourcen zu aktivieren.* Frankfurt: Campus.

Bildungs- und Lernbiografie:

Arnold, Rolf (2012). *Ich lerne, also bin ich – Eine systemisch-konstruktivistische Didaktik.* (2. Aufl). Heidelberg: Carl-Auer.

Reischmann, Jost (1995). Lernen ‚en passant' – die vergessene Dimension. *Grundlagen der Weiterbildung – Zeitschrift 6* (4), 200–204.

Simon, Fritz. B. (1999). *Die Kunst, nicht zu lernen: Und andere Paradoxien in Psychotherapie, Management, Politik...* (2. Aufl.). Heidelberg: Carl Auer.

Persönlichkeitsbiografie:

Böschemeyer, Uwe (2005). *Vom Typ zum Original – Die neuen Gesichter der Seele und das eigene Gesicht.* Norderstedt: Books on Demand.

Löhken, Sylvia (2014). *Intros und Extros – Wie sie miteinander umgehen und voneinander profitieren.* Offenbach: Gabal.

Strelecky, John (2009). *The Big Five for Life.* München: dtv.

1.3 Von wachsender Bedeutung: die Arbeitsbiografie

„Alles, was keinen Spaß macht, nennt man Arbeit." *Bertolt Brecht*

Die Arbeitsbiografie ist zusätzlich zu den in Kapitel 1.2 erläuterten Teilbereichen der Biografie eines Menschen ein Sektor von zentraler Bedeutung. Der Begriff „Arbeit" umfasst und beschreibt die unterschiedlichsten Aspekte von Tätig-Sein: die Erwerbsarbeit, die Familien- und die Bürgerarbeit, aber auch die Arbeit an uns selbst, an Freundschaften und Beziehungen und als neuer, interessanter Gedanke die Muße als Arbeit.

1.3.1 Zur allgemeinen Bedeutung der Arbeit

Die Arbeit befriedigt drei elementare Bedürfnisse des Menschen:

- Sie ermöglicht es dem Menschen, Selbstwert aus der Bedeutung der Arbeit zu ziehen.
- Erfolge und Abschlüsse erlauben ein Gefühl der Selbstwirksamkeit.
- Durch die Einbindung in ein Arbeitsumfeld kann das Gefühl der Zugehörigkeit entstehen.

„Arbeit ist all das, was ich in Bezug auf mich und mein Leben leiste, um ein schönes und bejahenswertes Leben führen zu können. Jede Aufmerksamkeit und jeder Aufwand an Kraft hierfür kann Arbeit sein, körperlich, seelisch, geistig." So beschreibt es der Philosoph der Lebenskunst (vgl. hierzu auch Kap. 3.2), Wilhelm Schmid.[19] Er unterscheidet verschiedene Formen der Arbeit:

Vielfalt der Arbeit – Einblicke in die Arbeitsbiografie			
Die Erwerbsarbeit	• Welche Arbeitsstellen hatte ich schon? • Welche Berufe/Jobs habe ich schon ausgeübt? • In welchen Tätigkeiten fand ich Erfüllung?	• Welche Erwerbsarbeit übe ich gerade aus? • Was bereitet mir dabei Freude? • Was würde mir fehlen, wenn ich sie nicht hätte?	• Wie lange werde ich noch meiner Erwerbsarbeit nachgehen? • Wie kann ich darin meine Stärken noch besser zum Ausdruck bringen? • Was habe ich nach der Erwerbsarbeit vor?

Die Familienarbeit	• Wie viel Raum hat die Familienarbeit bisher in meinem Leben eingenommen? • Welche Gewinne habe ich daraus gezogen? • Was würde mir fehlen, wäre ich dieser Familienarbeit nicht nachgekommen?	• Wie sehr engagiere ich mich aktuell für meine Familie? • Was bereitet mir im Engagement für meine Familie besondere Freude? • Wer oder was kann mich bei der Familienarbeit unterstützen?	• Wie wird sich die Familienarbeit in Zukunft verändern? • Wie kann ich entstehende Freiräume (z. B. Auszug der Kinder) füllen/nutzen? • Welche Vorsorge kann ich treffen, falls vermehrt Familienarbeit (z. B. Pflege) auf mich zukommt?
Die Bürgerarbeit	• In welchen Feldern war ich schon ehrenamtlich aktiv? • Was hat mir dabei Freude bereitet? • Was habe ich durch diese Bürgerarbeit gelernt/erfahren?	• Wo engagiere ich mich derzeit für das Gemeinwohl? • Welche Herausforderungen erkenne ich derzeit, für die ich mich engagieren könnte/müsste? • Wer könnte mich dabei begleiten/unterstützen?	• Welche Stärken habe ich? • Welche Stärken sehen andere bei mir? • Wo kann ich meine Stärken in Zukunft im Rahmen der Bürgerarbeit einbringen?
Die Arbeit an sich selbst („Selbstbefreundung") = Kompetenzbiografie	• Wann war ich in meiner Biografie mit mir selbst mal mehr, mal weniger befreundet? • Was hat mir die Selbstbefreundung leicht gemacht? • Welche Menschen haben mir meine Liebenswürdigkeit widergespiegelt?	• Wie geht es mir heute mit mir selbst? • Was mag ich an mir? • Was mögen andere an mir?	• Wie kann ich künftig meine Selbstbefreundung ausweiten? • Welchen Tätigkeiten i.w.S. gehe ich in Zukunft nach, weil ich mich mag? • Woran merken künftig andere, dass ich mit mir selbst befreundet bin?

Die Arbeit an der Freundschaft	• Welche Freundschaften habe ich in meiner Biografie gepflegt? • Was habe ich in diese Beziehungen eingebracht? • Was habe ich zurückbekommen?	• Was tue ich derzeit für meine Freunde? • Was genieße ich an meinen Freundschaften? • Was würde mir fehlen, wenn diese Freundschaften nicht bestünden?	• Welchen Stellenwert sollen meine freundschaftlichen Beziehungen in Zukunft einnehmen? • Welche Freundschaften möchte ich neu knüpfen, ausbauen oder wiederbeleben? • Welche Beziehungen kosten mich (zu) viel Energie und sind in Distanz zu rücken oder zu beenden?
Die „Muße als Arbeit, mit der neue Perspektiven zu gewinnen sind"	• In welchen Lebensphasen fiel es mir leicht, die Muße zu pflegen? • Was hat es mir leicht gemacht, müßig zu sein? • Welche Erfahrungen habe ich beim Müßiggang gemacht?	• Welchen Stellenwert hat die Muße gerade in meinem Leben? • Wie könnte ich mehr Raum gewinnen? • Wer könnte mich beim Müßiggang begleiten?	• Welche Freiräume für die Muße gewinne ich in den kommenden Jahren? • Was kann ich lassen, um so künftig mehr Muße genießen zu können? • Wie kann ich Älterwerden und Müßiggang in Verbindung bringen?

1.3.2 Der Wandel der Arbeits-, Berufs- und Erwerbsbiografien

Die Arbeitswelt und damit auch die Erwerbsbiografie sind einem grundlegenden Wandel unterzogen:

- Arbeitsverhältnisse sind zunehmend zeitlich befristet und immer weniger langfristig oder lebenslang. Viele Menschen arbeiten in Teilzeit, in befristeten Projekten, als Zeitarbeiter/-innen usw.
- Arbeitende wechseln oft mehrmals im Leben Beruf und/oder Arbeitsstelle. Oft sind mehrere Arbeitsstellen parallel nötig, um den Lebensunterhalt zu bestreiten.
- Vielfach sind die Arbeitnehmer/-innen nicht mehr in ausreichendem Maße sozialversichert.
- Die Inhalte und Werkzeuge der Arbeit unterliegen vielfach einem schnellen Wandel.

- Die Bedeutung der lebensbegleitenden Weiterbildung nimmt zu.
- Die Orientierung, welche Berufe es gibt, welche Vorteile und Nachteile bzw. welche Entwicklungschancen sie bieten und welcher Beruf am besten zu mir passt, wird immer schwieriger. Eigenverantwortliche Berufsentscheidungen finden in einer Atmosphäre der Unsicherheit statt.

Im Blick auf die Arbeitsbiografie „kann nicht mehr von Kontinuität der Berufstätigkeit ausgegangen werden. Das Normalarbeitsverhältnis, d. h. die unbefristete Voll-Erwerbsarbeit im erlernten Beruf, wird zur Ausnahme. Die Erwerbsbiografie wird künftig ein ‚Fleckenteppich' aus Phasen der Aus- und Weiterbildung, Erwerbstätigkeit, Unterbeschäftigung, Eigenarbeit, Umschulung, neuerlichen Erwerbstätigkeit, Arbeitslosigkeit etc. sein."[20]

Somit gehen auch wichtige Orientierungspunkte für die Gestaltung der (Arbeits-) Biografie verloren. Berufsbilder, -ordnungen und Karrieremuster verlieren an Kontur und Leitkraft. Berufs- und Karriereberatung, Personalauswahl und -entwicklung stehen angesichts dieser Veränderungen vor großen Herausforderungen. Die Biografiearbeit kann den in diesen Bereichen Tätigen wichtige Impulse und wertvolle Methoden anbieten.

Die Gestaltung unserer Erwerbsbiografie wird immer komplexer, da die Anzahl der Arbeitsstellen bzw. sogar der Berufe während eines Menschenlebens steigt. Während früher oftmals jemand in einer Firma einen Beruf im Zuge einer Lehre erlernt hat und dann sein gesamtes Berufsleben in dieser Firma (wo vielleicht sogar schon

Der Job-Stern

nach Annette Fuss

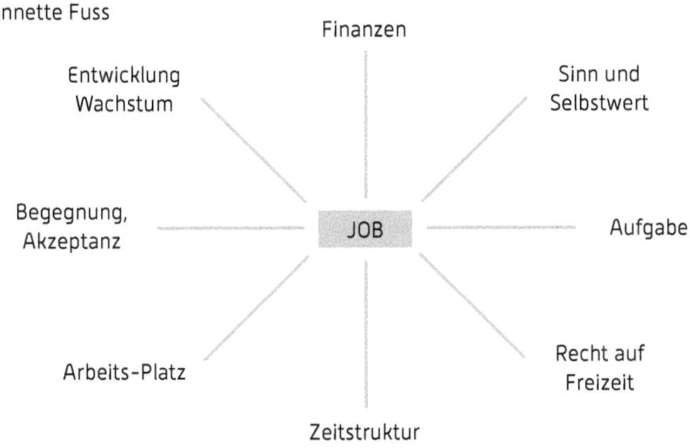

sein Vater arbeitete) verbrachte, werden unsere derzeitigen Jugendlichen teilweise bis zu fünf verschiedene Berufe im Laufe ihres Lebens erlernen und ausüben.

Einen Beruf und eine Arbeitsstelle zu haben, verbindet sich ganz zentral mit unserem persönlichen Wohlbefinden und unserem Selbstbewusstsein. Acht verschiedene Aspekte stehen in enger Verbindung mit dem Besitzen eines Arbeitsplatzes (s. Seite 41):

Methode 16 → siehe Seite 58

Die Entwicklung der eigenen Kompetenzen und Fähigkeiten und damit verbunden auch der Blick auf die Felder, in denen sich jemand gern betätigt, werden wichtiger. Das Berufsleben wird länger, weil auch die Lebenserwartung steigt. Aus diesem Grund ist es von großer Bedeutung, dass man die Berufe gern ausübt. In manchen Phasen des Lebens geht es vor allem darum, Geld zu verdienen, aber um auf Dauer in einem Beruf glücklich sein zu können, ist es immer wieder wichtig, zu überprüfen, wie hoch die Zufriedenheit am Erreichten ist und/oder welche weiteren Möglichkeiten es gibt – entweder im derzeitigen Arbeitsumfeld oder in ganz anderen, eventuell noch nie angedachten, Bereichen.

Selbstreflexion

Was ist Ihnen wichtig an Ihrem Arbeitsplatz: die Entlohnung, das Arbeitsklima (vom Chef bis zum Zusammenspiel mit den Kollegen und Kolleginnen), die Arbeit selbst, der Grad Ihrer Selbstständigkeit in der Firma, ...?

Von Zeit zu Zeit eine Bestandsaufnahme bezüglich der eigenen Arbeit zu machen, kann sehr hilfreich sein, um zu erkennen, wie es weitergehen soll und kann. Viele Menschen sind unzufrieden in ihrer Arbeit, schauen sich die Gründe dafür aber nicht näher an. Vielleicht ließe sich die eine oder andere Unstimmigkeit relativ leicht beheben. Wer dauerhaft in Berufen oder an Stellen arbeitet, die ihn nicht erfüllen und befriedigen, und wer diesen Mangel nicht durch Freizeittätigkeiten kompensieren kann, steht in der Gefahr auszubrennen. Im Rahmen der Möglichkeiten ist dann im Sinne der Gesundheitserhaltung nach einer Veränderung zu suchen (z.B. Stellenwechsel, horizontale Karrieren, job-enrichment u.a.).

Auch die Berufe an sich machen einen Wandel durch. Neue Arbeitsfelder entstehen, alte Berufsbilder sterben aus, weil sie durch neue Technologien ersetzt werden. Bestehende Arbeitsplätze wandeln sich und es ist unsere Aufgabe, uns diesem Wandel anzupassen, um nicht auf der Strecke zu bleiben.

Auch das Arbeitsverhalten der Menschen verändert sich. Viele wollen Arbeit und Erholung besser kombinieren können, und es werden sich neue Arbeitsmodelle entwickeln. Hieß es vor 20 Jahren, dass die Arbeit von zu Hause aus forciert werden sollte, will die Jugend von heute eine bessere Balance im Leben zwischen An- und Entspannung erzielen.

Selbstreflexion

Ziehen Sie Bilanz über Ihr Arbeitsleben:

- Welchen Berufswunsch hatten Sie als Kind oder Jugendliche/-r?
- Wer hat den Beruf für Sie gewählt? Inwieweit wurden Sie von Ihren Eltern bei der Ausbildungs- oder Berufswahl beeinflusst?
- Haben Sie den Beruf bzw. den Arbeitsplatz gewechselt? Inwieweit geschah das freiwillig und selbstbestimmt? Welche äußeren Faktoren haben auf Ihre Entscheidung Einfluss genommen?
- Wie oft haben Sie im Laufe Ihres Lebens den Beruf gewechselt, wie oft die Arbeitsstelle? Inwieweit erlebten Sie Zeiten der Arbeitssuche oder Neuorientierung, und wie gingen Sie mit dieser Situation um?
- Wie steht es um Ihre Rentenansprüche? Wie wird Ihre finanzielle Absicherung im Alter aussehen?

Übergänge werden in der Berufsbiografie immer bedeutsamer: Wie lässt sich der Übergang von der Ausbildung in die berufliche Anstellung gut bewältigen? Wie gestaltet sich der Wiedereinstieg nach der Familienphase? Wie kann die Wiederaufnahme der Erwerbsarbeit nach längerer Krankheit angemessen umgesetzt werden?

Auch der Schritt in die Pension ist ein ganz besonderer, der mit Bedacht getan werden sollte. Überlegen Sie sich schon einige Zeit vor Ihrer Pensionierung, was Sie in dieser alles machen wollen. Viele Menschen fallen in das sogenannte Pensionsloch, weil Sie sich nie Gedanken über die Zeit nach der Erwerbstätigkeit gemacht haben. Sie werden viel Freiheit haben und möglicherweise nicht wissen, wie Sie damit umgehen sollen. Auch hier ist es zielführend, sich die eigenen Ressourcen und Stärken anzuschauen um vielleicht genau aus dieser Betrachtung heraus ein neues Hobby oder eine neue Betätigung zu finden oder wiederzubeleben.

Methode 17 → siehe Seite 59

1.3.3 Konsequenzen für die Personalentwicklung

Ein Betrieb ist so gut wie seine Mitarbeiter. Ein Team ist so gut wie sein schwächstes Glied. Sowohl der einzelne Mensch als auch alles um ihn herum ist einem immer größer werdenden und schnelleren Wandel ausgesetzt. Der Mensch als Individuum ist als Grundlage für Veränderungsprozesse in den Blick zu rücken. Das Verhalten des Einzelnen hat Auswirkungen auf das gesamte Team. Wenn es gelingt, Ängste und Befürchtungen hinsichtlich der Veränderungen bei den einzelnen Mitarbeitern/-innen zu minimieren, wird es leichter sein, Veränderungs- und Verbesserungsprozesse in der Firma voranzutreiben.

Klare Strukturen und Verteilung der Rollen und Kompetenzen, eindeutige Hierarchien und die Fähigkeit der Führungskräfte, ihren Mitarbeitern eigenständiges Arbeiten und Selbstverantwortung in ihrem Arbeitsbereich zu bieten, werden zusammen mit klar definierten Zielen zu guten Ergebnissen führen.

Wenn Mitarbeiter sich in einer Firma wohl fühlen, können sie kreativ und innovativ sein. Die gesamte Organisation kann die Zukunft nachhaltig gestalten, Nutzen für die Kunden schaffen und Visionen verfolgen und umsetzen. Die individuelle Persönlichkeitsentwicklung ist von großer Bedeutung, denn die Stärkung der Kompetenzen und Fähigkeiten der einzelnen Menschen führt zu größerer Zufriedenheit und nachfolgend zum Erfolg für die einzelnen Mitarbeiter und für den gesamten Betrieb. Die Personalentwicklung eines Unternehmens wird zunehmend an Bedeutung gewinnen, um qualifizierte, zufriedene, motivierte und engagierte Mitarbeiter zu bekommen und zu halten.

„Personalentwicklung als Teilgebiet der Personalwirtschaft hat das Ziel, Menschen, Teams und Organisationen dazu zu befähigen, ihre Aufgaben in betrieblichen Arbeitssystemen erfolgreich und effizient zu bewältigen und sich neuen Herausforderungen selbstbewusst und motiviert zu stellen."[21] Für Personaleinsatzplanung und -entwicklung wird es immer wichtiger, die Lebensverläufe der Mitarbeiter/-innen in den Blick zu nehmen. Dabei werden insbesondere folgende Faktoren berücksichtigt[22]:

- **Der biosoziale Lebenszyklus:** Damit sind die entwicklungspsychologischen, körperlichen u.a. Veränderungen gemeint, die sich im Lebensverlauf vollziehen (vgl. auch nachstehende Tabelle).
- **Der familiäre Lebenszyklus** nimmt die unterschiedlichen Lebensformen und familiären Lebensphasen in den Blick (z. B. Partnerstatus, Erziehungsphase, Pflege der Eltern etc.).
- **Der berufliche Lebenszyklus** nimmt die Berufsbiografie als Ganzes in den Blick: An welcher Stelle der Berufsbiografie steht die jeweilige Person?

- **Der betriebliche Zyklus** beschreibt die Entwicklung und den aktuellen Stand einer Arbeitskraft innerhalb desselben Unternehmens.
- **Der stellenbezogene Zyklus:** Damit ist der Standort eines Mitarbeiters/einer Mitarbeiterin auf der aktuellen Stelle gemeint: Wie lange ist er/sie schon dort? Welche Weiterentwicklungsmöglichkeiten gibt es auf der Stelle? Inwieweit ist ein Stellenwechsel anzustreben?

Die unterschiedlichen Erkenntnisse aus den jeweiligen Zyklusanalysen gilt es aufeinander abzustimmen und neue Wege für Zufriedenheit und Erfüllung am Arbeitsplatz zu entwickeln. Dabei kann auch die nachstehende Beschreibung unterschiedlicher Lebensphasen hilfreich sein[23]:

Lebensphase	Kennzeichen	Folgen für Personalmanagement und -entwicklung
Pubertät und Adoleszenz (14.-21. Lebensjahr)	• Ablösung von Bindungen an bisherige Leitpersonen (Eltern) • Suche nach eigenen Werten und Idealen • Spirituelle Sehnsucht • Überprüfung der Erwachsenenwelt auf Wahrhaftigkeit und Authentizität	• Ernsthafte Einladung zu kritischen Rückmeldungen seitens der Pubertierenden • Wertschätzung von deren Signalfunktion für Verbesserungsmöglichkeiten
Sturm-und-Drang-Phase (21.-28.Lebensjahr)	• Erfahrung der eigenen Möglichkeiten und Grenzen im praktischen Leben • Lernen durch eigenes Empfinden	• Unmittelbare Rückmeldung nach der Erledigung einer Aufgabe (-> Beurteilungssysteme) • Jobrotation in angemessenem Tempo
Verstandesphase (28.-35. Lebensjahr)	• Fähigkeit zur realistischen Planung: Ordnen, rationales Konzeptualisieren, Logik, Systematik • Festigung der eigenständigen Urteils- und Handlungsfähigkeit	• Einsatz in Planung und Logistik, Analyse und Evaluation • Einplanen von „Seitenwechsel“, um andere Denkweisen kennenzulernen • Partnerschaftlichkeit • Eigenverantwortliche Setzung von Entwicklungszielen

<table>
<tr><td>Selbstkritische Phase
(35.-42. Lebensjahr)</td><td>• Sicherheit über eigene Möglichkeiten und Grenzen
• Bewusster Einsatz von Einfluss und Macht
• Routine schafft Freiräume für neue Herausforderungen
• Selbstkritische Beobachtung des eigenen Denkens und Tuns
• Fragen nach Sinn und Zweck der eigenen Tätigkeit</td><td>• Übertragen von Aufgaben des Reorganisierens und Konsolidierens, des Wissensmanagements</td></tr>
<tr><td>Krise der Lebensmitte
(40.-44. Lebensjahr)</td><td>• Hinterfragen der eigenen Ziele und Werte
• Fragen nach Sinn im Berufs- und Privatleben
• Innere Neuorientierung</td><td>• Unterstützung bei der aktiven und konstruktiven Auseinandersetzung mit Lebensfragen
• Angebot von Coaching</td></tr>
<tr><td>Phase der neuen Aufbrüche
(42.-49. Lebensjahr)</td><td>• Konstruktiv bewältigte Midlifecrisis
• Freie Kräfte für neue Aufbrüche
• Innerer Umbau, neue Ziele
• Transfer und Transformation von Wissen und Erfahrungen</td><td>• Einsatz bei neuen Projekten, evtl. im Ausland
• Einsatz als Mentor</td></tr>
<tr><td>Phase der Synthese und Nachhaltigkeit
(49.-56. Lebensjahr)</td><td>• Panoramablick: Überblick über große Zeitspannen
• Engagement für langfristige Vorhaben (Nutznießer evtl. auch nachfolgende Generationen)
• Besseres Aushalten von Widersprüchen (Ambiguitätstoleranz)</td><td>• Einsatz bei interner Beratung</td></tr>
<tr><td>Phase des Weise-Werdens
(56.-63. Lebensjahr)</td><td>• Haltung der Selbstlosigkeit
• Orientierung am Wesentlichen
• Orientierung an grundsätzlichen Fragen und Werten
• Bedächtigkeit und ausgewogene Urteilskraft</td><td>• Mentorentätigkeit
• Beratung</td></tr>
</table>

Zum Weiterlesen:

Glasl, Friedrich (2005). Entwicklungsorientierte Personalpolitik. *TrigonThemen* (1), 2–4.

Fuss, A u.a. (2004). *Gekündigt, was nun?* Frankfurt: Ueberreuther.

Graf, A. (2007). Lebenszyklusorientierte Personalentwicklung: Handlungsfelder und Maßnahmen. In Thom, N. & Zaugg, R.J. (Hg.), *Moderne Personalentwicklung* (S. 263 ff.). Wiesbaden: Gabler.

Biografik

Methode 1

Füllen Sie die nachstehende Grafik in folgender Reihenfolge:

- Tragen Sie zunächst entlang des Zeitstrahls „Lebensalter" Ihr Alter von 0 (= Geburt) bis heute ein! Unterteilen Sie den Zeitstrahl in Fünf-Jahres-Schritte!
- Notieren Sie entlang des Zeitstrahls „Lebenslauf" äußere Daten Ihres Lebens (z. B. Schulende, Hochzeit, Geburt der Kinder u.ä.)!
- Ergänzen Sie nun entlang des Zeitstrahls „Lebensgeschichte" die Innenseite Ihres Lebens: Wie ging es Ihnen emotional in einzelnen Lebensphasen? Was haben einzelne Lebensereignisse bei Ihnen ausgelöst?
- Recherchieren Sie schließlich nach politischen und (sozial-, kultur-) geschichtlichen Ereignissen, die während Ihres Lebens stattgefunden haben, und notieren Sie diese entlang des Zeitstrahls „Sozialgeschichte, Politik" (z. B. Studentenunruhen, Ölkrise, Einführung des Internets usw.)
- Vielleicht können Sie zwischen den Ereignissen auf den unterschiedlichen Zeitachsen Bezüge herstellen (z. B. zwischen dem Kalten Krieg und Ihrer Kriegsdienstverweigerung). Wenn Sie solche Bezüge entdecken, kennzeichnen Sie diese mit Pfeilen!

Alle Methoden sind auch als Arbeitsblätter/Schreibvorlagen über Download erhältlich (s. Seite 2).

Lebens-Leporello[24]

Methode 2

Für jeweils fünf Lebensjahre wird eine DIN A5-Karteikarte grafisch gestaltet: Zunächst einmal werden wichtige Lebensereignisse bei den entsprechenden Jahreszahlen eingetragen. Dann werden mit Symbolen die jeweiligen Lebensstimmungen visualisiert, z. B. im Stile einer Wetterkarte:

- Sonne – für wunderbare Momente
- Sterne – für wichtige Personen
- Wolken – für dunkle Zeiten
- Blitze – für Konflikte usw.

Die Karten werden in chronologischer Reihenfolge mit Klebestreifen aneinandergeklebt – so entsteht ein Lebensüberblick in Leporelloform.

Mein Genogramm / mein Familienstammbaum

Methode 3

Erstellen Sie ein Genogramm oder – etwas spielerischer in der Darstellung – einen Familienstammbaum für sich bzw. Ihre Familie. Benützen Sie dazu mindestens ein DIN A3-Blatt, um für alle Bemerkungen Platz zu haben. Richten Sie sich dabei nach den auf Seite 15ff. angegebenen Anregungen.

Sonnensystem „Familie“

Methode 4

Verbildlichen Sie Ihre wichtigsten sozialen Beziehungen in Form eines Planetensystems. Sie sind sozusagen der Mittelpunkt und können hier exemplarisch darstellen, wie nah oder fern die anderen Planeten sind und was diese Beziehungen prägt.

In einem folgenden Schritt können Sie für sich überlegen, was Sie an den Menschen, die Sie umgeben, schätzen. Schreiben Sie alles, was Ihnen dazu einfällt, in Stichworten zu dem jeweiligen Namen dazu. Zum Beispiel mag Sie bei dem einen oder anderen das Gefühl beschleichen, dass er Ihnen manchmal zu viel Energie raubt. Hier ergäbe sich die Möglichkeit, dies zu hinterfragen und nachfolgend dementsprechend eventuell nötige Schritte zu setzen. In diesem Fall wäre es sinnvoll, nur die Umlaufbahnen fix einzuzeichnen und die Planeten (Menschen) mit Hilfe von Papierscheiben, die Sie örtlich verändern können, darzustellen. Somit bekommen Sie die Möglichkeit, verschiedene Positionen und die daraus folgende Wirkung auf Sie selbst auszuprobieren und zu erforschen.

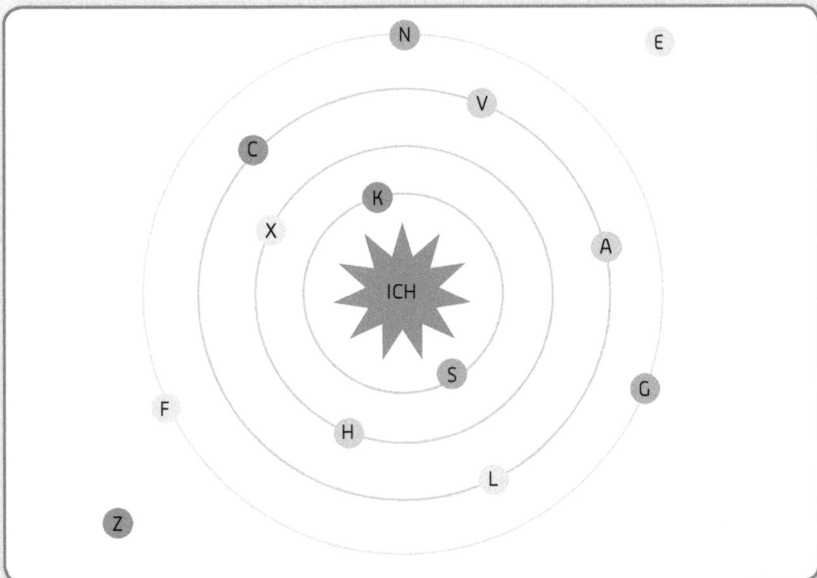

Ich erinnere mich …

Methode 5

Dies ist eine sehr lustvolle und einfache Methode des biografischen Schreibens. Nehmen Sie sich (allein oder zusammen mit anderen Menschen) ein Blatt Papier und einen Stift und schreiben Sie ein paar Sätze zu ausgewählten Themenbereichen, wie z. B.:

„Ich erinnere mich an Kleidungsstücke meiner Kindheit und Jugend …“ Vielleicht gibt es da ein besonderes Sonntagskleid, die über alles geliebte Lederhose, die kratzigen Wollstrümpfe, das erste Ballkleid, ein unvergessenes Faschingskostüm, den lange ausgedienten Smoking, die in der Erinnerung auftauchen und Sie zum Schreiben anregen. Auch die verschiedenen Schuhe Ihres Lebens können „Geschichten“ erzählen. Waren es in jungen Jahren vielleicht die Stilettos und später Gesundheitsschuhe oder erinnern wir uns an wunderbare Gummistiefel mit einem besonderen Muster?

Oder: „Ich erinnere mich an Sonntagsessen …“ (vom Sonntagsbraten um den schön gedeckten Sonntagstisch bis hin zum Besuch bei Tante Fanny …) Nach ein paar Minuten des Schreibens werden die kurzen Texte dann in der Runde vorgelesen und regen zu weiterem Austausch an.

Unsere Wohnung/unser Elternhaus

Methode 6

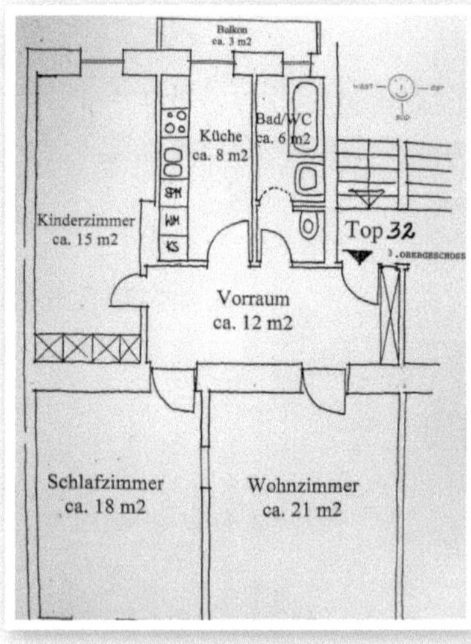

Dieses Würfelspiel ist eine Möglichkeit, sich in Gruppen oder auch im Familienkreis zum Thema Wohnkultur auszutauschen: Setzen Sie sich mit Freunden oder Ihrer Familie an einen Tisch und nehmen Sie einen Wohnungsplan oder den tatsächlichen Plan Ihres Elternhauses bzw. der Wohnung, in der Sie aufgewachsen sind. Nun nimmt jeder Mitspieler/jede Mitspielerin eine Spielfigur und setzt sie in ein bestimmtes Zimmer. Hier fängt er/sie zu erzählen an, welche angenehmen Erinnerungen mit diesem Raum verbunden werden. Beziehen Sie all Ihre Sinne mit ein und erinnern Sie sich an Düfte, Aussehen, Geräusche etc. Reihum kommen alle Mitspieler/-innen an die Reihe und teilen ihre Erinnerungen mit den anderen. In der nächsten Runde wird gewürfelt und man fährt so viele Punkte, wie man gewürfelt hat, weiter zum nächsten Raum und erzählt wieder. Wenn Sie den Plan eines Hauses nehmen, beziehen Sie doch auch den Keller und den Garten mit ein.

Lebensbuch

Methode 7

Beginnen Sie doch möglichst bald, ein so genanntes Lebensbuch anzulegen, in dem Sie Ihre liebsten Gewohnheiten oder Vorlieben aufschreiben. Notieren Sie, dass Ihre Lieblingsblumen rote Rosen sind, dass Sie aber gelbe Blumen überhaupt nicht mögen, dann wird sich niemand wundern, dass Sie unruhig werden, weil gelbe Blumen in Ihrer nächsten Umgebung aufgestellt sind und Sie sich aber nicht mehr artikulieren können. Notieren Sie Ihre Gewohnheiten wie z. B. das Morgenritual vom Badezimmer bis zum Frühstück. Schreiben Sie Sprüche und Zitate, die Sie mögen, hinein und kleben Sie Bilder und Karten dazu, die Ihnen gefallen. Zeichnen und schreiben Sie, wie es Ihnen gefällt und gestalten sie damit Ihr ganz persönliches Lebensbuch. Sie helfen damit sich selbst, indem Ihnen im Gestalten einige Zusammenhänge und mitschwingende Gefühle klar werden können – ähnlich wie beim sehr entlastenden Tagebuchschreiben – und auch den Menschen um Sie herum, wenn Sie an Demenz erkranken sollten.

Ein Koffer für die letzte Reise

Methode 8

Vor einigen Jahren gab es in Deutschland eine von Fritz Roth organisierte Wanderausstellung mit dem Namen „Ein Koffer für die letzte Reise". Die Aufgabe für 100 Frauen und Männer, alte und junge, Künstler und Handwerker, Prominente und Nicht-Prominente war, einen Koffer zu packen, der sie auf der Reise aus diesem Leben begleiten könnte. Diese Koffer spiegelten so die unterschiedlichsten Leben wider. Im Angesicht der Endlichkeit des Lebens wurden die Koffer mit Dingen gefüllt, die für das jeweilige Leben Wichtigkeit erlangt hatten und Zeugnis einer individuellen Identität abgaben.

Was wäre in Ihrem Koffer? Eine getrocknete Blume, ein Foto, eine Eintrittskarte, ein Liebesbrief, eine Urkunde, die Ernennung zum Ingenieur, der Kristallaschenbecher von Tante Monika, …?

Mein Sakrament

Methode 9

Welchen Gegenstand, welche Person, welche Tätigkeit wollen Sie würdigen? Beschreiben Sie ihn!

....

....

Für was steht dieser Gegenstand, diese Person, diese Tätigkeit?

....

....

Was schimmert hier von Gott durch?

....

....

Die Biografie meines Betens

Methode 10

Als alltägliche Gewohnheit (z. B. am Morgen oder Abend, vor den Mahlzeiten) oder akut in Notsituationen wenden wir uns zuweilen an eine höhere Macht. Wir bitten sie um Beistand und Unterstützung oder erweisen ihr unsere Dankbarkeit für die Begleitung. Dieses Beten findet nicht immer mittels vorgegebener Texte statt, sondern auch durch freie Formulierung oder bestimmte (rituelle) Handlungen, die zu einem Gebet werden können. Beantworten Sie für sich folgende Fragen:

- Welche Personen haben mich bezüglich meines Betens (oder Nicht-Betens) beeinflusst (z. B. Eltern, Großeltern ...)? Wer hat mich Beten gelehrt?
- Welche Gebete habe ich in meinem Leben (laut/leise) ausgesprochen – selber formulierte oder tradierte?
- Welche Gebete aus meiner Kindheit fallen mir noch ein (Morgen- und Abendgebete, Tisch- und Stoßgebete)?
- Wie hat sich mein Gebetsverhalten in der Biografie verändert?
- Was kann für mich alles ein Gebet sein (z. B. auch Schweigen, Tanz, Spaziergang ...)?
- Wie schaut meine Gebetskultur heute aus?

Meine Lebensphilosophie

Methode 11

Der griechische Philosoph Epikur hat seine Lebensphilosophie in vier Sätzen umschrieben:

Gott nicht fürchten.
An den Tod nicht denken.
Das Schlechte dauert nicht lange.
Das Gute ist leicht zu haben.

Bringen Sie Ihre Weltanschauung in vier Sätzen auf den Punkt: Schreiben Sie je einen Satz über Gott, den Tod, das Schlechte und das Gute![25]

Meine Lern- und Bildungsbiografie

Methode 12

Erstellen Sie einen Zeitstrahl, der für Ihre Lernbiografie steht. Notieren Sie darin positive und negative Lernerfahrungen! Nachstehend finden Sie ein Beispiel für Lern- und Bildungsbiografie: Lernorte und -erfahrungen wurden nach positivem und negativem Erleben unterschieden.

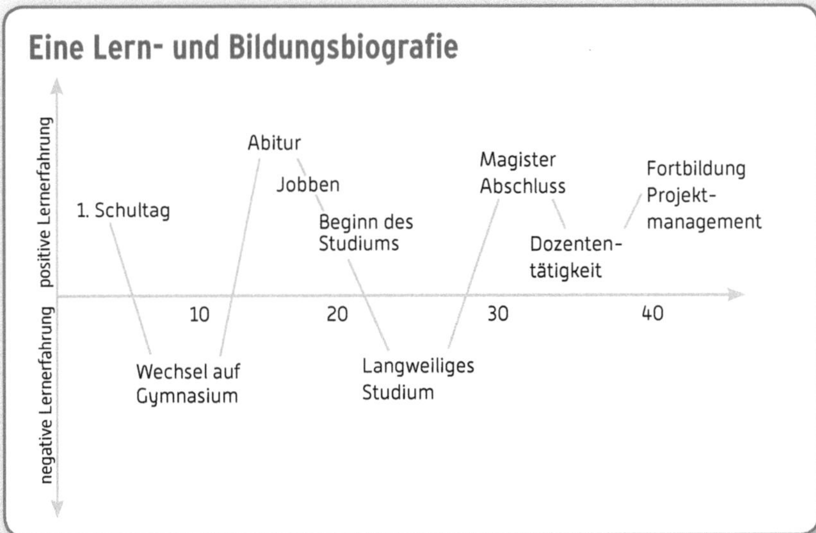

Brief an die Enkelin / den Enkel

Methode 13

Schreiben Sie Ihrem Enkel – real oder fiktiv – einen Brief, in dem Sie beschreiben, was Sie in Ihrem Leben alles gelernt haben. Der Brief soll eher kurz sein. Beschränken Sie sich auf das Wesentliche und das für Sie Wichtige.

Männer/Frauen wie sie!

Methode 14

Wir haben im Laufe unseres Lebens Männer/Frauen kennengelernt, die uns als Mann/Frau beeindruckt oder auch beeinflusst haben. Eventuell sind sie uns zum Vorbild geworden, weil sie besonders waren, Außerordentliches geleistet oder erfahren haben. Diese Männer/Frauen müssen wir nicht persönlich kennengelernt haben – wir kennen sie eventuell nur aus den Medien (eine prominente Persönlichkeit) oder aus Erzählungen anderer (z. B. ein Vorfahre).

- Wer fällt Ihnen dazu mit Blick auf Ihr eigenes Leben ein? Beschreiben Sie diese Männer/Frauen näher!
- Was hat Sie an der jeweiligen Person fasziniert? Warum ist Ihnen diese Person wichtig geworden?
- Inwiefern haben diese Männer/Frauen Ihr Leben beeinflusst?

Einflüsse auf mein Mannwerden/Frauwerden

Methode 15

Nehmen Sie sich einen großen Bogen Papier zur Hand (Querformat) und tragen Sie dort zunächst einmal die Lebensphasen von der Geburt bis heute ein!

- Wer hat Sie in welcher Phase in Ihrer Männlichkeit/Weiblichkeit geprägt?
- Welcher Art war diese Prägung? (Sie können positive Prägungen oberhalb der Zeitachse eintragen, negative Prägungen unterhalb)
- Welche Vorbilder hatten Sie? Welche Männer/Frauen haben Sie fasziniert und vielleicht auch bewundert?

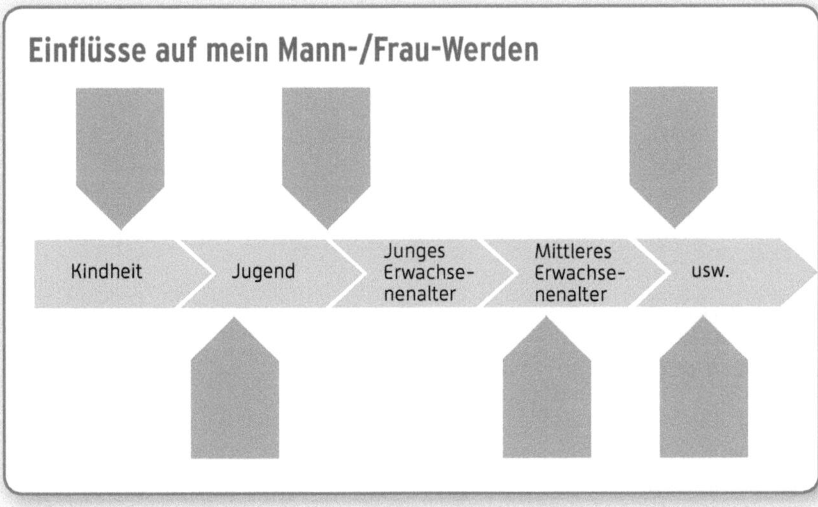

Drei Stationen meiner Arbeitsbiografie

Methode 16

Wählen Sie drei Stationen Ihrer Arbeits-/Berufsbiografie aus und nutzen Sie die nachstehenden Fragen zur biografischen Reflexion:

	Station:	Station:	Station:
Was war(en) meine Aufgabe(n)?			
Wie viel Freizeit hatte ich? Was habe ich darin getan?			
Wie war mein Arbeitstag zeitlich gestaltet?			
Wie sah mein Arbeits-Platz aus?			
Welchen Personen begegnete ich? Bei wem fühlte ich mich akzeptiert?			
Wie habe mich entwickelt? Wohin hätte ich mich noch entwickeln können?			
Wie viel habe ich verdient?			
Welchen Sinn machte die Arbeit für mich? Wie prägte sie meinen Selbstwert?			

Was fällt Ihnen eventuell bei der Beantwortung und dem Vergleich der Antworten auf? Was stimmt Sie gegebenenfalls nachdenklich?

Berufsbiografie – von hinten her gedacht

Methode 17

Um die nächsten Lebensschritte zu planen, ist es oft sinnvoll, „von hinten her zu denken", also den Endpunkt der erstrebten Entwicklung zu beschreiben. Mit Blick auf die Berufsbiografie ist dies der Tag der Pensionierung bzw. des Renteneintritts.

Stellen Sie sich vor, Sie gehen in Rente bzw. in Pension, und beantworten Sie die nachstehenden Fragen[26]:

- Mit wem verbringen Sie den letzten Arbeitstag? Wie feiern Sie?
- Was wird in den Abschiedsreden über Sie als Vorgesetzte(r), Kollege/-in oder Untergebene(n) gesagt?
- Was sagen Familienangehörige über Sie?
- Was sind Inhalte Ihrer Abschiedsrede? Wie sehen Sie Ihren Beruf, Ihre Karriere, Ihre Erfolge, das Verhältnis von Beruf und Privatleben?
- Welche Ziele haben Sie in Ihrer Berufsbiografie erreicht?
- Welche Ziele und Vorhaben haben Sie für den Ruhestand?

KAPITEL 2 Darum geht's – Grundlagen der Biografiearbeit

„Das Einzige, was uns angesichts dieser unausweichlichen Niederlage, die man Leben nennt, bleibt, ist der Versuch, es zu verstehen." *Milan Kundera*

Dieses Kapitel beschäftigt sich mit der Biografiearbeit allgemein. Grundlagen werden vorgestellt und diskutiert.

Ziele

- Sie kennen (Hinter-) Gründe und Grundlagen der Biografiearbeit.
- Sie sind sich bewusst, welche Ziele Biografiearbeit anstrebt, welche Wirkungen sie haben kann und welche Prinzipien beim biografischen Arbeiten zu beachten sind.
- Sie verfügen über Methoden zur biografischen Schatzsuche.

Nutzen

Ihre Planungs- und Handlungssicherheit beim biografischen Arbeiten wird erhöht.

- **Kapitel 2.1** klärt den Begriff „Biografiearbeit" und beschreibt Missverständnisse, die sich um diesen Begriff ranken.
- In **Kapitel 2.2** wird erläutert, wieso das Thema „Biografiearbeit" derzeit so viel Aufmerksamkeit erfährt.
- Ziele und Wirkungen der Biografiearbeit werden in **Kapitel 2.3** vorgestellt und erläutert.
- Nach welchen Prinzipien die Biografiearbeit vorgeht, was also wichtige handlungsleitende Werte des biografischen Arbeitens sind, wird in **Kapitel 2.4** behandelt.
- Mit wem und wo Biografiearbeit „stattfindet", ist Thema von **Kapitel 2.5**. Es geht also um Zielgruppen und Handlungsfelder.
- **Kapitel 2.6** beschreibt das Menschenbild, das dem biografischen Arbeiten zugrunde liegt. Weiterhin wird die Spiritualität der Biografiearbeit thematisiert, also „wes Geistes Kind" sie ist.

2.1 Der Begriff „Biografiearbeit“

„Wenn du nicht weißt, wohin du gehst,
dann schau, woher du kommst.“ *Afrikanisches Sprichwort*

Der Begriff „Biografiearbeit“ ist unscharf und nicht genau definiert; will man ihn näher beschreiben, ergeben sich folgende Merkmale:

> Biografiearbeit eröffnet Menschen jeden Alters Möglichkeiten des Nachdenkens und Austausches über den persönlichen Lebensverlauf. Der ressourcenorientierte, verstehende Blick in die Vergangenheit hilft, die Gegenwart zu bewältigen und in ihr liegende Chancen zu ergreifen. Die persönliche Zukunft gewinnt an Konturen und es lassen sich tragfähige Konzepte zu deren Gestaltung entwickeln.
>
> Biografiearbeit stellt Lernsettings zur Verfügung, in denen Menschen (allein, in Begleitung oder in Gruppen) Heilung, Lebensorientierung und Ermutigung erfahren. Die Begleitung von Klienten/-innen i.w.S. kann genauer an deren Vorgeschichte und Lebenssituation ausgerichtet werden.

Vielfältige Themenstellungen werden in diesem Zusammenhang bearbeitet, z. B. aus der Biografie der persönlichen Alltagskultur oder der Lernbiografie. Aber auch allgemeine Fragen biografischer Lebensgestaltung lassen sich thematisieren, so z. B. nach

- festen Bezugspunkten im eigenen Leben: Das können Menschen oder Tätigkeiten, Einstellungen oder Kompetenzen, bestimmte Zeiten oder Orte sein.
- spezifischen Ausgangspunkten bei der Lösung von Problemen und Herausforderungen, z. B. Weltbilder, Lebenserfahrungen, Lebensmottos.
- Wissensbeständen, Haltungen und Verhaltensweisen, die zu den festen Gewohnheiten eines Lebens gehören.
- den „Grenzüberschreitungen“, wenn man den Rahmen des Gewohnten einmal verlassen und damit neue Erfahrungen gemacht hat.
- aktuellen Träumen, Zielen und Entwicklungen.

Zwei Ausprägungen der Biografiearbeit lassen sich unterscheiden: Biografisches Arbeiten meint zum einen die Beschäftigung eines jeden Menschen mit der eigenen Biografie, also der persönlichen Vergangenheit, Gegenwart und Zukunft. Dies passiert im Alltag meistens retrospektiv: Wir ziehen Bilanz, denken an Lebenswenden über das gelebte Leben nach. So verstanden ist Biografiearbeit eine „tagtäglich zu erbringende Leistung der Selbstverständigung"[27]. Dies setzt eine kontinuierliche Selbst(neu-)deutung voraus. Peter Alheit bezeichnet diese Fähigkeit auch als „Biografizität"[28].

Zum anderen werden mit „Biografischem Arbeiten" besondere Angebote, Sicht- und Handlungsweisen in der Bildungsarbeit und der Beratung, in der Therapie und der Seelsorge, in der Pflege und in anderen professionellen Handlungsfeldern verstanden. Dabei kann bzw. können die Biografie oder einzelne Ereignisse als Thema im Vordergrund stehen, oder die Biografieorientierung kann als Prinzip in jedes andere Thema einfließen.

Mit Blick auf die Biografiearbeit lassen sich zwei unterschiedliche Schwerpunktsetzungen unterscheiden: Die **begegnungsorientierte Biografiearbeit** versucht primär, Menschen in Gruppen miteinander ins Gespräch zu bringen. Sie tauschen sich zu bestimmten Themen der Biografiearbeit aus und stellen dabei u.a. fest, dass sie mit bestimmen Erfahrungen nicht allein sind. Die **reflexionsorientierte Biografiearbeit** geht tiefer: Sie ist eine bewusste Schatzsuche, die nach Ressourcen Ausschau hält, um die Gegenwart zu gestalten und die persönliche Zukunft entwerfen zu können.

Weiterhin ist hervorzuheben,

- dass Biografiearbeit sich zum einen nicht nur mit der Vergangenheit, sondern auch mit der Gegenwart und der Zukunft der Menschen auseinandersetzt,
- zum anderen, dass sich Biografiearbeit nicht allein an ältere und alte Menschen richtet, sondern alle Altersgruppen anspricht und
- dass Biografiearbeit den Blick nicht auf die Individuen verengen darf, sondern auch die gesellschaftlichen und kulturellen Verhältnisse betrachten muss.

Biografiearbeit zwischen Vergangenheit, Gegenwart und Zukunft

nach Viola Zintl

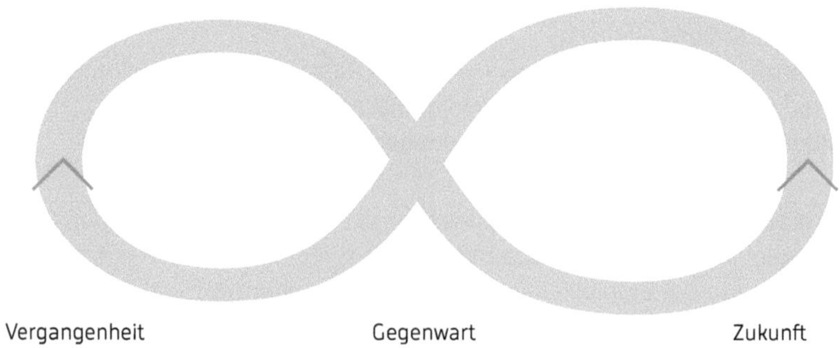

Biografiearbeit bewegt sich also zwischen Vergangenheit (**Lebensbilanz**), Gegenwart (**Lebensbewältigung**) und Zukunft (**Lebensplanung**). Alle Bereiche beleuchten sich gegenseitig.

Biografiearbeit lädt die Menschen dazu ein, eine neue Sicht auf sich selbst zu finden: Selbstwahrnehmungen, Empfindungen, Gefühle können durch neue Perspektiven erweitert werden. Man sieht sich selbst von einer anderen, ressourcenorientierten Seite. Verfestigtes kann so gegebenenfalls wieder gelöst werden.

Zum Weiterlesen:

Alheit, Peter & Felden, Heide von (Hg.). (2009). *Lebenslanges Lernen und erziehungswissenschaftliche Biographieforschung:* Konzepte und Forschung im europäischen Diskurs. Wiesbaden: Verlag für Sozialwissenschaften.

Sander, Kirsten (2006). Biographiearbeit: erste Überlegungen für ein konzeptionelles Verständnis. *Unterricht Pflege* (1), 2-7.

2.2 Hintergründe zur Biografiearbeit

„Verstehen kann man das Leben nur rückwärts - leben muss man es vorwärts." *Sören Kierkegaard*

Biografiearbeit ist heute aus verschiedenen Gründen notwendig geworden. Wir haben unterschiedliche Aspekte zusammengetragen, die die Sinnhaftigkeit und „Not-Wendigkeit" des biografischen Arbeitens verdeutlichen sollen.

2.2.1 Demografischer Wandel

Durch die Verlängerung der Lebenszeit bzw. die Ausweitung der Lebenserwartung haben die Menschen einen Zuwachs an Jahren gewonnen, die gestaltet werden wollen. Noch vor gut 200 Jahren sah das ganz anders aus. Die Sterbeerwartung entlang des Lebenslaufs verteilte sich im Jahr 1796 so[29]: Von 100 Personen, die in diesem Jahr geboren wurden, starben

- vor dem 10. Lebensjahr: 50
- zwischen dem 10. und 20. Lebensjahr: 20
- zwischen dem 20. und 30. Lebensjahr: 10
- zwischen dem 30. und 40. Lebensjahr: 6
- zwischen dem 40. und 50. Lebensjahr: 5
- zwischen dem 50. und 60. Lebensjahr: 3
- nach dem 60. Lebensjahr: 6

Die Lebensspanne vor 200 Jahren

am Beispiel der Schwestern Brontë

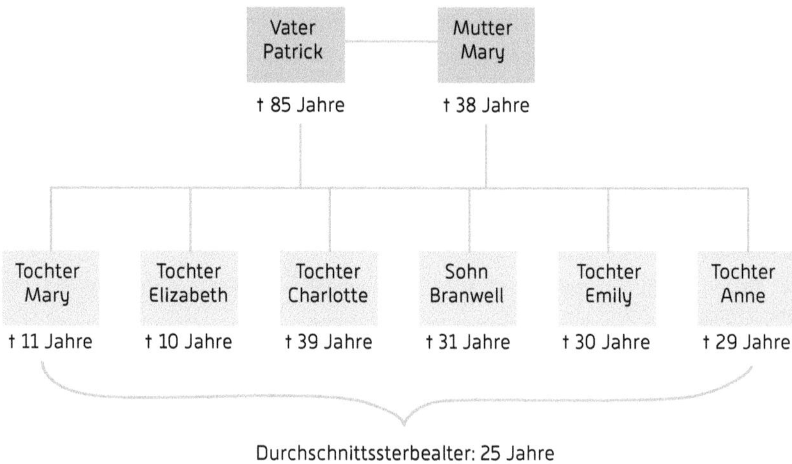

Ein beispielhafter Blick auf das Sterbealter der Mitglieder der Familie Brontë (drei Töchter waren berühmte englische Schriftstellerinnen des 19. Jahrhunderts) zeigt: Die Menschen starben noch vor nicht allzu langer Zeit viel früher als heute. Zwar gab es schon das Phänomen der Hochaltrigkeit (siehe das Sterbealter des Vaters), aber im Gegensatz zur Gegenwart war dies damals noch die Ausnahme.

Heute ist es dagegen in Europa umgekehrt: Die Menschen werden immer älter („gewonnene Jahre") und die jüngeren Generationen bestehen aus immer weniger Personen. Die Jahre, in denen wir länger leben, sind in wachsendem Maße von guter Gesundheit bestimmt.[30] Zumindest manche Bevölkerungskreise besitzen neue Freiheiten[31] und zumeist gibt es dafür noch keine oder wenige Vorbilder. Vor diesem Phänomen stärkt Biografiearbeit die „Kunst des langen Lebens" (Bollmann) oder die „Lebenskunst" (Schmid).

2.2.2 Ende der Normalbiografie

Bislang war in unserer Kultur der Ablauf einer Biografie relativ einheitlich vorgeschrieben – Soziologen sprechen vom „Lebenslauf-Regime" oder der „Normalbiografie":

Der **Mann** sollte zunächst einmal seinen Schulabschluss machen, anschließend seine Berufsausbildung. Nach Ergreifen eines Berufs suchte er sich – so die Norm(al)-Vorstellung – eine Partnerin, heiratete, gründete eine Familie und versorgte diese. Waren die Kinder erwachsen und aus dem Haus, war er – noch dazu nach Beendigung des Berufslebens – auf die Beziehung mit seiner Partnerin verwiesen und im Pflegefall angewiesen. Da in der Regel der männliche Partner der ältere war und aufgrund der niedrigen Lebenserwartung des Mannes starb dieser vor seiner Frau.

Die **Frau** machte in der Regel auch einen Schulabschluss. In unserer (Groß-) Elterngeneration war es aber zum Teil noch nicht einmal üblich, dass Frauen eine Berufsausbildung abschlossen – war doch ihr Lebensweg vom „Dasein für andere"[32] vorgezeichnet. Also – so hielt man es für normal – heiratete sie, brachte Kinder zu Welt, versorgte diese und ihren Ehemann. Der Auszug der Kinder, die Pensionierung des Mannes und die Verwitwung gehörten weiterhin zur Normalbiografie der Frauen.

Hielt man oder frau sich nicht an die Abfolge in der Normalbiografie, konnten soziale Sanktionen die Folge sein. Etikettierung und/oder Ausgrenzung waren die Mittel, mit denen jede/r zur Einhaltung der Norm(al)-Biografie gebracht werden sollte (z. B. wenn eine Frau ihren Ehemann verließ). Auch wenn Krieg oder andere historische Einbrüche einer Entsprechung dieser Erwartungen entgegenstanden, so hielt sich doch der „richtige Fahrplan vom Lebensverlauf" in den Köpfen der Menschen.

Doch die Vorgaben der Normalbiografie und die Sanktionierungen der Verstöße gegen solche Vorgaben haben an Verbindlichkeit verloren bzw. es bestehen unterschiedlichste Lebensmodelle nebeneinander. Diese Veränderungen zeigen sich in einer Verlängerung der Lebenszeit, in einem Hinzukommen neuer Lebensphasen

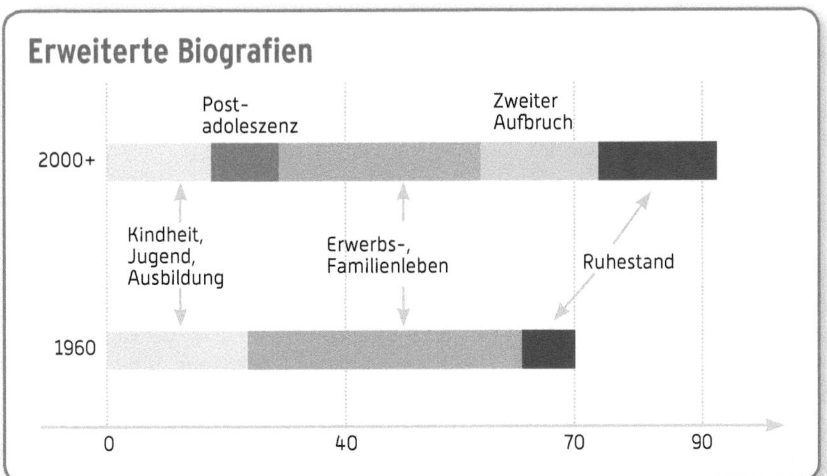

und im allmählichen Verschwinden anderer sowie in der erhöhten Wahrscheinlichkeit des Auftretens von Brüchen, Wiederholungen, Neuanfängen …

Manche sprechen angesichts dieser Veränderungen sogar von einer Revolution: Grundlegende Selbstverständlichkeiten eines „richtigen" Lebensverlaufes kommen ins Schwanken bzw. werden einfach nicht mehr gelebt.

So sehen die Lebensläufe heute zum Teil sehr verändert aus (sicherlich regional unterschiedlich, anders in den Städten als auf dem Land). Dabei haben sich weibliche und männliche Biografien tendenziell einander genähert. Heute unterstehen sie viel weniger einem „Regime" als die Lebensläufe unserer Vorgenerationen. Die Biografie ist optional gestaltbar geworden: Man/frau schließt die Schule ab, gründet eine Familie, macht einen Berufsabschluss, heiratet dann – eventuell einen neuen Partner/eine neue Partnerin usw. Berufswechsel, Partnerwechsel, Arbeitslosigkeit und andere krisenhaften Einbrüche verändern die Biografien der Menschen heute. Patchwork-Familien, Brüche in der Erwerbsbiografie und mangelnde Absicherung im Alter können Folgen solcher diskontinuierlichen Biografien sein. Soziologen sprechen in diesem Zusammenhang vom „Ende der Normalbiografie": Wir werden zu Architekten und Baumeistern unseres eigenen Lebensgehäuses, zu aktiven Produzenten unserer Biografie.[33] Jeder Mensch wird zu seinem eigenen „biografischen Planungsbüro". Der/Die heute Unter-50-Jährige ist davon besonders betroffen. Er/Sie bewegt sich auf absolut unbekanntem Terrain. Man spricht in diesem Zusammenhang heute von „Patchwork- oder Bastelbiografien". Wie gehen die Menschen mit solchen Erosionsprozessen um? Die Biografieforschung nennt hier drei Typen – die „Networker", die „Patchworker" und die „Designer"[34]:

- **Networker** reagieren auf den Verfall biografischer Vorgaben dadurch, dass sie im sozialen Nahbereich neue soziale Netze knüpfen, von denen sie sich getragen und gehalten fühlen. Frauen verfolgen in vielen Bereichen diese Strategie.
- **Patchworker** basteln sich ihre Biografie durch das Aneinanderfügen unterschiedlicher Milieus zusammen, zwischen denen sie geschickt hin und her springen.
- **Designer** gestalten und entwerfen ihr Leben und präsentieren dieses dann auch nach außen als „Kunstwerk".

2.2.3 Zunahme der Lebensübergänge

Mit dem Ende der sogenannten „Normalbiografien" und der Zunahme der individualisierten Patchwork-Biografien hat auch die Zahl der Lebensübergänge zugenommen. Die Menschen heute haben viel mehr Lebenswenden und -transitionen zu bewältigen als in früheren Zeiten. Und für viele dieser Übergänge gibt es noch keine Vorbilder und Modelle, an denen man sich orientieren kann.

Doch nicht nur die Quantität der biografischen Übergänge hat sich verändert, sondern auch deren Qualität unterliegt einer Veränderung:

Veränderte Lebensübergänge

nach Marc Weinhardt

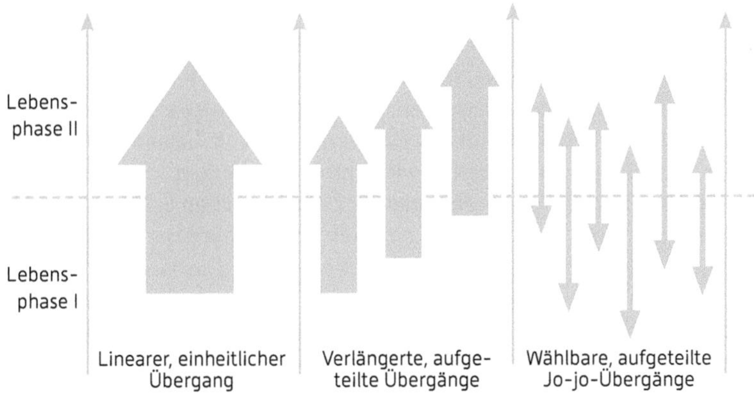

Die hier – am Beispiel des Übergangs von der Jugend in das Erwachsenenalter[35] aufgezeigte – qualitative Veränderung von Lebensübergängen lässt sich so beschreiben: Eindeutige Übergänge in eine Richtung zu relativ eindeutigen Zeitpunkten wurden abgelöst von sogenannten Jo-Jo-Übergängen (d. h. es gibt immer auch ein mögliches Zurück) in breiten Zeitschneisen und unterteilt in Teil-Übergänge. Für diese Übergänge benötigt das Individuum angemessene Übergangskompetenzen: Es muss lernen, mit der Vielfalt möglicher Lebensübergänge umzugehen, gegebenenfalls selbst Lebensübergänge zu initiieren und zu gestalten sowie mit Scheitern und Neu-Anläufen zurechtzukommen.

Zur Beschreibung der aktuellen Biografien kann man auch einen Begriff aus der Organisationsentwicklung übernehmen: **VUCA**. Dieses Wort ist eine Zusammenfassung der Anfangsbuchstaben von vier Faktoren, mit denen sich nicht nur die Märkte der Unternehmen, sondern auch die Lebensverhältnisse der Menschen beschreiben lassen[36]:

- **V = volatility** (Deutsch: „Unberechenbarkeit"): Unser Leben verläuft immer weniger in verlässlichen und vorausschaubaren Bahnen. Krisen politischer und wirtschaftlicher Art, gesellschaftliche Umbrüche, Erkrankungen und persönliche Lebenswendungen erfordern in zunehmendem Maße ein „Leben ohne Geländer" (Ödon von Horvath).
- **U = uncertainty** (Deutsch: „Unsicherheit"): Mit der Unberechenbarkeit des Lebens wächst auch das Erleben von Unsicherheit. Wir können uns auf die tragenden Säulen des Lebens immer weniger verlassen: Lebenslange Partnerschaft und eine

bruchfreie Berufsbiografie werden eher selten. Die Wirtschaftsjournalistin Betty Zucker sprach von der Notwendigkeit einer „Treibsandtauglichkeit" der Menschen.

- **C = complexity** (Deutsch: „Komplexität"): Die Einwirkungen auf die individuelle Lebenswirklichkeit werden immer vielfältiger. Sie beeinflussen sich wechselseitig und können sich gegenseitig verstärken oder abschwächen. Vielfach kann nicht mehr abgeschätzt und geplant werden, welche Verhaltensweisen und Lebensprojekte zu welchen Ergebnissen führen. Das Verstehen von Zusammenhängen – ein wichtiger Aspekt des Sinnerlebens – wird immer schwieriger.
- **A = ambiguity** (Deutsch: „Mehrdeutigkeit"): Zur alltäglichen Erfahrungswirklichkeit gehört auch, dass es so oder so sein kann und zugleich ganz anders. Eindeutige Welt- und Menschenbilder, Werte und Normen sind verloren gegangen bzw. müssen sich der „Konkurrenz" mit anderen Deutungen stellen. Die Menschen sind gezwungen und aufgefordert, sich dieser zum Teil widersprüchlichen Vielfalt zu stellen und sich darin zu verorten.

Manche Sozialwissenschaftler/-innen plädieren dafür, diesen Wandel der Biografien nicht schicksalhaft hinzunehmen, sondern ihn bewusst zu gestalten. So werden beispielsweise „atmende Lebensläufe" gefordert, in denen die Dreiteilung von Berufsvorbereitung (Jugend), Berufstätigkeit (Erwachsenenalter) und nachberuflicher Zeit (Alter) aufgebrochen wird. Vielmehr soll es während des gesamten Lebenslaufs möglich sein, die Arbeit zu unterbrechen und sich z. B. der Pflege von Angehörigen (seien es die Kinder oder die Eltern) oder der persönlichen Weiterentwicklung zu widmen.[37] Biografien bekämen so eine andere Ordnung.[38]

Das bedeutet auch, dass die Menschen auf die Gestaltung und Planung solcher veränderter Biografien vorbereitet werden müssen. Sie sollten sich entsprechende Haltungen und Einstellungen, Fähigkeiten und Fertigkeiten aneignen. Fachleute sprechen hier von „Biografischer Kompetenz".

2.2.4 Ein Beitrag zum Gesund-Sein

Die Gesundheitsforschung macht darauf aufmerksam, wie wichtig es ist, sich mit der persönlichen Biografie zu beschäftigen. Der israelisch-amerikanische Wissenschaftler Aaron Antonovsky[39] vertritt ein Denkmodell, das er „Salutogenese" (Gesundheitsentwicklung) nennt. In diesem Modell fragt er nicht nach den Entstehungsbedingungen von Krankheiten (Pathogenese), sondern nach denen von Gesundheit. Als solche Bedingungen der Gesundheitserhaltung und -förderung nennt er:

- das Vorhandensein **körperlicher Widerstandskräfte**, also ein intaktes Immunsystem,
- das Verfügen über **psychische Ressourcen**, wie z. B. das Intelligenz- oder Bildungsniveau, vor allem die persönliche Ich-Stärke,
- der mögliche Rückgriff auf **materielle Ressourcen**, worunter Geld, Arbeit und Wohnsituation zu verstehen sind,
- der Zugang zu **psychosozialen Quellen**, was vor allem Beziehungen und Netzwerke meint, die Unterstützung bieten können,
- die Existenz eines **Kohärenzsinnes** – damit ist die Fähigkeit gemeint, Sinn im eigenen Leben entdecken oder stiften zu können.

Was uns gesund macht und erhält

nach Aron Antonovsky

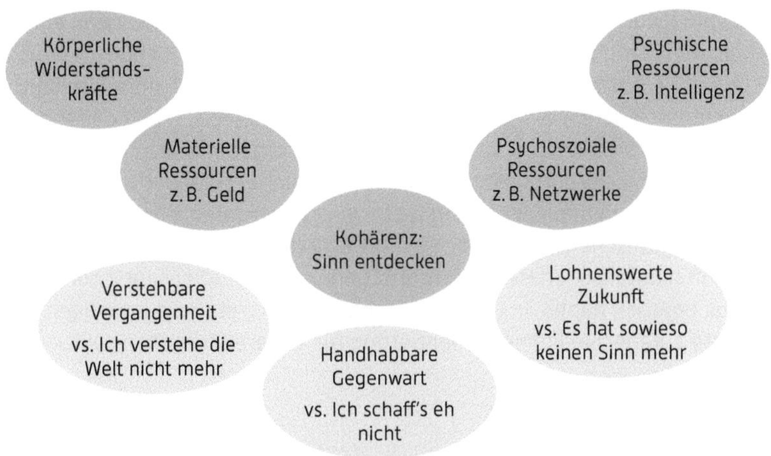

Dieser **Kohärenzsinn**, dieses Wahrnehmen eines inneren Zusammenhangs, tritt vor allem dann auf, wenn die folgenden drei Faktoren gegeben sind:

- Das Individuum erlebt seine Welt, insbesondere seine biografische Vergangenheit, als verständlich und geordnet. Ein größerer Zusammenhang wird im vergangenen Leben erkannt. Für die Zukunft gibt es ein Mindestmaß an Vorhersehbarkeit (**Verstehbarkeit**).
- Der einzelne Mensch hat das Empfinden, dass er sein gegenwärtiges Leben meistern kann und über die dafür notwendigen Ressourcen verfügt (**Handhabbarkeit/ Bewältigung**).

- Für den Einzelnen oder die Einzelne gibt es zukünftige Ziele und Projekte, für die es sich zu leben lohnt. Die absehbaren Anforderungen sind es wert, sich anzustrengen und sich zu engagieren (**Bedeutsamkeit/Sinn**).

Gerade diese drei letzten Faktoren machen bewusst, wie bedeutsam biografisches Arbeiten für den Einzelnen, aber auch für bestimmte Zielgruppen, z. B. Jugendliche, ältere und alte Menschen, ist. Die Auseinandersetzung mit der eigenen Biografie stellt geradezu einen Beitrag zur Gesunderhaltung oder Gesundheitsförderung dar.

2.2.5 Wertevermittlung „zwischen den Zeilen"

Die Weitergabe von Werten an andere Menschen und nachfolgende Generationen ist eine seit Jahrzehnten diskutierte Aufgabe. Viele Menschen beklagen Werteverfall oder Wertewandel und fordern die Stärkung unterschiedlicher Werte.

Ein altes Sprichwort sagt: „Wenn ein alter Mensch stirbt, ist es, wie wenn eine ganze Bibliothek abbrennt." Hierzu lässt sich assoziieren, dass in den Lebensgeschichten nicht nur alter Menschen Wissen und Werte integriert sind, deren Bedeutung für uns nicht hoch genug einzuschätzen ist. Lernpsychologisch und pädagogisch betrachtet lassen sich Werte „nicht einfach so" weitergeben wie ein Gegenstand. Werte lassen sich nicht durch Vorträge oder Lehrbücher transportieren. Vielmehr werden sie „zwischen den Zeilen" von (Lebens-) Geschichten weitergegeben. Insbesondere biografische Erzählungen sind oft Entscheidungsgeschichten. Menschen erzählen von biografischen Herausforderungen und den Lebensentscheidungen, die sich daraus ergeben haben. In diesen Entscheidungen treten die jeweiligen persönlichen Werte zutage. Sie können Orientierung für andere Menschen sein.

Zum Weiterlesen:

Antonovsky, Aaron (1997). *Salutogenese: zur Entmystifizierung der Gesundheit.* Tübingen: dgvt.

Keupp, Heiner (1999). Ohne Angst verschieden sein können: Riskante Chancen in einer postmodernen Gesellschaft. In Klingenberger, H. & Krecan-Kirchbichler, B. (Hg.), *Nicht mehr sicher, aber frei: Erwachsenenbildung in der Postmoderne* (S. 11–28). München: Don Bosco.

Weinhardt, Marc (2014). Biografie, Lebenslauf und Übergänge in der Beratung. *Internet*: http://www.resonanzen-journal.org/index.php/resonanzen/article/view/267.

2.3 Ziele und Wirkungen der Biografiearbeit

„In Dankbarkeit auf Vergangenes schauen,
in der Gegenwart alles tun, was notwendig ist,
die Zukunft mit Hoffnung sehen -
denn da geht Gott mit dir." *Papst Franziskus*

Wir unterscheiden bewusst zwischen Zielen und Wirkungen in der Biografiearbeit. Denn Biografiearbeit kann Wirkungen haben, die aber nicht bewusst erzielt werden (dürfen). So kann das biografische Arbeiten durchaus eine heilsame Wirkung haben. Da aber – mit Ausnahme ausgebildeter Therapeuten/-innen – in der Regel keine entsprechende Kompetenz vorhanden ist, gehört das Heilen nicht zu den Zielen der Biografiearbeit.

2.3.1 Ziele der Biografiearbeit

Ganz allgemein kann man auf die Frage „Was strebt Biografiearbeit an?" antworten: biografische Kompetenz. In Zeiten, in denen wir immer mehr zu den Gestaltern unserer eigenen Lebensverläufe werden (vgl. das Kap. 2.2 über die Hintergründe der Biografiearbeit), benötigen wir eine **biografische Gestaltungskompetenz**. Zum einen meint man damit die Fähigkeiten eines/r jeden, die eigene Biografie überdenken, bewältigen und entwerfend gestalten zu können. Dazu zählen insbesondere sechs Aspekte:

- Das Bewusstsein der persönlichen Vorstellung von Biografie: So macht es durchaus einen Unterschied, ob wir glauben, unser Leben sei durchgehend von Fortschritt und Wachstum geprägt oder der Lebensverlauf stelle eine erst aufsteigende und dann abfallende Kurve dar („Mit 40 geht's bergab").[40]
- Das Bewusstsein über die jeweilige Art, in der Zeit zu leben: Manche Menschen leben mehr in der Vergangenheit: Sie wird nostalgisch glorifiziert oder verteufelt. Andere leben mehr in der Zukunft: sei es sorgenvoll oder zuversichtlich. Wieder andere leben mehr in der Gegenwart.
- Die verstehende Auseinandersetzung mit dem vergangenen Leben (Lebensbilanz)
- Das Aufgreifen gegenwärtiger Lebenschancen und die Bewältigung aktueller Krisen (Lebensbewältigung)
- Das Entwerfen von Zukunftsplänen (Lebensplanung)
- Das Bewusstsein über die Verwobenheit der eigenen Biografie mit Gesellschaft, Geschichte und Politik

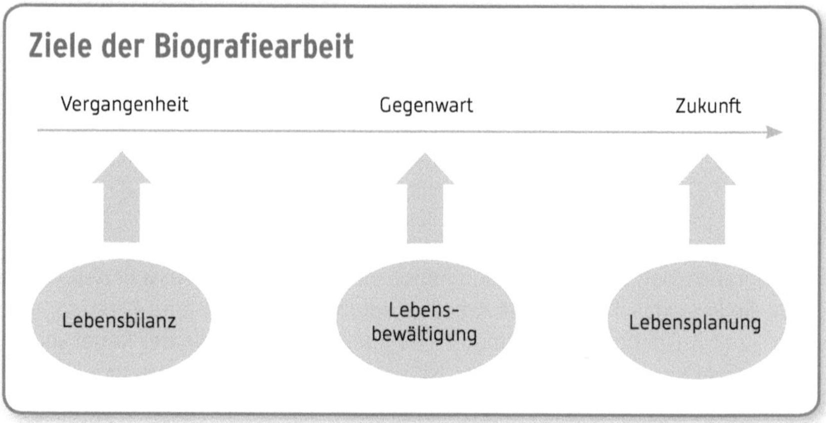

Diese Art und Weise von biografischer Kompetenz wird häufig auch in Zusammenhang mit dem Bildungsbegriff gebracht: Gebildet ist danach eine Person, die ihr Leben/ihre Biografie bewusst und verantwortet zu gestalten weiß.

Ein anderer in der Literatur verwendeter Begriff ist **„Biografizität"**: Damit umschreibt man „die Fähigkeit und Bereitschaft, neue Erfahrungen, neues Wissen und gesellschaftliche Veränderungen mit früheren biografischen Erfahrungen und Kenntnissen zu verknüpfen. Biografizität beinhaltet eine Motivation, nämlich die Bereitschaft, sich um eine Kontinuität der eigenen Identität und des Selbstkonzepts zu bemühen. Lernmotivation in biografisch-konstruktivistischer Sicht ist die Bereitschaft, die eigene Vergangenheit zu rekonstruieren, um eine lebens- (und liebens-) werte Zukunft denken zu können."[41]

Die Fähigkeit „Biografizität" lässt uns das Leben meistern, indem wir unsere Gegenwart mit der Vergangenheit und der Zukunft in Beziehung setzen können. Wir ziehen aus dem Blick in die Vergangenheit Konsequenzen und Bestärkung für die Bewältigung der Gegenwart. Zukunftspläne und -träume gewinnen an Kontur und entwickeln eine emotionale Anziehungskraft.

Ein anderer in diesem Zusammenhang verwendeter Begriff ist das **„biografische Bewusstsein"**: Der Erwachsenenpädagoge Rolf Arnold[42] beschreibt dieses als ein „Zeitbewusstsein". Menschen, die biografisch bewusst leben, widmen sich Personen, Situationen und Aufgaben, die ihr persönliches Wachstum fördern. Weiterhin reflektieren und bilanzieren sie ihr Leben vor dem Hintergrund der Begrenztheit des Lebens.

Nicht zuletzt gilt die **„biografische Kompetenz"** als eine fundamentale Handlungskompetenz der Männer und Frauen, die in sozialen Berufen arbeiten: Sie unterstützen ihre Klienten/-innen dabei, „biografisch aufgeschichtete Erfahrungen" unter neuen Anforderungen zu verändern und weiterzuentwickeln. Biografische Kompetenz heißt für Männer und Frauen, die andere Menschen begleiten, deren Vorgeschichte zu verstehen und an ihren Vorerfahrungen anzuknüpfen. Sie leiten zur biografischen Schatzsuche an und unterstützen ihre Teilnehmer/-innen oder Klienten/-innen dabei, ihren Weg zu gehen.

2.3.2 Wirkungen der Biografiearbeit

Wenn Menschen sich mit ihrer Biografie beschäftigen – sei es für sich allein, sei es in Gruppen oder Bildungsveranstaltungen –, so kann dies ganz unterschiedliche Wirkungen haben:

Ziele und Wirkungen der Biografiearbeit

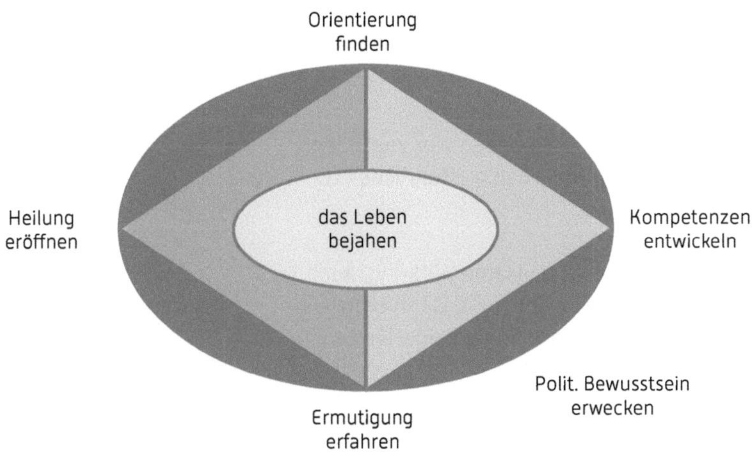

- Es fügen sich Fragmente eines Lebens zusammen, die bisher zusammenhanglos nebeneinander standen. Lebenseinschränkungen können angenommen und Verletzungen integriert werden. Es wird Heilung erfahren – nicht im Sinne, dass alles wieder so ist wie zuvor, sondern dass das Geschehene akzeptiert und als Basis für die persönliche Weiterentwicklung „genutzt" werden kann.
- Der Blick in die eigene, aber auch in fremde Biografien gibt Orientierung: Wie wurden Entscheidungen getroffen, welche Werte waren wichtig? Wir erkennen so unsere bisherige Entwicklung, deren roten Faden und sind dadurch in der Lage, Sinn zu finden. Woran kann man sich ausrichten, wenn Lebensweichen zu stellen sind? Menschen, denen es gelungen ist, nach Umbrüchen und besonderen Her-

ausforderungen ihr Leben gut zu meistern, können als mögliches Leitbild fungieren.

- Jede/r hat in seinem/ihrem Leben schon viel geleistet, ausgehalten oder losgelassen. Richtet man den Blick auf diese bestandenen Herausforderungen im eigenen Leben, aber auch im Leben anderer, so kann ein Gefühl der Ermutigung die Folge sein.
- Wer sich erinnert und die Erinnerung anderer Menschen hinzuzieht, wird Gemeinsamkeiten erkennen: Schicksale, die sich aus ähnlichen Lebenslagen oder geschichtlichen Einflüssen ergeben. Es wird erkennbar, wie Gesellschaft und Politik unser Leben beeinflussen. So kann politisches Bewusstsein entstehen, das sich dann auch in Solidarisierung und gemeinsamem Handeln zeigen kann.
- Die eigene Lebenslage reflektieren, Entscheidungen treffen und vertreten, Netzwerke aufbauen und pflegen – selbst-bewusstes biografisches Handeln bedarf einiger Kompetenzen. In der Biografiearbeit können diese angeeignet und erprobt werden.
- Letztlich können Menschen in der Biografiearbeit zur Lebensbejahung finden: Sie können „Ja" sagen – zu dem, was war, ist und kommen wird.

Nachfolgend wenden wir uns den vier zentralen Wirkungen der Biografiearbeit ausführlicher zu:

Heilung

Biografiearbeit hat eine heilsame Wirkung, auch wenn diese nicht angestrebt wird. Denn Biografiearbeiter/-innen sind in der Regel keine Therapeuten/-innen.

Selbstreflexion

- Wo haben Sie in Ihrer Biografie Heilung erfahren?
- Wer oder was war dabei hilfreich?
- Wo bedürfen Sie gerade der Heilung?
- Wer oder was kann Sie dabei unterstützen?
- Wie fangen Sie morgen an, einen Heilungsprozess herbeizuführen?

Das Gegenteil von Heil-Sein ist Fragment-Sein und das Leiden daran (vgl. Kap. 5.2 zum Thema „Leiden"). Mediziner unterscheiden zwei verschiedene Arten der Heilung:

- Restitutio ad integrum: Der Körper ist wieder unversehrt wie im Urzustand.
- Reparatio: Die Folgen der Behandlung sind sichtbar. Es bleiben Einschränkungen bzw. Narben zurück.

Letzteres Verständnis von Heilung können wir auch in der Biografiearbeit finden. Heil-Sein hat hier viel mit Zustimmung und Akzeptanz zu tun: „Gesund ist, wer mit seiner Krankheit leben kann."[43] Der Theologe Henri Nouwen betont, dass die heilende Wirkung nicht nur darin bestehe, dass man von Schmerzen und Einsamkeit befreit wird. Vielmehr bedeute Heilung auch, Schmerz und Einsamkeit bejahen, teilen und verwandeln zu können.

Heil-Sein meint in diesem Sinne, eine Verletzung, eine Kränkung, eine akut bestehende Lebenssituation akzeptieren, ja, ihr zustimmen zu können. Der Existenzanalytiker Alfried Längle[44] unterscheidet vier „Zielrichtungen" der Zustimmung:

Zustimmung zur Welt • Akzeptanz der aktuellen Lebensbedingungen • Fähigkeit, Möglichkeiten zu entdecken	**Zustimmung zum Leben** • Zuwendung zu (neuen) Werten
Zustimmung zur eigenen Person • Achten der eigenen Person • Authentizität • Selbsttreue	**Zustimmung zum Werden** • Einverständnis zu einer Herausforderung • Beitrag zu einem größeren Ganzen

Orientierung

Eine der möglichen Wirkungen von Biografiearbeit liegt in der Entdeckung von Lebensorientierung. Damit ist die Fähigkeit gemeint, sich im Leben auf einen Wert oder ein Ziel ausrichten zu können. Wir verfügen über eine mehr oder wenige klare Basis für Ziele und Entscheidungen, wissen, was uns wichtig ist und was wir „wirklich wirklich" wollen.

Bestehende Orientierungssysteme (Glaube, Weltanschauungen, Traditionen) haben an Bedeutsamkeit und Verbindlichkeit verloren. Die Individuen sind darauf angewiesen, für sich selbst herauszubekommen, was ihnen Orientierung und Ausrichtung gibt. Über ein persönliches Orientierungssystem zu verfügen, hilft uns, Lebenssituationen wahrzunehmen und zu interpretieren sowie wichtige Weichenstellungen vorzunehmen. Wir benötigen einen Kompass, der uns verortet und ausrichtet (ein Navigationsgerät kann uns „nur" die schon bekannten Wege zeigen). Für solche Orientierungssysteme haben sich einige Metaphern entwickelt, die uns besser zu verstehen helfen, was damit gemeint ist:

- Es ist die „Karte der ungeschriebenen Regeln" und umfasst „implizite Verhaltensgesetze".
- Es stellt unser „persönliches Betriebssystem" dar und fungiert als „Software des Geistes".
- Es wirkt wie ein „Wegweiser", der den Weg in die Zukunft weist, Richtungen und Handlungsweisen vorgibt und so Orientierung schafft.
- Es ist einem „Eisberg" vergleichbar, weil der größte Teil unseres Orientierungssystems nicht wahrnehmbar ist, sondern unter der Lebensoberfläche wirkt (durch Haltungen, Tabus, Gewohnheiten usw.).

Methode 18 → siehe Seite 91

Ermutigung

Lebensmut ist eine wichtige Kraft- und Antriebsquelle zur selbstbestimmten Lebensgestaltung. Mut hilft uns Schwellen oder Grenzen zu überschreiten. Er unterstützt uns bei (Lebens-) Übergängen. Dabei gilt es eine Wechselwirkung zwischen der Einstellung „Mut" und der mutigen Handlung zu berücksichtigen: Zum einen ist die mutige Einstellung Voraussetzung für couragiertes Handeln. Zum anderen kann die Einstellung „Mutig-Sein" aus den positiven Erfahrungen mutigen Handelns entstehen.

Das Wort „Mut" kommt aus dem Mittelhochdeutschen: „Muot" heißt dort so viel wie „Sinn", „Geist" oder „Herz". Auch das französische „courage" verweist auf das Herz („coeur" im Französischen). Ich nehme mir also etwas zu Herzen, mache es zu einer Herzensangelegenheit, gehe beherzt zur Sache. Das gilt für Zahnarztbesuche genauso wie für wichtige biografische Entscheidungen, z. B. im Beruf oder in Beziehungen. Andreas Dick[45] unterscheidet zwischen verschiedenen Formen und Aspekten des Mutes:

- Mut als Gefühl, als Persönlichkeitseigenschaft und als Verhalten,
- aktiver und passiver Mut,
- physikalischer (z. B. vor einer Spritze),
- sozialer (z. B. in der Gruppe zu widersprechen) und
- existenzieller Mut (z. B. jemanden aus einem brennenden Haus zu retten)

Methode 19 → siehe Seite 91

Der Mut hat zwei Gesichter[46]:

- Die **Zuversicht** „ist die fröhliche Schwester des Mutes…, der Lebensmut; jene grundpositive Einstellung, die vom Kommenden eher das Bessere als das Schlechtere erwartet".
- Die **Tapferkeit** zeigt sich darin, etwas durchzustehen, an einer Sache dranzubleiben. Diese Tapferkeit zeigt sich, wenn wir für etwas eintreten, etwas wollen, aber auch wenn wir Widerstand leisten und laut „Nein" sagen. Tapferkeit kann sich aber auch darin zeigen, in das, was ist, einzuwilligen.

Wer mutig ist, dem fehlt die Angst nicht. Der Mutige kennt seine Angst und kann zwischen den beiden Polen balancieren.[47] Der Mutige ohne Angst neigt zum Übermut. Und derjenige, der Angst hat, tendiert ohne Mut zur Ängstlichkeit:

Wertequadrat „Mut - Angst"

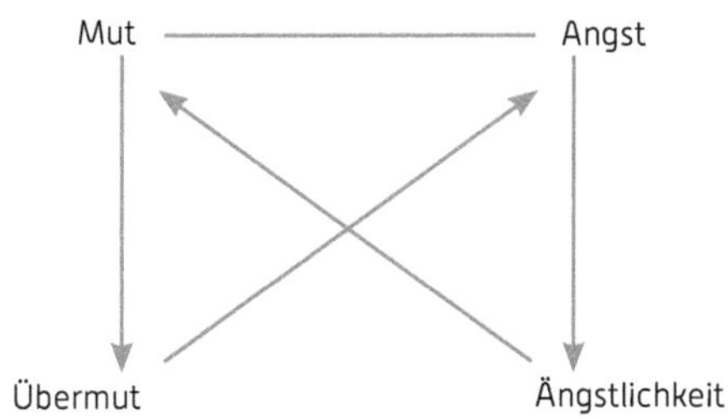

Methode 20 → siehe Seite 92

Aus kognitiver Sicht hat der Mut drei zentrale Bedingungsfaktoren[48]:

- Ein positives Selbstbild ist eine wichtige Grundlage für mutiges Handeln. Wer seine Stärken kennt und sich seiner Lebenstüchtigkeit bewusst ist, wird wahrscheinlich mutiger sein als jemand, der/die kein positives Bild von sich selbst hat.
- Weiterhin wird mutig handeln, wer ein positives Bild von anderen Menschen hat.
- Schließlich ist eine positive Zukunftserwartung ein zentrales Fundament für mutiges Handeln.

Kognitive Triade der Ermutigung

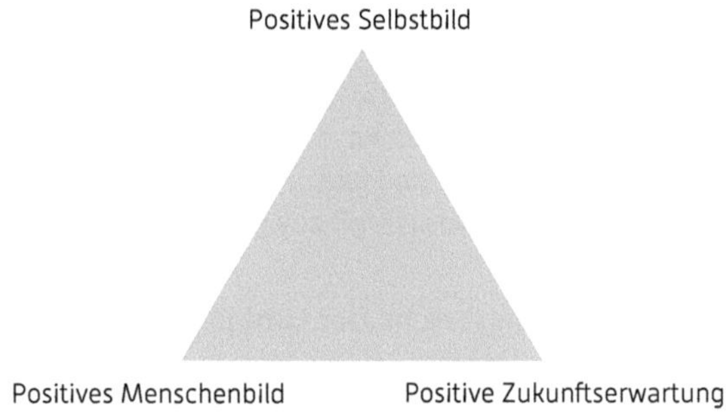

Der Blick in die Vergangenheit kann uns ermutigen, wenn wir unsere Aufmerksamkeit auf das richten, was wir alles geleistet haben. Mit Blick auf diese Lebensleistungen haben wir vielfache Fähigkeiten und Fertigkeiten, Kompetenzen und Stärken unter Beweis gestellt, z. B. Hilfe suchen und annehmen können, Beharrlichkeit, Humor, Selbstmotivation u.v.a.m.

Methode 21 → siehe Seite 94

Lebensbejahung

Folgt man dem Philosophen Wilhelm Schmid, so strebt die Lebenskunst (vgl. auch Kap. 3.2) nach einer „Ästhetik der Existenz" oder – einfacher ausgedrückt – nach einem „schönen Leben". Doch wann ist ein Leben schön? Es sind nicht allein allgemeingültige Kriterien, die das festlegen. Vielmehr gilt: „Schön ist das, wozu das Individuum Ja sagen kann." Und daraus resultiert für die Lebensführung der Auftrag: „Gestalte dein Leben so, dass es bejahenswert ist."[49] – ein wichtiger Auftrag für die zukunftsgewandte Biografiearbeit.

Methode 22 → siehe Seite 94

Die Resilienzforschung untersucht, wie es dazu kommt, dass manche Menschen besser durch Krisen und Lebenseinbrüche kommen als andere. Sie stellt fest, dass es weniger die Art der Umbrüche ist als vielmehr die Art und Weise des Umgangs mit ihnen, die zu einer positiven Krisenbewältigung führt. Mit Resilienz werden dann „die inneren Kräfte bezeichnet, die es uns ermöglichen, Krisen und Schwierigkeiten nicht nur zu überwinden, sondern gestärkt daraus hervorzugehen."[50] Drei Haltungen (Optimismus, Akzeptanz und Lösungsorientierung) und vier Fähigkeiten (Selbstregulation, Verantwortungsübernahme, Beziehungsfähigkeit und Zukunftsgestaltung) gelten als Quellen der Resilienz. Für die „Lebensbejahung" ist die Akzeptanz als Haltung von besonderer Bedeutung. Resilienz zeigt sich insbesondere:

- in der zuversichtlichen Geduld, dass wir das Herauskommen aus Krisen nicht beschleunigen müssen und (er-)warten können, welche Lösungen sich ereignen und welche Stärkungen wir erfahren,
- in der Annahme des Unabänderlichen und des von uns Unbeeinflussbaren
- in der Akzeptanz von uns selbst – mit unseren Stärken und Schwächen und in der Unabhängigkeit dieser Selbstakzeptanz von den Urteilen anderer.[51]

Zum Weiterlesen

Frick, Jürg (2007). *Die Kraft der Ermutigung: Grundlagen und Beispiele zur Hilfe und Selbsthilfe* (1. Aufl.). Bern. Huber.

Pörksen, Bernhard & Schulz von Thun, Friedemann (2016). *Kommunikation als Lebenskunst: Philosophie und Praxis des Miteinander-Redens* (2. Aufl.). Heidelberg: Carl Auer.

Schmid, Wilhelm (2000). *Philosophie der Lebenskunst: eine Grundlegung* (3., korr. Aufl.). Frankfurt: Suhrkamp.

2.4 Prinzipien der Biografiearbeit

„Nicht was wir erleben, sondern wie wir empfinden,
was wir erleben, macht unser Schicksal aus." *Marie von Ebner-Eschenbach*

Die Biografiearbeit beachtet bei ihrer Arbeit bestimmte Prinzipien:

- **Selbstbestimmung**: Die Teilnehmer/-innen bzw. Klienten/-innen bestimmen selbst, ob und wie sehr sie sich auf die angebotenen Methoden einlassen. Es gibt ein Recht auf Schweigen und ein Recht auf Verdrängen. Es gilt, die „Weisheit des Egos" (George Vaillant) zu achten: Psychische Abwehrmechanismen (z. B. Verdrängung oder Verleugnung) werden als Schutzmechanismen der Seele beachtet und respektiert.
- **Freiwilligkeit**: Die Teilnehmer/-innen entscheiden, ob und wie weit sie sich auf eine angebotene Methode einlassen. Als Dozent/-in oder Begleiter/-in kann es hilfreich sein, zu einer Methode mehrere Vorgehensweisen anbieten zu können (schreiben statt malen, Einzelarbeit statt Gruppengespräch).
- **Ressourcenorientierung**: Biografiearbeit orientiert sich an den Erfolgen, Potenzialen und Kompetenzen der Teilnehmer/-innen und nicht an deren Problemen

oder Defiziten. Natürlich finden diese Raum, sofern sie von den Teilnehmern/-innen bzw. Klienten/-innen angesprochen werden. Im Vordergrund der Biografiearbeit steht aber das „halb*volle* Glas".

- **Humor und Leichtigkeit**: Aus der Gedächtnispsychologie wissen wir: Ist die Situation, in der wir uns an etwas erinnern, von Wohlbefinden und positiver Atmosphäre geprägt, dann erinnern wir uns leichter an stärkende und erfüllende Ereignisse. Humor und Leichtigkeit sind somit wichtige Voraussetzungen für die Ressourcenorientierung.
- **Vertraulichkeit und Zuverlässigkeit**: Menschen öffnen sich in der Regel dann, wenn sie sich sicher sein können, dass mit ihren persönlichen Daten und Erzählungen vertraulich umgegangen wird. Das Vertrauen in die Zuverlässigkeit des Gegenübers ist eine wichtige Grundlage der Offenheit.
- **Freiheit von negativer Bewertung/Würdigung**: Es ist darauf zu achten, dass weder die Inhalte von Erinnerungen noch die Präsentationen von Materialien (z. B. Bilder) einer negativen oder moralisierenden Bewertung unterzogen werden.
- **Ergebnissicherung und Verschriftlichung**: Das in der Biografiearbeit Erarbeitete soll festgehalten und gesichert werden. Es genügt nicht, „einfach so mal drüber geredet zu haben". Teilnehmer/-innen bzw. Klienten/-innen sollten nie ohne Ergebnissicherung oder Erinnerungsanker aus dem Bildungs-/Beratungssetting gehen. Notizen oder Erinnerungsanker helfen, die „geborgenen Lebensschätze" nicht wieder zu verlieren.
- **Handlungs- und Transferorientierung**: Der Biografiearbeit geht es nicht nur um das Reden über biografische Erfahrungen. Vielmehr will biografisches Arbeiten Menschen dabei unterstützen, aktuelle Herausforderungen zu bewältigen und Zukunftspläne zu entwickeln und zu verwirklichen. Deswegen ist der Transfer aus dem Seminar oder der Gruppe hinaus von Bedeutung: Was bedeutet das Reflektierte konkret für Lebenstüchtigkeit und alltägliches Handeln („Hausaufgabe")? Dieser Transfer wird unterstützt durch die Vernetzung der Teilnehmer/-innen in Lernpartner- und -patenschaften.
- **Haltung**: Biografiearbeit ist eine „innere Haltung": Sie setzt ein umfassendes Verständnis des „Anderen" voraus und lässt sich nicht auf den Einsatz begrenzter Maßnahmen und Methoden reduzieren.
- **Reflexivität**: Biografiearbeit setzt voraus, dass die Anwender/-innen sich selbst mit ihrer Biografie und ihren Lebenserfahrungen auseinandergesetzt haben und nachvollziehen können, wie „Biografiearbeit sich anfühlt".

Zum Weiterlesen:

Vaillant, George E. (1995). *The Wisdom oft the Ego:* Sources of Resilience in Adult Life. O.O.: Harvard University Press.

2.5 Zielgruppen und Handlungsfelder

„Der Teppich des Lebens ist geknüpft
aus Begegnungen mit Menschen.“ *Unbekannt*

Biografiearbeit richtet sich an alle Menschen jeglichen Alters und in den unterschiedlichsten Lebenskonstellationen. Im Überblick können folgende größere und spezifischere Zielgruppen benannt werden:

2.5.1 Zielgruppen

Biografiearbeit richtet sich an Menschen in unterschiedlichen Lebensaltern und -situationen:

- **Biografiearbeit für unterschiedliche Lebensalter**, z. B. Kinder und Jugendliche oder alte Menschen. Hier geht es vielfach um die Bewältigung der aktuellen Lebensphase mit ihren entwicklungspsychologischen und/oder sozialen Herausforderungen.
- **Biografiearbeit für besondere Generationen**, z. B. die Nachkriegsgeneration oder die sogenannten Baby-Boomer. Menschen einer Generation sind jeweils von historischen und gesellschaftlichen Rahmenbedingungen geprägt, die sie zu etwas „Besonderem“ machen. Diese Prägungen können in Angeboten der Biografiearbeit reflektiert und fruchtbar gemacht werden.
- **Biografiearbeit für Frauen und Männer:** Hier kann das Gewordensein des eigenen Frau- oder Mann-Seins[52] reflektiert werden: Wer hat mich geprägt? Wer war mir ein Vorbild? Auch gesellschaftliche Einflüsse auf das eigene Geschlechtserleben können so bewusst gemacht werden. Biografiearbeit kann hier auch im Kontext von Transgender-Prozessen hilfreich sein.
- **Biografiearbeit für Menschen in unterschiedlichen Lebensformen**, z. B. Singles, Paare, Eltern/Familie. Paare können im Rahmen der Biografiearbeit ihr „Vorleben“, aber auch die bisherige Paarentwicklung reflektieren. Biografiearbeit stellt auch einen Rahmen zur Verfügung, um die gemeinsame Zukunft miteinander zu reflektieren.[53]
- **Biografiearbeit für Menschen in besonderen Lebenslagen**, z. B. Migranten[54], Menschen mit Behinderung. Menschen in schwierigen und herausfordernden Lebenslagen benötigen oft besondere Ermutigung und Unterstützung bei der Lebensbewältigung. Biografisches Arbeiten hilft ihnen, ihre Stärkungen und Stärken zu erkennen und kommende Schritte auf dem Lebensweg in Angriff zu nehmen.
- **Biografiearbeit für Menschen in Lebensumbrüchen und -übergängen**, z. B. zum Ende der Familienphase oder zur Pensionierung. Mit dem Ende der Normalbio-

grafie (vgl. Kap.2.2) hat auch die Zahl der biografischen Übergänge zugenommen. Die Biografiearbeit bietet hier Möglichkeiten der Orientierung und der Motivierung, den neuen Lebensabschnitt selbst-bewusst anzugehen.

Biografieorientierung als Handlungsprinzip und Methoden der Biografiearbeit finden sich in vielfältigen Handlungsfeldern der Begleitung von Menschen. Zumeist waren sie dort schon immer fester Bestandteil der professionellen Begleitung. In den letzten Jahren werden sie bewusst und explizit mit dem Begriff „Biografiearbeit" etikettiert.

2.5.2 Handlungsfelder

Folgende Handlungsfelder lassen sich überblickhaft beschreiben:

Bildungsarbeit In der Bildungsarbeit kann so gut wie jedes Thema biografieorientiert „angepackt" werden: So kann z. B. in Konflikt-Seminaren der Blick auf die bisherige Konflikt-Biografie die bereits vorhandenen Kompetenzen erkennen lassen.	**Sozialarbeit** Biografiearbeit unterstützt in der Sozialarbeit zum einen das „Fallverstehen" - die Lebenssituation der Klienten/-innen wird nachvollziehbarer. Zum anderen dient die Biografieorientierung dem Empowerment, also der Befähigung der Menschen, ihr Leben selbst in die Hand zu nehmen.
Pflege (inkl. Hospiz)[55] Wer in der Pflege an den Biografien der Menschen ansetzt, kann die Kranken und Sterbenden individueller begleiten und die Bedürfnisse und Vorgeschichten der Klienten/-innen besser berücksichtigen. Persönliche Kräfte werden geweckt und eine wertschätzende Lebensbilanzierung wird unterstützt.	**Medizin** Erkrankungen können biografische Ursachen haben. In den Biografien lassen sich Ressourcen finden, die zur Bewältigung einer (chronischen) Erkrankung oder Genesung hilfreich sein können. Insofern ist die Biografieorientierung ein zentraler Aspekt einer sich als ganzheitlich verstehenden Medizin.
Seelsorge[56] Seelsorge setzt an der „Freude und Hoffnung, Trauer und Angst der Menschen von heute"[57] an. Sie begleitet Menschen an deren Lebenswenden und -übergängen und konzentriert sich nicht auf deren Verfehlungen, sondern vor allem auf deren Ressourcen. Nicht zuletzt für Fasten-, Pilger- und andere Begleiter/-innen bietet die Biografiearbeit wichtige und hilfreiche Impulse.	**Coaching und Beratung**[58] Klienten/-innen suchen Coaching und Beratung zumeist im Kontext eines Lebensübergangs auf: vor, während und nach Lebenseinbrüchen und -wenden suchen sie nach Orientierung und Ermutigung. Biografiearbeit lässt sie Kraftquellen und Wegweiser zur Bewältigung der Lebensübergänge finden.

Personalentwicklung/-führung	**Therapie**
In Zeiten des demografischen Wandels und des prognostizierten zunehmenden Fachkräftemangels werden sich Personalentwicklung und -führung stärker an den Biografien der Mitarbeiter/-innen orientieren und an den Besonderheiten des Lebenslaufs ausrichten müssen (z. B. Familienphase, Pflege der Eltern).	Die meisten Therapieansätze arbeiten biografieorientiert und setzen Methoden der Biografiearbeit ein. Therapeutisch handeln darf aber in der Biografiearbeit nur, wer dafür ausgebildet ist und von Teilnehmer/-in/Klient/-in einen Auftrag dafür bekommen hat.

2.5.3 Verwendung der Biografiearbeit in der Therapie

Eine Frage, die sich immer wieder stellt, lautet: Wie lässt sich die Biografiearbeit von der Therapie abgrenzen? Darauf sind drei Antworten möglich:

- In der Therapie bezahle ich eine Therapeutin/einen Therapeuten, damit er/sie dort weiterfragt und -arbeitet, wo ich „aussteigen" möchte, weil es mir unangenehm o.ä. ist. Hier wird sozusagen am und mit dem Widerstand gearbeitet. Die Biografiearbeit respektiert diesen Widerstand und arbeitet nicht an oder mit ihm.
- Beim biografischen Arbeiten wird davon ausgegangen, dass die Teilnehmenden über eine ausreichende Lebenstüchtigkeit verfügen. Sie sind zudem in der Lage, Verantwortung für sich selbst zu übernehmen.
- Schließlich sind die Interventionen und Angebote der Biografiearbeit in der Regel kürzer und punktueller als therapeutische Prozesse – auch wenn es hier durchaus Anknüpfungspunkte zur Kurzzeittherapie gibt.

Auch in der Psychotherapie wird biografisch gearbeitet, z. B. in der Psychoanalyse, in der Systemischen Therapie und in der Verhaltenstherapie, aber auch in der Gestalttherapie, der Logotherapie und in anderen Therapieformen. Die Biografie wird in ihren Zusammenhängen betrachtet, mit dem Fokus auf Ereignisse, die für die bestehenden Belastungen verantwortlich sein könnten. Der Klient oder Patient ist selbstverständlich Experte für sein Leben.

So werden z. B. in Übungen („Lebensweichen", „Rucksack-Metapher"[59]) in der Therapie traumatische Schlüsselszenen gefunden und mit Hilfe von Therapeut/-in alte Wunden aufgespürt, die so mit professioneller Hilfe be- und verarbeitet werden. „Erfahrungen" aus der Kindheit und Jugendzeit werden gezielt „wiederholt", die Patienten/-innen stellen sich diesen, um ihre Einstellungen dazu innerlich zu verändern. In der klassischen Biografiearbeit können diese Übungen zwar auch verwendet werden, jedoch werden in diesem Fall die Übungen ressourcenorientiert angelegt.

Methode 23 → siehe Seite 96

In der Therapie werden auch biografische Risikofaktoren wie z.B. immer wiederkehrende Beziehungs- oder Verhaltensmuster oder ein niedriger sozioökonomischer Status bzw. besondere schwierige und damit belastende Umstände innerhalb der Familie berücksichtigt und bearbeitet. Fragen zur Biografie werden am Beginn der Behandlung und im Therapieverlauf verwendet, um schwierige Situationen beleuchten zu können (z.B. Verhaltensweisen von Bezugspersonen bei trotzigem Verhalten des/der Patient/-in in der Kindheit und der Einfluss auf die Entwicklung des Kindes).

Eine Methode in der Therapie stellt z.B. auch ein Lebensrückblick oder eine Beziehungsanalyse mit Blick auf den Zeitpunkt des Auftretens von Krankheitssymptomen dar.

In der Therapie wird Biografiearbeit auch zur emotionalen Verarbeitung traumatischer Erinnerungen verwendet. Die Arbeit mit schwer traumatisierten Patienten/-innen beinhaltet – wie auch in der klassischen Biografiearbeit – die Arbeit mit Glücksmomenten, um Elemente zu erkunden, die zur Resilienz beitragen können. Dazu wird in der Biografie nach kraftspendenden Erlebnissen gesucht, um dann diese positiven Erlebnisse mit allen Sinnen wieder zu erleben, was zur psychischen Stärkung führt. Glücksmomente aus dem Lebenslauf fördern den Aufbau von Ressourcen. Sie können z.B. in der Lebenslaufkurve eingezeichnet oder notiert und dann nochmals imaginiert werden. Auch die therapeutische Weiterarbeit wie z.B. mit der Methode der Imagination unterscheidet Biografiearbeit in der Therapie von der Biografiearbeit in der Erwachsenenbildung und darf nur von ausgebildeten Therapeuten/-innen ausgeübt werden.

Lebenslaufkurven, mit welchen in der Biografiearbeit gern gearbeitet wird, werden in der Therapie zur Feststellung und für die weitere Behandlung verschiedener psychischer Störungsbilder angewandt. Hier werden Erinnerungen differenziert betrachtet und z.B. in Bezug auf die vorherrschenden Gefühle (damals und heute) mit Hilfe der Therapeuten weiterbearbeitet. Eine Biografie der Krankheiten kann in der Therapie sehr aufschlussreich sein.

Lebensrückblicke mit Hilfe von Fotos können sowohl in der klassischen Biografiearbeit als auch in der Therapie verwendet werden. Fotos werden meist bei fröhlichen Ereignissen gemacht und hier kann der Trainer auf die mitschwingenden Gedanken und Empfindungen eingehen. In der Therapie kann diese Methode des Lebensrückblickes mit Hilfe von Fotos Verarbeitungsprozesse fördern. In beiden Anwendungsbereichen wird jedoch vor allem die Resilienz, d. h. die Abwehrkraft der Psyche gestärkt.

Abschließend ist also zu sagen, dass Biografiearbeit in der Therapie zum besseren Verständnis für die Denk- und Fühlmuster des Patienten in Zusammenhang mit dem Krankheits- oder Störungsbild beitragen kann. Für alle Anwendungsbereiche der Biografiearbeit gilt, dass der Blick auf das eigene Leben erweitert wird, dass Stärken und Schwächen besser erkannt und begriffen werden und dass Ziele klarer werden können.

Zum Weiterlesen:

Klingenberger, Hubert (2017). *Biografiearbeit in Coaching und Beratung*. München: Don Bosco.

Klingenberger, Hubert & Ramsauer, Erika (2016). *Biografiearbeit mit Paaren*. München: Don Bosco.

Klingenberger, Hubert (2015). Biografiearbeit in der Seelsorge: Anlässe – Übungen – Impulse. München: Don Bosco.

Klingenberger, Hubert (2015a). Biografiearbeit in der Pflege: Anlässe – Übungen – Impulse. München: Don Bosco.

Klingenberger, Hubert (2017). Biografiearbeit mit Migranten: Anlässe – Übungen – Impulse. München: Don Bosco.

Rabaioli-Fischer, Barbara (2015). *Biografisches Arbeiten und Lebensrückblick in der Psychotherapie*. Göttingen: Hogrefe.

2.6 Menschenbild und Spiritualität der Biografiearbeit

„Was sorgt dafür,
dass ein Leben wird, wie es wird?" *Benedict Wells*

Dem hier vorgestellten Verständnis von Biografiearbeit liegen ein bestimmtes Menschenbild und eine christlich-humanistische Spiritualität zugrunde.

2.6.1 Menschenbild

Das Menschenbild, das der Biografiearbeit zugrunde liegt, ist von zweifacher Bedeutung: Zum einen lassen sich aus der Beschreibung des menschlichen Wesens zentrale Themen der Biografiearbeit ableiten (vgl. Kap. 1.2). Zum anderen ergeben sich für die Gestaltung pädagogischer Settings in der Biografiearbeit wichtige Anhaltspunkte, wenn man nach den Charakteristika, den Möglichkeiten und Grenzen des Menschen fragt.

Die Biografiearbeit, wie wir sie hier vorstellen, orientiert sich zum einen am Menschenbild der humanistischen Psychologie. Zum anderen fließen – da dieser Ansatz der Biografiearbeit im kirchlichen Raum entwickelt wurde – Aspekte des christlichen Menschenbildes in das biografische Arbeiten ein. Der Mensch wird als ein psychobiosoziales Wesen angesehen, das darüber hinaus zur Spiritualität fähig und auf die Beantwortung der Sinnfrage verwiesen ist. Jeder Mensch ist eine unverwechselbare Persönlichkeit mit ihren Stärken und Grenzen, mit ihren Prägungen, Veränderungsmöglichkeiten und noch nicht verwirklichten Potenzialen.

Die Fähigkeit des Menschen zur Selbstbestimmung ist zum einen zu respektieren und zum anderen zu fördern. Dies ist für die Biografiearbeit Ziel und Prinzip zugleich.

Der Rahmen des vorliegenden Buches ist zu klein, um sich ausführlicher mit der Anthropologie[60] zu beschäftigen. Deswegen begnügen wir uns mit einer knappen Beschreibung des Wesens des Menschen[61]:

- Der Mensch ist ein soziales Wesen. Er ist auf zwischenmenschliche Beziehungen angewiesen und zu deren Gestaltung fähig. Seine Identität ist stark beeinflusst durch die Rückmeldungen und Rückwirkungen aus seiner sozialen Umwelt.
- Der Mensch ist ein kulturelles Wesen. Er ist in der Lage, über das Wie seiner Lebensführung („cultura") zu reflektieren und sie bewusst zu gestalten.
- Der Mensch ist ein naturhaftes Wesen. Er ist Leib und lebt in natürlichen Kontexten. Die Ergebnisse der Gehirnforschung sind in diesem Kontext von besonderer Bedeutung für die Biografiearbeit – stellt doch das Gehirn ein soziales und biografisch gewordenes Organ dar.
- Der Mensch ist ein geschlechtliches Wesen. Er fühlt sich in der Regel einem Geschlecht zugehörig (das nicht das körperliche sein muss).
- Er ist ein transzendierendes und sinnverwiesenes Wesen.
- Der Mensch ist ein lernendes Wesen. Der Mensch kann nicht nicht lernen. Lebenslanges Lernen ist keine bildungspolitische Forderung, sondern eine menschliche Realität.
- Der Mensch ist ein deutendes Wesen. Alles was uns begegnet, wird von uns gedeutet, interpretiert, emotional bewertet. Der Sozialwissenschaftler Klaus Hurrelmann bezeichnet dies als „produktive Realitätsverarbeitung"[62].

2.6.2 Spiritualität

Das Konzept der Biografiearbeit, wie wir es in diesem Buch vorstellen, wurde vor allem im Bereich der kirchlichen Bildungsarbeit entwickelt. Das heißt, es ist entstanden vor dem Hintergrund eines bestimmten Menschenbildes und einer bestimmten Spiritualität. Die Frage nach der Spiritualität der Biografiearbeit könnte auch so formuliert werden: In welchem Geist handeln wir, wenn wir Menschen durch Biografiearbeit begleiten? Von welchem Geist ist unser Tun getragen und geprägt? Die Antwort auf diese Fragen fließt sowohl ein in die Formulierung der Prinzipien der Biografiearbeit (vgl. Kap. 2.4), also auch in den Umgang mit besonderen thematischen Herausforderungen (vgl. Kap. 5).

Es geht also nicht um spirituelle Erfahrungen in der Biografie (das ist Thema der Glaubens- und Weltanschauungs-Biografie; vgl. Kap. 1.2), sondern um das geistige und wertbezogene Fundament der Menschen und Institutionen, die Biografiearbeit anbieten oder durchführen. An dieser Stelle können wir kein ausgearbeitetes Konzept einer Spiritualität der Biografiearbeit vorlegen. Einige wichtige Aspekte sollen vorgestellt bzw. Fragen dazu aufgeworfen werden:

Zufall, Schicksal oder was?

Eine wichtige Frage auch für die Biografiearbeit ist die nach dem, was unser Leben bestimmt oder beeinflusst. Innerweltlich mag man sie aus der Spannung zwischen Genen und Umwelt beantworten. Erweitert man den Fokus, so stellt sich die Frage, inwieweit unser Lebensverlauf bestimmt ist von Zufall, Schicksal und einer „göttlichen Steuerung". In Philosophie, Theologie und Literatur finden sich dazu vielfältige Meinungen und die unterschiedlichsten Ansätze: So betonen manche die Bedeutung des Zufalls und der Fähigkeit, ihn zu ermöglichen und konstruktiv damit umzugehen.[63] Andere sehen eine Wechselwirkung von äußerer Einwirkung und persönlichem Engagement. Die Gehirnforschung und die Epigenetik wiederum sehen ein komplexes und Aufeinanderwirken von Anlage und Umwelt.

Selbstreflexion

- Zwischen Schicksal und Freiheit – welche Ansicht ist Ihnen nahe?
- Inwieweit sind die Menschen ein Spielball des Zufalls?
- Was meinen Sie zu der Vorstellung, es gäbe ein Buch, in dem unser Schicksal schon festgeschrieben ist?
- Inwieweit glauben Sie an eine transzendente Macht, die unser Leben beeinflusst? Und wie schaut dieser Einfluss konkret aus?
- Was bedeutet dies jeweils für die Art und Weise, wie Sie andere Menschen in der Biografiearbeit begleiten?

Geschenkt statt verdient?

Müssen wir uns im Laufe unseres Lebens „alles" erarbeiten und verdienen? (Sind wir – wie es so oft heißt – unseres eigenen Glückes Schmied?) Oder erleben wir uns als Menschen, denen von vornherein das Wichtige und Gute schon geschenkt ist?

Der niederländisch-amerikanische Theologe Henri Nouwen[64] legt seinen Überlegungen die Grundüberzeugung zugrunde, dass der Mensch bedingungslos und ohne Vorleistungen von Gott geliebt wird. Diese „grundlegende Wahrheit unseres Lebens" (Henri Nouwen) heißt es nun im alltäglichen Leben und in der biografischen Lebensführung lebendig werden zu lassen. Sie kann es beispielsweise leichter machen, mit der nicht so perfekten Liebe der Eltern oder der Erzieher/-innen zurechtzukommen.

Anregend ist diese Glaubensbasis auch für die Begleitung von Menschen: Wie können Psychologen/-innen und Pädagogen/-innen, Seelsorger/-innen und (andere) Biografiearbeiter/-innen die Klienten, Coachees u.a. auf der Grundlage dieser Zusage begleiten?

Gelassenheit statt Lebens-Management

Wir leben in einer Zeit, die ins Können und Gelingen verliebt ist und glaubt, dass mit Machen und Managen vieles, wenn nicht alles erreichbar ist. Erfolg, Schönheit und Gesundheit gelten vielfach als machbar. Selbstmanagement und Selbstoptimierung werden allerorten angeboten und eigentlich auch von allen Menschen erwartet. Jede/r ist seines/ihres Glückes Schmied und wer scheitert, ist selbst schuld daran. Es liegt dann vermeintlich der Verdacht nahe, er/sie habe sich nicht genug angestrengt und sich falsch gemanagt.

Dieses Denken hat somit auch in unsere Biografien Einzug gehalten: Fortschrittsdenken und Wachstumpflicht gilt auch für unseren Lebensweg. Was nach Rückschritt oder Stagnation aussieht, muss bearbeitet werden, z. B. durch Anti-Aging. Biografiearbeit im vorliegenden Zusammenhang wendet sich von einem solchen Verständnis ab. Sie ist keine Form des Lebensmanagements oder der Selbstoptimierung, sondern bezieht in ihr Denken und Handeln auch die Seiten des Lebens mit ein, die sich Fortschritt und Wachstum, Ganzheit und Perfektion entziehen.

Zur gelingenden Lebensgestaltung gehören nicht nur die aktiven Tugenden, sondern auch die sogenannten „pathischen Tugenden", also die passiven Stärken der Menschen: „die Geduld, die Langsamkeit, die Stillefähigkeit, die Hörfähigkeit, das Wartenkönnen, das Lassen, die Gelassenheit; um zwei alte Worte zu nennen: die Ehrfurcht und die Demut."[65]

Fragment und Verletzlichkeit statt Ganzheitswahn

Der Mensch ist immer ein Fragment. Das Nicht-Gelungene und das Un-Runde, das Gebrochene und das Fehlende gehören zu unserem Menschsein. Gläubige Menschen konnten dies anscheinend besser aushalten und darauf vertrauen, dass es eine Macht (Gott) gibt und dass eine Zeit (Himmel) kommt, in der alles ganz wird.

Der Mensch ist verletzlich und verletzbar. Das Leben mit seinen Zufällen und andere Menschen mit ihren Eigenarten und ihrem Eigenwillen können uns kränken und verletzen. In der Biografiearbeit geht es nicht darum, die Menschen so zu stärken, dass sie unverletzlich sind und dass sie einen Panzer der Stärken um sich herum aufbauen. Es geht darum, die Verletzlichkeit als Chance und Ressource zu entdecken.

Berufung statt Erfolgsorientierung

Wenn wir wichtige (berufliche) Entscheidungen zu treffen haben, können wir uns – vereinfach dargestellt – fragen: Was bringt mir den meisten Erfolg oder den größten Profit? Oder: Was entspricht meiner Berufung bzw. meinem Wesen?

Lange Zeit sprachen nur noch Geistliche von „Berufung"; zunehmend entdecken auch Berater/-innen und Psychotherapeuten/-innen das Thema wieder. Denn die Idee, dass jeder Mensch mit einem persönlichen Auftrag auf die Welt gekommen sein könnte, gilt für alle Menschen. Diese Vorstellung steht allerdings in Widerspruch zur Vorstellung, dass die Menschen weniger ihre Individualität leben, sondern sich in wirtschaftliche und industrialisierte Abläufe einpassen sollten.

Berufung – das ist in unsere heutige Sprache übersetzt die Antwort auf die Fragen: „Wer bin ich?", „Wozu bin ich da?", „Was soll ich tun?" Wer die Antworten auf diese Fragen findet, erfährt Sinn. Das ist nicht immer nur angenehm und kein einfacher Weg. Berufungen sprengen das bestehende Lebenssystem, bringen etwas Eingespieltes außer Balance. Wer seine Berufung erkannt hat, der „funktioniert" nicht mehr so leicht. Berufene folgen nicht mehr zuallererst den Verordnungen anderer, sie gehorchen ihrer inneren Stimme. Wer seine Berufung erkannt hat, der weiß um seine Einmaligkeit und Würde. Die Ordensfrau und Zen-Meisterin Pia Gyger[66] spricht in diesem Zusammenhang vom „Wesensgehorsam" und meint das Verwirklichen der individuellen „ureigenen Aufgabe".

Die evangelische Theologin Dorothee Sölle verwendet ein anderes Bild, um die Idee des Berufenseins in Worte zu fassen: Sie sieht den Menschen als einen „von Gott Geträumten"[67].

Dankbarkeit statt Anspruchsdenken

Dankbar zu sein fällt uns Menschen heute nicht leicht. Denn Dankbarkeit empfindet man jemandem gegenüber – einem Menschen oder einer überweltlichen Macht – dem oder der man eben etwas ver-dankt. Das aber widerspricht unserem Lebensgefühl der self-made-person, die alles selbst in der Hand hat und sich unabhängig von anderem/n fühlt. Weitere Einflussfaktoren darauf, keine Dankbarkeit erleben zu können, sind[68]:

- Wir nehmen vieles, was wir haben oder erleben, als selbstverständlich an.
- Wir konzentrieren uns allzu sehr auf unsere alltäglichen Nöte und die täglich erlebten Mängel.
- Wir sind der Meinung, dass wir alles Gute und Gutlaufende auch verdient und erarbeitet hätten.
- Wir empfinden Dankbarkeit nur für das, was den anderen/die andere auch etwas gekostet hat.

Methode 24 → siehe Seite 97

Dankbarkeit zu erleben, verbinden wir zunächst einmal mit den großen und positiven Dingen in unserem Leben: Ich bin dankbar für meine Kinder, dankbar für meinen (relativ) sicheren Arbeitsplatz, dankbar für meine Gesundheit. Daneben gibt es noch viele „kleine Dinge", die meine Achtsamkeit und Dankbarkeit verdienen. Dankbarkeit kann sich aber auch auf die weniger angenehmen Seiten des Lebens beziehen, die ich durchgestanden und überwunden habe.

Methode 25 → siehe Seite 98

Lebensbejahung statt Zynismus

Folgt man der Beschreibung des evangelischen Theologen Waldemar Pisarski[69], Spiritualität sei unser alltägliches Bemühen um ein „Ja" zum Leben, so lässt sich Biografiearbeit zusammenfassend beschreiben als eine Ermöglichungshilfe, diese Lebensbejahung für sein persönliches Leben zu verspüren:

„Ja" zu sagen zur biografischen Vergangenheit, zu den schönen und den belastenden Erlebnissen. „Ja" zu sagen zu den Herausforderungen, Chancen und Erfüllungen der Gegenwart. „Ja" zu sagen zur eigenen Identität, zu den persönlichen Stärken und Schwächen. „Ja" zu sagen zu den Aufgaben und Herausforderungen der Zukunft – insbesondere der Endlichkeit des eigenen Lebens.

Zum Weiterlesen:

Hamann, Bruno (2005). *Pädagogische Anthropologie: Theorien – Modelle – Strukturen. Eine Einführung* (4. Aufl.). Frankfurt: Lang.

Pisarski, Waldemar (2005). *Auch am Abend wird es leicht sein: die Kunst, zu leben und zu sterben.* München: Claudius.

Steffensky, Fulbert (2007). *Mut zur Endlichkeit: Sterben in einer Gesellschaft der Sieger.* Stuttgart: Radius.

Orientierungsradar

Methode 18

Orientierungsradar

Vor welcher aktuellen Entscheidung stehen Sie?

Woran orientieren Sie sich bei Ihrer Entscheidung? (Medien, andere Personen, Werte, ...?)

Tragen Sie in die Grafik ein, wie wichtig diese Entscheidungsfaktoren für Sie sind – je wichtiger, umso näher am Kern!

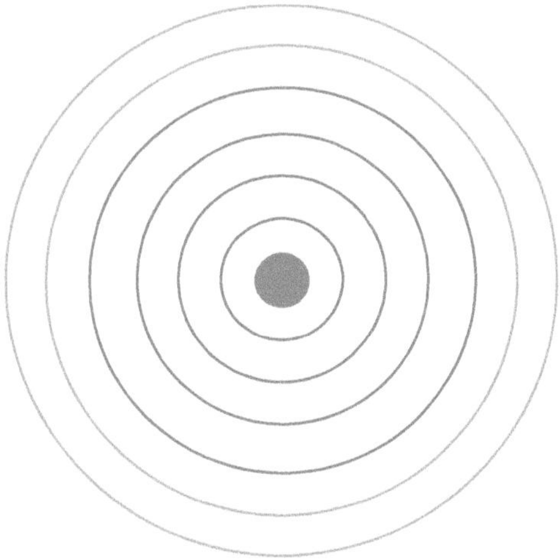

Mutphasen

Methode 19

Zeichnen Sie einen Zeitstrahl von Ihrer Geburt bis zum heutigen Tag und nehmen Sie darauf ein paar Unterteilungen vor, z. B. Wohnorte, schulische und berufliche Phasen o.a.!

- Wann gab es Phasen, in denen Sie mutig, tapfer, vielleicht sogar verwegen waren?
- Wann gab es Zeitabschnitte, in denen Sie der Mut verlassen hat?
- Wie haben Sie (wieder) zu Mut gefunden? Wer oder was hat Sie mutig sein oder werden lassen?

Alle Methoden sind auch als Arbeitsblätter/Schreibvorlagen über Download erhältlich (s. Seite 2).

Philosophie des Mutes

Methode 20

Lesen Sie sich die zwanzig Zitate durch und wählen Sie drei Sätze aus, die Sie unterstreichen können und die für Sie relevant sind. Bei jedem Zitat begründen Sie, warum diese Aussage Mut macht. Schreiben Sie dann darüber einen kleinen Text!

Die Gruppenmitglieder können sich danach in Kleingruppen finden, einander die Aufsätze vorlesen und sich über folgende Fragen austauschen:

- Welche Aussage gibt mir den meisten Mut?
- Was habe ich nicht verstanden?
- Was habe ich durch diese Übung gewonnen?
- Wie fühle ich mich jetzt?

Spring doch mal über deinen Schatten! Er wusste, es ging nicht – aber dass ihn einer so anlachte, gab ihm den erlösenden Mut, kleine Schritte mit dem Schatten zu machen.
(Detlev Block)

Damit ein Mensch lernen und sich entwickeln kann, braucht er für jedes kritische Wort fünf Worte der Ermutigung.
(Ben Furmann & Tapani Ahola)

Das Dasein ist köstlich, man muss nur den Mut haben, sein eigenes Leben zu führen.
(Peter Rosegger)

Das Leben schwindet oder weitet sich aus im Verhältnis zum eigenen Mut.
(Anais Nin)

Der alte Mensch kann der Jugend nur etwas geben, wenn er den Mut hat, sich zu seinem Altsein zu bekennen.
(Walter Scheel)

Der Mut, die Entschlossenheit, uns von keiner Sache überwinden zu lassen, so furchterregend sie auch sein mag, ermöglicht uns, jeder Angst zu widerstehen.
(Martin Luther King)

Die Faszination des Lebens mag trotz des Bewusstseins der Vergänglichkeit in dem Wagnis zum Du, in dem Mut zum Ich, in dem Übermut zur Freude, in dem Sinn für Humor, in der Ausgelassenheit des Lachens, in der Kraft, Leid zu überstehen, begründet sein.
(Margot Bickel)

Ein einziger Grundsatz wird dir Mut geben, nämlich der, dass kein Übel ewig währt.
(Epikur)

Fasst frischen Mut! So lang ist keine Nacht, dass endlich nicht der helle Morgen lacht.
(William Shakespeare)

Herr, gib mir die Gelassenheit, Dinge hinzunehmen, die ich nicht ändern kann, den Mut, Dinge zu ändern, die ich ändern kann und die Weisheit, das eine vom anderen zu unterscheiden.
(Friedrich C. Oetinger)

Ich glaube, für alle Menschen in der Welt ist es das Wichtigste im Leben, den Mut zu großen Träumen aufzubringen.
(Golda Meir)

Jugend ist kein Lebensabschnitt, sondern eine Geisteshaltung. Sie bedeutet den Sieg der Abenteuerlust über den Hang zur Bequemlichkeit, den Sieg des Mutes über die Mutlosigkeit.
(Marc Aurel)

Leicht zu leben ohne Leichtsinn, heiter zu sein ohne Ausgelassenheit, Mut zu haben ohne Übermut, Vertrauen und freudige Hingabe zu zeigen ohne Fatalismus - das ist die Kunst des Lebens.
(Theodor Fontane)

Man entdeckt keine neuen Erdteile, ohne den Mut zu haben, alte Küsten aus den Augen zu verlieren.
(André Gide)

Man kann Vorsicht Furcht, man kann Mut Leichtfertigkeit nennen.
(Otto von Bismarck)

Mut steht am Anfang des Handelns, Glück am Ende.
(Demokrit)

Selbst denken ist der höchste Mut. Wer wagt, selbst zu denken, der wird auch selbst handeln.
(Bettina von Arnim)

Was immer du tun kannst oder träumst, es zu können, fang damit an.
Mut hat Genie, Kraft und Zauber in sich.
(Johann Wolfgang von Goethe)

Wer immer nur das macht, was er immer schon getan hat, wird immer nur das erreichen, was er immer schon erreicht hat.
(George Bernard Shaw)

Wo kämen wir hin, wenn alle sagten: wo kämen wir hin, und niemand ginge, um einmal zu schauen, wohin man käme, wenn man ginge.
(Kurt Marti)

Mutbilanz

Methode 21

Betrachten Sie drei Situationen aus Ihrem Leben, in denen Sie mutig waren:

- Beschreiben Sie die Situation möglichst genau!
- Wie ist es ausgegangen?
- Welche Ressourcen haben Ihnen geholfen, mutig zu sein?
- Was haben Sie aus dieser Situation gelernt?

Das ABC der Einwilligungen

Methode 22

Nachstehend finden Sie eine alphabetische Auflistung von Herausforderungen, zu denen immer wieder unser „Ja" gefragt ist. Einige haben wir schon eingetragen. Ergänzen Sie die Liste für sich ganz persönlich: Denken Sie dabei an Herausforderungen,

- bei denen Ihnen das Einwilligen leicht fällt,
- bei denen Ihnen das „Ja" sagen einen regelrechten Kampf abverlangt,
- wo Sie (noch) nicht einwilligen können bzw. konnten.

A	ngebote, Abschied, Anfang, Alter(n) ....
B	edürfnisse, Behinderung, Begabung ....
C	hancen ....
D	enkweisen, Dauer, Depression ....
E	insamkeit, Erfolge, Erfüllungen, Ende ....
F	ehler ....
G	efühl(e), Gefühlsschwankungen, Geschehenlassen, Geschenke, Genuss ....
H	ilfsbedürftigkeit, Hoffnungen ....
I	....

J	....
K	rankheit, Kompetenzen, Krise ....
L	eidenschaften, Lüste, Loslassen, (Lebens-) Leistung, Leid, Langsamkeit ....
M	ich selbst, Möglichkeiten ....
N	ähe, Nichtstun ....
O	....
P	rägungen ....
Q	....
R	eife ....
S	terben, Schuld, Sich selbst, Stagnation, Scheitern, Schmerzen ....
T	od, Trauer, Träume ....
U	eberraschungen ....
V	eränderung, Verzweiflung, Verletzungen, Versagen, Verluste, Verborgenheit Gottes, Verunsicherung („Freude aus Verunsicherung" Christa Wolf) ....
W	erte, Wandel, Wunden, Warten ....
X	....
Y	....
Z	umutungen, Ziele ....

„Mein Rucksack“

Methode 23

Diese Übung ist auch für Kinder und Jugendliche sehr geeignet, wie z. B. beim Übertritt von der Grund-/Volksschule an eine weiterführende Schule:

Welche Fähigkeiten und Ressourcen konnte ich im Laufe meines Lebens schon in meinen „Lebens“-Rucksack packen? Was wird mir helfen, besonders die erste Zeit in der neuen Schule oder den Übergang in einen neuen Lebensabschnitt gut zu bewältigen? Was weiß und kann ich (schon), was mag ich an mir? Die Beschäftigung mit diesen Fragen stärkt für die neuen Aufgaben und bringt ein Stück Gelassenheit.

Variante für einen Elternabend vor Schulbeginn: Die Eltern „basteln“ einen kleinen Papier-Rucksack für ihr Kind und schreiben auf einen extra Zettel, der dann in den Rucksack gelegt wird, was sie an ihrem Kind mögen und schätzen und was sie ihm für den neuen Lebensabschnitt wünschen. Bei dieser Variante kann dann insofern weitergearbeitet werden, dass die Kinder in den ersten Schultagen für den Rucksack ein Einlegeblatt gestalten, worauf sie ihre Befürchtungen und Ängste schreiben. Diese Blätter werden beim Lehrer/bei der Lehrerin abgegeben und dafür bekommen die Kinder den Rucksack und das Einlegeblatt der Eltern, um gestärkt und ermutigt den neu eingeschlagenen Schulweg gehen zu können.

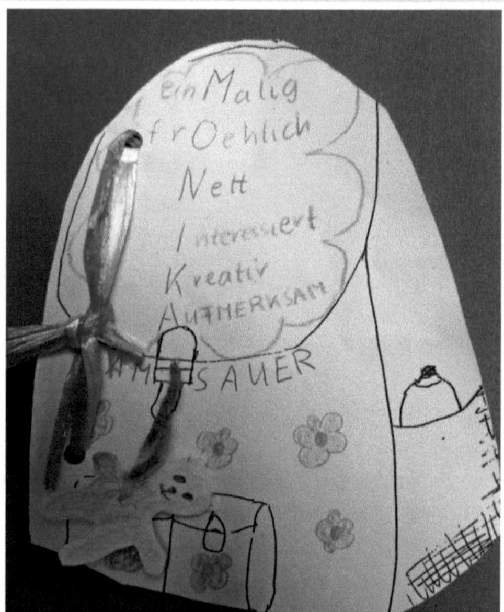

Liste der Dankbarkeiten

Methode 24

Im Jahre 1969 erstellte der Schriftsteller Max Frisch eine Liste seiner Dankbarkeit von A bis Z. Sie können das hier auch tun: Wandern Sie mit Ihren Augen die Liste auf und ab und notieren Sie, welche Assoziationen Ihnen zu den jeweiligen Anfangsbuchstaben einfallen.

Sie können Listen zum gleichen Thema auch mit denen anderer Menschen vergleichen.

A ....

B ....

C ....

D ....

E ....

F ....

G ....

H ....

I ....

J ....

K ....

L ....

M ....

N ....

O ....

P ....

Q ....

R ....

S ....

T ....

U ....

V ....

W ....

X ....

Y ....

Z ....

Eine Grundübung in Dankbarkeit

Methode 25

Der Philosoph Arthur Schopenhauer empfiehlt, nicht auf all das zu achten, was wir nicht haben, und sich dann vorzustellen, wie schön das Leben doch sei, wenn wir dies nur hätten: „Wenn ich diesen Job hätte, dann …" „Wenn ich einen Partner hätte, dann …" Hilfreicher sei es, auf das zu achten, was man hat, und sich vorzustellen, was wäre, wenn diese Menschen, Dinge, Tätigkeiten etc. nicht mehr da wären – nicht um umso intensiver an ihnen festzuhalten, sondern um ein Bewusstsein dafür zu entwickeln, was man hat, und so auch Dankbarkeit dafür zu erleben.[70]

Wie würde mein Leben aussehen, wenn …

- ich meinen Partner/meine Partnerin verlieren würde?
- ich meinen (nicht immer so geliebten) Beruf nicht hätte?
- ich nicht mehr sehen und damit lesen könnte?
- ich taub wäre und keinen Gesprächen mehr folgen oder keine Musik mehr hören könnte?
- meine (zuweilen durchaus anstrengenden) Kinder nicht mehr da wären?
- meine Freunde und Verwandten nicht mehr das Leben mit mir teilen würden?
- ich nicht mehr an meine Lieblingsorte fahren könnte?
- ich meine Wohnung verlieren würde? …

KAPITEL 3 Vernetzt und verbunden – Bezugstheorien der Biografiearbeit

„Die Schönheit der Dinge lebt in der Seele dessen, der sie betrachtet." *David Hume*

Die Biografiearbeit ist kein eigenständiges Handlungskonzept. Sie nutzt unterschiedlichste wissenschaftliche und außerwissenschaftliche Quellen. Sie nimmt Bezug auf vielfältige Wissenschaftsdisziplinen und Handlungsansätze. Hier ein erster, erweiterbarer Überblick:

- In diesem Kapitel stellen wir diejenigen Bezugstheorien vor, die aus unserer Sicht wesentliche Hintergrund-Konzepte der Biografiearbeit darstellen:
- In **Kapitel 3.1** lernen Sie in knappen Zügen die Grundgedanken der Logotherapie Viktor E. Frankls kennen.
- Das **Kapitel 3.2** befasst sich mit zentralen Aussagen der „Philosophie der Lebenskunst", die vor allem mit dem Namen Wilhelm Schmid verbunden ist.
- Die Systemtheorie nach Eckard König und Gerda Volmer steht im Mittelpunkt von **Kapitel 3.3**. Diese Theorie ist vor allem hilfreich, wenn es um das Verstehen und Begleiten von Lebensübergängen geht.
- Der Konstruktivismus ist eine weitere wichtige Bezugstheorie der Biografiearbeit. Sie macht deutlich, dass die biografische Wahrheit immer eine subjektive Wirklichkeit ist (**Kapitel 3.4**).
- Schließlich wenden wir uns in **Kapitel 3.5** der Positiven Psychologie zu.

Ziele

- Sie kennen ausgewählte Bezugstheorien der Biografiearbeit.
- Sie sind sich der vielfältigen Vernetzungen des Handlungskonzepts Biografiearbeit und der Wechselwirkungen innerhalb einer Biografie bewusst.
- Sie verfügen über methodische Impulse aus unterschiedlichen Rahmenkonzepten der Biografiearbeit.

Nutzen

Sie stärken Ihr theoretisches Fundament für das praktische biografische Arbeiten.

3.1 Logotherapie

„Wo Sinn erfahrbar wird, ist Glück die Folge." *Wilhelm Schmid*

Viktor Emil Frankl, geboren 1905 in Wien, gestorben 1997 in Wien, war Professor für Neurologie und Psychiatrie an der Universität Wien, aber auch in Amerika. Er gründete in den 1930er-Jahren als Dritte Wiener Schule der Psychotherapie[71] die Logotherapie und Existenzanalyse. Während der Begriff „Existenzanalyse" zumeist für die anthropologisch-philosophische Forschungsrichtung verwendet wird, bezieht sich die Bezeichnung „Logotherapie" vor allem auf den Bereich der Psychotherapie bzw. der praktischen Umsetzung in der Prophylaxe und im täglichen Leben.

In dieser humanistischen Grundausrichtung geht es vor allem darum, das Leben auf möglicherweise fehlenden Lebenssinn zu erforschen und dann aus sich selbst schöpferische und kreative Sinnmöglichkeiten zu entdecken und zu schaffen.

Die Logotherapie betrachtet den Menschen als ein dreidimensionales Wesen: Der Mensch besteht für sie nicht nur aus Leib und Seele. Er wird auch als ein geistiges Wesen angesehen. Diese geistige Dimension befähigt den Menschen, zu sich und zu seiner Umwelt Stellung zu beziehen bzw. Verantwortung für sein Tun oder auch sein Nicht-Tun zu übernehmen. In der praktischen Umsetzung blickt die Logotherapie auf die Werte und Einstellungen eines Menschen und versucht, mit einfachen Fragen bzw. Übungen die Lebenskraft und die Fähigkeiten und Kompetenzen zu stärken und so die Wege für ein gelingendes Leben zu bereiten. In der Logotherapie geht es aber auch um scheinbar einfache, aber ausgesprochen wichtige Dinge im Leben, wie Verständnis füreinander und Geduld miteinander.

Im Folgenden sollen die Grundanliegen der Logotherapie ein Stück weit verstehbar sowie einige, wie wir meinen, sehr wichtige Themen der Logotherapie näher beleuchtet werden.

Sinn

Frankl war neben der Therapie auch die Vorbeugung sehr wichtig, also von Anfang an darauf zu achten, dass Sinn gefunden bzw. bewahrt wird, wenn er gefunden wurde. Das Thema „Sinn" betrifft den Menschen von Anbeginn des Lebens bis zu seinem Tod. Besonders auch in Lebenskrisen hilft die Logotherapie, vermeintlich verloren gegangenen Sinn wieder neu zu entdecken. Der Mensch möchte ein sinnvolles und eigenverantwortliches Leben führen und entscheidet sich selbst und aktiv dafür. Wenn er in seinem Tun Sinn findet, wird er viele Herausforderungen meistern können. Sinn im eigenen Arbeitsumfeld zu finden ist z. B. eine gute Prophylaxe gegen Burn-out.

Gerade im Zeitalter des Konsums ist es wichtig zu sehen: Wir haben im Normalfall alles, wovon wir leben, aber oft nichts, wofür wir leben. Wir können uns vieles leisten und finden letztendlich doch keine Befriedigung darin. Der Mensch hat laut Frankl ein natürliches Bedürfnis nach Sinn. Er möchte nicht einfach nur auf der Welt sein, sondern etwas Besonderes für sich entdecken und haben. Je mehr der Mensch funktioniert, desto weniger Leben ist in ihm. Er kann dadurch in ein sogenanntes existenzielles Vakuum geraten.

Der Sinn gibt dem Leben Struktur. Jede gelungene Erfahrung, also alles Gelungene ist eine Vertiefung, d. h. wir erfahren darin Bestätigung. Aus diesem Grund ist es wichtig, immer wieder auf das Gelungene zu schauen, diese Erfahrungsschätze zu bergen und dadurch Mut zum Erreichen neuer Ziele zu bekommen. Die heutige Gesellschaft ist zu sehr auf das Nicht-Gelungene fixiert. Das beginnt in der Schule, wo falsche Antworten und Lösungen rot angestrichen werden und zu selten gesagt und gezeigt wird, was Kinder schon können. Das setzt sich im normalen Alltag und der zwischenmenschlichen Kommunikation fort, wo wir viel besser über unsere Schwächen erzählen können als über unsere Stärken. Es ist hilfreich, das Gelungene zu stärken. Wir können uns immer wieder bewusst an das Gefühl vom Gelungenen erinnern und uns wieder einfühlen, was uns wiederum stark macht, das Leben zu bewältigen und die Fragen des Lebens an uns möglichst gut beantworten zu können.

Viele Menschen fragen sich, was denn der Sinn des Lebens sei. Laut Frankl gibt es nicht DEN Sinn des Lebens, es gibt nur den Sinn IM Leben, in MEINEM ganz individuellen Leben. Das heißt: Jede/Jeder von uns ist aufgefordert, ein für sich stimmiges und somit sinnvolles Leben anzustreben und zu führen.

Sinnvoll leben heißt logotherapeutisch gesehen auch, mit allen drei Zeitdimensionen konstruktiv umzugehen. Es gibt nicht nur die Gegenwart, sondern auch etwas, das war, also die Vergangenheit, und etwas, das kommen wird, also die Zukunft.

Das Leben fragt uns und wir „haben zu antworten", d. h. wir sollen immer wieder suchen, was für uns Sinn macht und wie wir mit Herausforderungen am besten umgehen können und dementsprechend leben. Wir haben auch immer wieder die Chance, etwas anders oder für uns besser zu machen; denn bestimmte Themen wiederholen sich im Leben und wir haben dann wieder die Chance, etwas abzuändern, oder wie Günter Funke, ein Schüler Frankls, sagte: „Das Leben ist gnädig, es kommt immer wieder vorbei."

Grundfragen der Existenz

Um sich selbst besser verstehen zu können, macht es Sinn, sich selbst immer wieder zu reflektieren. Laut dem Arzt, Psychologen und Psychotherapeuten Alfried Längle[72], ist es hierbei zielführend, sich das eigene Leben aufgrund von vier tragenden Säulen anzuschauen:

- Fragen nach dem Halt und der Begleitung, die ich im Leben erfahren durfte
- Fragen nach Geborgenheit, Liebe und Nähe
- Fragen nach der Selbstachtung
- Fragen nach dem eigenen Engagement für Werte und Sinn

<table>
<tr><th colspan="2">Fragen zur Selbstreflexion</th></tr>
<tr><td>Raum, Schutz, Begleitung
• Auf welchem Grund stehe ich?
• Wer trägt mich?
• Was stärkt mich?
• Wo finde ich Unterstützung?
• An wen kann ich mich wenden, wenn ich Hilfe benötige?
• Welche Entwicklungsmöglichkeiten habe ich in meinem Leben?
• Wobei fühle ich mich frei?
• Wo erlebe ich Verlässlichkeit?
• Wo habe ich Halt erfahren?
• Wie bin ich damit umgegangen, wenn ich diesen Halt nicht erfahren konnte und wie gehe ich heute damit um?
• Wer oder was gibt mir heute Halt?</td><td>Nähe, Geborgenheit, Wohlwollen, Liebe, Achtsamkeit
• Wann und wo spüre ich Geborgenheit? Wie drückt sich das aus?
• Wo fühle ich mich gut behandelt?
• Wo erlebe ich Nähe und Zuneigung?
• Was mag ich an mir?
• Wann und wo fühle ich mich wertvoll?
• Wann war das zuletzt und wie war das?</td></tr>
<tr><td>Selbstachtung, Anerkennung, Respekt
• Wie und wie oft gelingt es mir, mich in meiner Eigenart anzunehmen?
• Was mag ich an mir?
• In welchen konkreten Situationen fällt es mir leicht, mich selbst zu achten und zu schätzen, wie ich bin?
• Was brauche ich, um mich selbst als wert-voll erleben zu können?
• Sage ich „Ja“ zu mir?
• Kann ich mich gegenüber anderen abgrenzen?</td><td>Engagement für Werte und Sinn
• Was ist mir wichtig in meinem Leben?
• In welchen Situationen habe ich das Gefühl, sinnvoll zu leben?
• Welche Werte gibt es für mich in meinem Leben?
• Wofür setze ich mich ein?</td></tr>
</table>

Werte

Ob ich Werte für mich erkenne und benenne, hängt von meinem eigenen Wert, von meinem Selbstwert ab. Wenn ich mich selbst als Wert empfinde und zu mir selbst „Ja“ sagen kann, kann ich auch die Welt als Wert erleben. Dies können im herkömmlichen Sinn moralisch gut bewertete Eigenschaften wie z. B. Nächstenliebe oder Freiheit sein, aber auch eine Konzertkarte kann für mich einen sehr hohen Wert darstellen. Fazit: Wenn mir etwas wichtig ist, stellt es für mich einen Wert dar.

Bei den Werten unterscheidet Frankl[73] drei Arten:

- **Die schöpferischen Werte:** Das sind jene Werte, die entstehen, wenn ich etwas kreativ gestalte. Schöpferische Werte kann ich in meiner täglichen Arbeit, im Pflanzen von Blumen, im kreativen Gestalten jeder Art, in der Erziehung von Kindern etc. finden und ausleben. Die sinnzentrierte Pädagogik nützt das gemeinsame Erleben schöpferischer Werte in Projekten zur Steigerung der Begeisterung und erfährt dadurch verstärktes Engagement und erhöhte Leistungsfähigkeit.
- **Die Erlebniswerte:** Ich erlebe die Welt, kann das Schöne entdecken, die Natur genießen, die Kultur erleben und andere Menschen kennenlernen. Es ist wichtig, Feste zu feiern, Beziehungen zu pflegen. Damit kann ich mein Wohlbefinden steigern und Freude empfinden. Ein gemeinsamer Ausflug schenkt ein Gefühl von Zusammengehörigkeit und wir können uns lange daran erfreuen. So fungiert z. B. auch eine Muschel aus dem Urlaub, die ihren Platz auf dem Schreibtisch im Büro gefunden hat, als Anker zur Erinnerung an die schönen Erlebnisse dort und wir können uns beim Anblick der Muschel innerhalb von Sekunden wieder dieses Gefühl von Entspannung und Wohlgefühl zurückholen. In der sinnzentrierten Pädagogik steigern gemeinsame Pausengestaltung oder Ausflüge den Zusammenhalt und das Zusammengehörigkeitsgefühl.
- **Die Einstellungswerte:** Das sind jene Werte, die unsere Einstellung zu unveränderbaren Dingen im Leben zeigen. Manche Dinge passieren und dabei zeigt sich, welche Einstellung wir zum Leben haben und wie wir mit unserem Schicksal umgehen. So scheint ein alter Mann am Tod seiner Frau zu zerbrechen und sieht erst in der Frage „Wäre es dir lieber, du wärst gestorben und deine Frau wäre allein zurückgeblieben?" einen tieferen Sinn in seinem Weiterleben und kann so seine Einstellung zu seinem Schicksal ändern. In der sinnzentrierten Pädagogik wiederum werden die Einstellungswerte in der Beschäftigung mit existenziellen Fragen erarbeitet und so Strategien für eine gute Form der Lebensbewältigung entwickelt.

Werteverluste bringen Krisen und verlorene Werte lassen sich nicht so schnell durch andere ersetzen. Aber gerade in Krisen erfahren wir auch Chancen, indem wir nach dem Betrauern des verlorenen Wertes erneut Mut fassen und unser Leben wieder in die Hand nehmen können. Wir können auch das Schicksal im Leben (z. B. Krankheit) nicht aufheben, aber wir können etwas aus der Situation machen. Einen besonderen Werteverlust im Alter stellt z. B. die Tatsache dar, dass die eine oder andere Tätigkeit körperlich nicht mehr möglich ist. Hier ist es wichtig, dies zu betrauern und damit den Wert zu pflegen. Danach werde ich andere Werte finden. Wenn das Wollen da ist, sind Werte da und damit auch Sinn. Das heißt nicht, dass es leicht ist, verlorene Werte durch andere zu ersetzen, aber wir können es immer wieder versuchen.

Werte wandeln sich selbstverständlich auch im Laufe des Lebens und somit ist der Wert von gestern vielleicht nicht mehr der Wert von heute.

Methode 26 → siehe Seite 131

Biografie meines Wollens

Die eigenen Werte bestimmen letztendlich auch, was wir wollen, wie wir uns entscheiden und wie wir unser Leben gestalten. Daher ist es sinnvoll und wichtig, sich hin und wieder Gedanken darüber zu machen, ob das, was ich mache, auch wirklich meinem Wunsch entspricht und ob meine Entscheidung zu etwas auch wirklich die meine und nicht die Entscheidung eines anderen Menschen für mich ist.

Selbstreflexion

- Was wollen Sie in Ihrem Leben?
- Wie hat sich Ihr Wollen entwickelt, wo war es Ihr Wollen, wo vielleicht das Ihrer Umwelt?
- In welchem Zusammenhang sind Sie mehr vom Wollen geleitet als vom Müssen?
- Was hat Priorität in Ihrem Leben?
- Wobei bzw. womit konnten Sie Ihren Willen stärken?
- Wer oder was half Ihnen dabei?
- Welche Schwierigkeiten haben Sie für manches Wollen in Kauf genommen?
- Was hat heute Wert in Ihrem Leben?

Um zu erkennen und zu wissen, was wir wollen, ist es manchmal sinnvoll, uns selbst im Wahrnehmen zu stärken, um erstens zu einer klaren Entscheidung zu kommen und diese danach auch in einem zweiten Schritt auszuführen und nicht mehr anzuzweifeln. Die folgenden vier Schritte können eine Hilfestellung zu einer guten Entscheidung sein:

1. **Wahrnehmen der Werte:** Nehmen Sie sich Zeit, Ihre Werte bzw. die Dinge und Einstellungen, die Ihnen wichtig sind und hinter denen Sie stehen, aufzuspüren. Wenn Sie so gar nicht wissen, was das sein könnte, ist oft Ärger ein guter Indikator. Wenn ich einerseits weiß, worüber ich mich ärgere, weiß ich andererseits, was für mich einen Wert darstellt. Wenn ich einerseits weiß, wozu ich Widerstand leisten möchte, weiß ich andererseits, worin mein Ja begründet ist. Da wir meist versuchen, die Dinge mit dem Verstand zu bewerten, d. h. zu viel denken und

zu wenig fühlen, fällt es uns oft schwer, spontane Gefühlsregungen, die unsere Werte und unser Wollen spiegeln, überhaupt wahrzunehmen. Hilfreich in diesem Zusammenhang kann auch die Wahrnehmung der Situation mit allen Sinnen sein. Wie erlebe ich die Situation, was sehe, höre, rieche, schmecke ich und was geschieht gerade um mich herum? Worum könnte es wirklich gehen?
2. **Einlassen:** Der nächste Schritt besteht darin, den Wert für mich klar zu machen, d. h. ihn zu bergen. Hier sollte ich alle Argumente, die für oder gegen meine Entscheidung sprechen, bedenken. Dazu lasse ich mich auf den wahrgenommenen Wert gedanklich und emotional unverbindlich ein.
3. **Entscheiden –** Ja oder Nein? Will ich oder will ich nicht? – Wenn ich nach dem inneren Dialog (Punkt 2) zur Meinung gelange, dass es mir doch nicht wert ist, darf ich diese Tatsache auf keinen Fall im Nachhinein abwerten. Auch wenn ich mich dafür entscheide, ist es wichtig, diese Entscheidung als meine Entscheidung anzuerkennen und nicht mehr daran zu rütteln.
4. **Tun:** Auch dieser Punkt darf keinesfalls vergessen werden. Ich habe mir selbst gegenüber die Verantwortung, mich ohne Wenn und Aber in das Tun hineinzubegeben und den Wert auch auszukosten, d. h. ich denke z. B. nicht mehr über den Preis der Konzertkarte nach, sondern genieße die Vorfreude und nachfolgend das Konzert selbst. Der Wert muss und darf für sich sprechen – gegen alle Widersprüche von außen oder innen. Das ist nach Frankl die Trotzmacht des Geistes.

Diese Art, zu einer Entscheidung zu kommen bzw. den eigenen Willen zu stärken und sich selbst klarer zu werden, gilt sowohl für die kleinen Dinge des alltäglichen Lebens als auch für große, weitreichende Entscheidungen. Diese vier Schritte sind mit etwas Übung innerhalb kürzester Zeit internalisiert. Entscheidungen, die so zustande kommen, werden als stimmiger erlebt und im Nachhinein kommen weniger oft Zweifel daran auf oder das Gefühl, sich vielleicht doch noch einmal umentscheiden zu müssen.

Vertrauen

Ein weiterer wichtiger Punkt, der bei Viktor Frankl immer wieder erwähnt wird, ist das Vertrauen – Vertrauen in Menschen, vor allem aber das Vertrauen in das Leben selbst. Dieses Grundvertrauen kann das Leben sehr erleichtern. Natürlich geht der, der vertraut, ein selbst verantwortetes Risiko ein. Vertrauen heißt auch nicht, dass ich sicher sein kann – und damit riskiere ich etwas. Vertrauen kann man nicht erzwingen. Doch Menschen, die vertrauen und dem Leben ein Grundvertrauen entgegenbringen, gehen oft gestärkt durch das Leben. Wem Vertrauen dagegen schwerfällt, beraubt sich manchmal selbst einer gewissen Leichtigkeit.

Methode 27 → siehe Seite 132

Zeit

Oft hetzen wir von einem Termin zum anderen. Wir haben das Gefühl, möglichst viel in unserer Lebenszeit unterbringen zu wollen. Manche Menschen haben nur dieses eine Bild von ihrem Leben, dass nicht mehr viel Zeit bleibt. Die Zeit, die wir haben, wird – aus Sicht der Logotherapie – nicht weniger, sondern es ändert sich nur das Verhältnis zwischen Vergangenheit und Zukunft. So können wir uns unsere Lebenszeit als Buch vorstellen. Je älter wir sind, desto mehr Seiten sind schon beschrieben und bereits umgeblättert. Frankl[74] vergleicht hier auch das Leben mit dem Bild der „Kornkammern des Lebens", die immer voller werden, je älter der Mensch ist. Wir sollten den Jahren mehr Leben geben und nicht dem Leben mehr Jahre. Diese Sichtweise kann helfen, das Alter besser anzunehmen und zu erkennen, wie viele Schätze sich angesammelt haben, und so die Vorteile eines fortgeschrittenen Alters schätzen zu können.

Selbstreflexion

- Was finden Sie in Ihren Scheunen? Welche Ernte durften Sie schon einfahren?
- Auf welche Vergangenheit wollen Sie schauen?
- Was aus Ihrer Geschichte trägt Sie?
- Wie geht es Ihnen mit dem Blick auf die verbleibende Lebenszeit?

Zusammenfassend gesagt ist die Logotherapie eine wunderbare Hilfe, sich und andere besser zu verstehen, zum Leben Stellung zu beziehen und dem entsprechend zu handeln. Es geht darum, zu forschen, woraus wir Kraft schöpfen und was uns stärkt, um unseren Lebensweg möglichst gut gehen zu können.

Zum Weiterlesen:

Frankl, Viktor E. (2007). *Psychotherapie für den Alltag*. Freiburg: Herder.

Lukas, Elisabeth (2008), *Dein Leben ist deine Chance – Anregungen zu einer sinnvollen Lebensgestaltung*. München: Neue Stadt.

Kurz, Wolfram & Sedlak, Franz (2013). *Kompendium der Logotherapie und Existenzanalyse* (2. Aufl.). Tübingen: Lebenskunst.

3.2 Philosophie der Lebenskunst

„Lebenskunst ist, Problemen nicht auszuweichen,
sondern daran zu wachsen.“ *Anaximander*

Biografiearbeit, wie sie in diesem Buch vorgestellt wird, orientiert sich u.a. auch an den Erörterungen und Anregungen der Philosophie der Lebenskunst. Diese – vor allem mit den Namen Wilhelm Schmid verbunden – möchte die Philosophie aus dem wissenschaftlichen Elfenbeinturm „befreien“ und sie als eine lebenspraktische, für das alltägliche Leben Orientierung gebende Disziplin etablieren.

Die Philosophie der Lebenskunst reagiert u.a. auf die Tatsache, dass die großen Entwürfe der Lebensorientierung immer mehr an Verbindlichkeit oder Glaubwürdigkeit verlieren. Ideologien oder Glaubenssysteme sind nicht mehr so dominierend, wenn es um Fragen geht wie: „Wie soll ich mein Leben führen? Welche Entscheidungen sind die richtigen? Wie finde ich Zufriedenheit?“ Der einzelne Mensch ist gefordert, diese Fragen selbst zu entscheiden. Die Philosophie der Lebenskunst will ihm dazu keine fertigen Antworten liefern. Sie bietet Anregungen und stellt (Kontroll-) Fragen, damit ein jeder/eine jede zu tragfähigen Antworten kommt.

Was ist Lebenskunst? Zunächst legt der Begriff selbst nahe: Lebenskunst ist „gekonntes Leben“[75]. Nähern wir uns diesem Begriff weiter an durch eine Auflistung einiger Definitionen:

- „Der Begriff ‚Lebenskunst‘ verweist auf eine Tradition praktischer Philosophie, die bis in die Antike zurückreicht. Ihr Thema ist die bewusste Gestaltung des menschlichen Lebens als ‚gutes Leben‘.“[76]
- „Lebenskunst … kann nur darin bestehen, auch in … unvermeidlichen Grenzsituationen menschlicher Existenz … Quellen des Glücks eines Lebens zu finden.“ [77]
- „Die Lebenskunst besteht darin, sich sein eigenes Leben und das Zusammenleben mit anderen so zu gestalten, dass ein physisches, psychisches, materielles und geistiges Wohlbefinden möglich wird.“[78]
- „Lebenskunst ist die Kunst, als Mensch in der Verbundenheit mit allem und doch als unverwechselbares und selbstverantwortliches Individuum zu agieren und so in einer Balance zu leben.“[79]

Ihre Dringlichkeit und Notwendigkeit gewinnt die Lebenskunst aus der Tatsache, dass unser Leben endlich ist: Die Tatsache, dass wir eines Tages nicht mehr leben werden, macht die Lebenszeit kostbar. Das Wissen um die Begrenzung des Lebens schärft das Bewusstsein für die gelingende Lebensführung (vgl. auch Kap. 5.3).

Lebenskunst hat man sich nicht irgendwann einmal erworben – und dann ist es gut. Die Erlangung von Lebenskunst ist ein lebenslanger Prozess. Immer wieder wird es

Momente geben, in denen wir merken, dass wir noch keine perfekten Lebenskünstler sind. Lebenskunst ist ein Weg. Im Folgenden seien ein paar Themen besonders hervorgehoben, die in der Philosophie der Lebenskunst behandelt werden und für die Biografiearbeit von besonderer Bedeutung sind[80]:

Gewohnheiten

Gewohnheiten als regelmäßig wiederkehrende Verhaltensweisen geben unserem Leben Halt und Struktur. Wilhelm Schmid[81] weist darauf hin, dass wir in GeWOHNheiten wohnen: Sie geben uns Schutz und bilden ein seelisches Dach über dem Kopf. Gerade bei Kindern kann man gut beobachten, wie Gewohnheiten (Alltagsrituale) ihnen Sicherheit geben (z. B. Rituale vor dem Schlafengehen). Gewohnheiten bilden Sicherheitsinseln (vgl. Kap. 3.3) im Strom eines schneller werdenden Lebens.

Gewohnheiten sind für die Biografiearbeit u.a. an den Lebensübergängen bedeutsam: Es ist hilfreich, einige sicherheitsgebende Alltagsrituale in die neue Lebensphase „hinüberzuretten" (z. B. beim Einzug ins Altenheim).

Experimentelles Leben

In manchen Phasen der Biografie leben wir (zu sehr) in vertrauten Bahnen. Wir haben uns in unseren Sicherheitsinseln eingerichtet (vgl. Kap. 3.3). Das Leben ist nicht mehr im Fluss. Um einer solcher „Lebenssklerose" vorzubeugen, empfiehlt die Philosophie der Lebenskunst, immer wieder einmal einen Versuch zu wagen: etwas Neues auszuprobieren oder sich von einer Anregung in der Außenwelt in Versuchung führen zu lassen. Versuche eröffnen neue Begegnungen, neue Erfahrungsräume und neue Handlungsmöglichkeiten. Ganz im Sinne des Spruches von Nossrat Peseschkian: „Wenn du etwas haben willst, was du noch nie gehabt hast, musst du etwas tun, was du noch nie getan hast."

Genießen

Der Volksmund sagt: „Wer nicht genießt, wird ungenießbar." Es geht dabei aber nicht darum, ein grenzenlos genussreiches, sinnliches und konsumistisches Leben zu führen. Die Begrenzung der Lüste und das Maßhalten sind geradezu eine Voraussetzung für das Genusserleben. Auch dient das Genießen nicht ausschließlich einem Selbstzweck; es gilt als Gegengewicht und Ermöglichung der alltäglichen Sorge um andere und sich, in Beruf, Familie und Engagement für die Welt.

Methode 28 → siehe Seite 133

Umgang mit der (Lebens-) Zeit

Drei Aspekte, die den Umgang mit der Zeit betreffen, erscheinen für die Biografiearbeit besonders relevant zu sein. Zum einen der Gedanke, dass wir unser Leben zwar nicht biologisch (in größerem Maße) verlängern können, dass es aber eine Erweiterung unseres zeitlichen Horizontes geben kann. Dies geschieht dadurch, dass wir uns mit der persönlichen wie kulturellen Vergangenheit und Zukunft befassen und auf diesem Wege die mentale Lebensspanne erweitern.

Zum anderen weist die Philosophie der Lebenskunst darauf hin, dass wir Möglichkeiten und Lebensangebote nur nacheinander und nicht (allzu viele) zugleich aufgreifen können (so wie die Körner in der Sanduhr nur nacheinander durch die Engstelle gleiten können). Es gilt also eine kluge Wahl zu treffen, welche Lebensmöglichkeiten und -wünsche wir zuerst realisieren wollen. Hier können die Antworten auf die Frage nach den persönlichen Werten hilfreich sein (vgl. Kap. 3.1).

Schließlich weist die Philosophie der Lebenskunst auf den richtigen „Gebrauch" der Zeit hin – das heißt: nicht alles (jede Lebensphase) durchzuplanen, sondern Müßiggang zuzulassen und Leer-Räume zu ermöglichen, gar zu schaffen.

Gelassenheit

Diese Haltung (von Seneca als „Seelenruhe" bezeichnet) könnte man geradezu als eine biografische Schlüsselkompetenz bezeichnen. Die Gelassenheit bildet den Gegenpol zum Machen und Managen. Sie will das Schmerzliche und Traurige nicht um jeden Preis ausmerzen, sondern zeigt sich in der „Hinnahmefähigkeit". Sie weiß um die Veränderlichkeit des Lebens und übt sich im Loslassen und Zulassen. Sie akzeptiert das Scheitern und bejaht das, was uns „in die Quere kommt". Sie hält nicht krampfhaft an dem fest, was wir wollen und anzielen, sondern ist durch Offenheit für das Überraschende charakterisiert.

Sinn

Übernahmen in vergangenen Zeiten religiöse und weltanschauliche Gruppen die Aufgabe, die Welt zu deuten, Werte zu propagieren und die Sinnfrage zu beantworten, so ist dies heutzutage zunehmend die Aufgabe jedes/r Einzelnen. Wir sind herausgefordert, uns eigenständig – aber durchaus im Austausch mit anderen – einen „Reim aufs Leben zu machen". Wir versuchen, das Leben allgemein und unsere Lebenserfahrungen im Besonderen zu deuten und zu verstehen. Wir geben ihnen einen Sinn. Dies ist der Kern der Biografiearbeit.

Umgang mit dem Tod

Würden wir nicht sterben, dann müssten wir uns nicht wirklich anstrengen. Wir hätten ja immer noch Zeit genug für Änderungen oder Vorhaben. Die begrenzte Zeit macht das Leben bedeutungsvoll. Deswegen ist es aus Sicht der Lebenskunst-Philosophie wichtig, sich die Endlichkeit des Lebens (vgl. Kap. 5.3) immer wieder bewusst zu machen und aus dieser Perspektive das aktuelle Leben zu betrachten. Es geht u.a. darum, sich an den Tod zu gewöhnen, denn die Angst vor dem Tod lässt uns schon nicht mehr leben, bevor wir wirklich sterben.

Zum Weiterlesen:

Baer, Ulrich u.a. (1997). *Lernziel: Lebenskunst. Spiele, Projekte, Konzepte und Methoden für Jugendarbeit und Schule.* Seelze: Kallmeyersche.

Schmid, Wilhelm (1999). *Philosophie der Lebenskunst: eine Grundlegung* (3., korr. Aufl.). Frankfurt: Suhrkamp.

Schmid, Wilhelm (2000). *Schönes Leben? Einführung in die Lebenskunst.* Frankfurt: Suhrkamp.

3.3 Systemtheorie

„Ein System ist eine Ganzheit. Jedes Teil ist mit jedem so verbunden, dass jede Änderung eine Änderung des Ganzen bewirkt.“ *Virginia Satir*

Biografien lassen sich auch aus einer systemischen Perspektive betrachten. Lebensumbrüche und Krisen stellen sich dann als Übergänge zwischen unterschiedlichen System(zuständ)en dar. „System“, „systemisch“ und verwandte Begriffe sind heute in vieler Munde. Aber was ist ein System? Abstrakt ausgedrückt: Ein System ist eine Menge von Elementen, zwischen denen Wechselwirkungen bestehen. Das kann konkret sein: eine Familie, eine Fußballmannschaft, eine Abteilung, eine Stadtverwaltung, ein Staatssystem, ... Aber auch ein einzelner Mensch kann als ein System betrachtet werden.

Menschliche Systeme haben eine besondere Eigenart: im Gegensatz zu mechanischen Systemen (z. B. Motor, Heizung) kann man bei ihnen kaum oder gar nicht voraussagen, welche Konsequenzen die Veränderung eines Elements nach sich zieht. So führt bei einem Auto der stärkere Druck auf das Gaspedal dazu, dass das Fahrzeug schneller fährt. Anders bei Menschen: Mehr Druck kann hier die Konsequenz haben, dass Menschen z. B. noch langsamer arbeiten oder weniger lernen, also in Widerstand gehen. Interventionen können deshalb auch das Gegenteil dessen auslösen, was beabsichtigt war.

Es gibt viele unterschiedliche Systemtheorien, in denen jeweils andere Aspekte hervorgehoben werden. Wir folgen hier der „Personalen Systemtheorie“ von Eckhard König und Gerda König-Volmer, weil wir diese für die Biografiearbeit als hilfreich erachten. Als Elemente oder Bestandteile eines Systems werden von diesen beschrieben[82]:

- **Die Person:** Sie bringt ihre Eigenheiten und -arten, ihre aktuelle Stimmung und Verfassung (z. B. Gesundheit) in die Dynamik des Prozesses ein.
- **Die Deutungen:** Die subjektiven Vorstellungen und Ansichten der Person nehmen Einfluss auf ihr Wahrnehmen, Denken, Fühlen, Entscheiden und Handeln.
- **Die Handlungsmuster:** Die Person verfügt über bestimmte Handlungsmuster oder Rituale. Auch zwischen den Personen etablieren sich wiederkehrende Verhaltensmuster. Es gibt verschiedene Rollen.
- **Die Regeln:** Regeln definieren, was man (nicht) tun darf oder tun soll. Überall da, wo Menschen miteinander leben und arbeiten, gibt es Regeln. Oft sind diese nicht bewusst oder nicht ausgesprochen. Manchmal entstehen Regeln ganz spontan oder sie existieren schon aus einer langen Tradition heraus. Jeder Mensch hat auch für sich selbst und seine Lebensführung (meist unbewusste) Regeln entwickelt.[83]
- **Die Umwelten:** Eine Person ist von Umwelten umgeben und sie stellen für andere Systeme einen Teil von deren Umwelt dar. Alle diese Einheiten nehmen wechselseitig aufeinander Einfluss.
- **Die Entwicklung:** Jede Person hat ihre Geschichte und ihre zukunftsgerichteten Tendenzen (= Biografie).

Der System-Diamant

nach Hubert Klingenberger & Viola Zintl

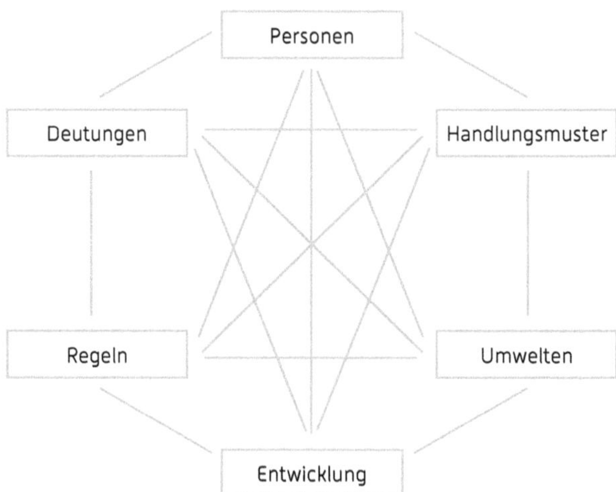

Übertragen wir das Modell des System-Diamanten auf die individuelle Biografie, so lassen sich die Elemente am Beispiel einer Erkrankung so beschreiben:

- Ein Mensch wird krank. Das Wohlbefinden ist eingeschränkt. Eventuell sind körperliche Veränderungen zu beobachten. Persönlichkeitstyp (sozial, analytisch etc.) und Geschlecht beeinflussen den Umgang mit der Erkrankung. (Faktor Person)
- Die persönlichen Ansichten des Menschen beeinflussen sein Krankheitserleben bzw. sie müssen angepasst werden oder verändern sich, z. B. die Deutungen von „Krankheit", „Gesundheit", „Leistungsfähigkeit" usw. (Faktor Deutung)
- Alltagsrituale und Gewohnheiten müssen gegebenenfalls der Erkrankung bzw. dem Heilungsprozess angepasst werden. Manche Gewohnheiten erweisen sich als schädlich (z. B. Rauchen), andere als förderlich (z. B. regelmäßige Bewegung). (Faktor Handlungsmuster)
- Nach Krankheitseintritt und zur Genesung müssen gegebenenfalls bestehende Alltagsnormen und Regeln abgelegt, verändert oder neu formuliert werden. (Faktor Regeln)
- Eventuell verändern sich durch eine Erkrankung auch die sozialen und materiellen Umwelten der betreffenden Person. Neue Personen treten ins Leben ein (z. B. Physiotherapeut) oder ein Wohnortwechsel wird nötig. (Faktor Umwelten)
- Letztlich verändern sich mit einer Erkrankung wahrscheinlich auch die Entwicklungsrichtung und das Entwicklungstempo einer Person. Lebensstil und Lebensziele können sich verändern. Gegebenenfalls ist auch die Vergangenheit nach krankheitsfördernden Faktoren zu befragen. (Faktor Entwicklung)

Das Wissen um diese Elemente und deren Wechselwirkung hilft, Lebensübergänge zu verstehen und zu gestalten. Dieses Modell bietet einen hilfreichen Bühnenhintergrund für Beratung und Coaching. Betrachten wir nun also die einzelnen Elemente des System-Diamanten vertiefend mit Blick auf die Bedeutung für die Biografiearbeit:

Element „Person"

Die nachstehende Persönlichkeitstypologie – sie geht zurück auf den Psychologen Fritz Riemann[84] – unterscheidet vier Persönlichkeitsausprägungen:

- Der **anhängliche** Typ sucht die enge Zusammenarbeit mit den anderen, ist sorgsam um deren Wohlergehen bemüht und achtet auf eine gute zwischenmenschliche Atmosphäre. Er fürchtet die Vereinzelung und die Kontaktlosigkeit zu seinen Mitmenschen.

- Der **selbstständige** Typ bildet den Gegenpol zum anhänglichen Menschen: Er sucht die Eigenständigkeit, möchte unabhängig bleiben, zieht sich tendenziell eher zurück und scheut die (übergroße) Nähe zu anderen.
- Der **ordnungsliebende** Typ braucht klare Strukturen, Ordnung und Ablaufbeschreibungen. Spontaneität und Chaos erfüllen ihn mit Misstrauen und Sorge.
- Der **freiheitsliebende** Typ schätzt die Freiheit im Handeln und möchte nicht durch Ordnungen und Regeln festgelegt werden.

Die hier beschriebenen Ausprägungen stellen sozusagen „Typen in Reinform“ dar, wie es sie in Wirklichkeit kaum gibt. Vielmehr treffen wir im Alltag auf Personen, die diese verschiedenen Eigenschaften in unterschiedlichen Ausprägungen besitzen. Diese Typen lassen sich auch anhand der Symbolik der vier Elemente darstellen:

Feuer, Erde, Wasser, Luft – ein Persönlichkeitsmodell

nach Fritz Hendrich

Feuer-Typ

- Begeisterung
- für etwas brennen
- Durchsetzungswille

Aber auch:

- andere verbrennen
- burn out

Wasser-Typ

- Einfühlung und Empfindsamkeit
- Soziale Kompetenz
- Hilfsbereitschaft

Aber auch:

- Überschwemmen mit Nähe
- Überbetonung des Gefühls

Luft-Typ

- Fantasie und Kreativität
- Blick von höherer Warte
- Visionär

Aber auch:

- abgehoben
- ohne Bodenhaftung

Erde-Typ

- Ordnung und Disziplin
- Bodenständigkeit

Aber auch:

- Beharrung
- Widerstand

Element „Deutungen“

Mit „Deutungen“ sind unsere Welt- und Selbstbilder gemeint. Das sind die Meinungen, die wir uns zu einer „Sache“ gebildet haben, unsere Ansichten, Leitsätze, Mottos usw. Das sind die Basisgeschichten, die wir über uns und unser Leben erzählen. Unsere Deutungen können grundsätzliche Fragen betreffen, wie z. B. unser Menschenbild oder unsere Sinnfindung.

Wofür mache ich das eigentlich? – Die Beantwortung der Sinnfrage

Eine wesentliche Deutung besteht in dem Sinn, den man seinem Leben und einzelnen Lebensbereichen (z. B. der Arbeit) beimisst. „Wofür ist das eigentlich gut, was ich hier tue?" Die Antworten auf diese Frage können ganz unterschiedlich ausfallen.

Man geht davon aus, dass das Sinnerleben (in der Arbeit) umso größer ist, je mehr ein Mensch das „größere Ganze" im Blick hat. Einen Beitrag zu etwas „Größerem" zu leisten, kann sich als zentrale Quelle der Sinnfindung erweisen.

Auch das Menschenbild zeigt Wirkung auf das (Er-) Leben der Menschen: Bin ich eher misstrauisch und skeptisch anderen gegenüber? Sehe ich in den Menschen überwiegend das Gute? Halte ich andere Personen für grundsätzlich träge oder gestehe ich jedem Menschen eine eigene Energie und Motivation zu?

Methode 29 → siehe Seite 134

Statt von Deutungen sprechen manche Sozialwissenschaftler auch von „persönlichen Konstrukten". Jeder Mensch bringt seine eigenen Deutungen und Ansichten mit in die Familie, Arbeit, Freizeit usw. ein. Diese Meinungen werden zum Beispiel bedeutsam, wenn es darum geht, die aktuelle Lebenssituation zu betrachten[85]:

- Die persönliche **Definition**: „Was bedeutet für Sie …?" – Die persönlichen Definitionen beispielsweise von „Krankheit", „Gesundheit", „Familie", „Zufriedenheit" usw. können weit auseinandergehen.

- Die persönliche **Diagnose**: „Wie sehen Sie die aktuelle Situation?" – Abhängig von der persönlichen Definition wird die aktuelle Lebenssituation unterschiedlich wahrgenommen: Die eine Person hält sich für gesund, während eine andere unter vergleichbaren Lebensbedingungen sich als krank einstuft.
- Die persönliche **Erklärung**: „Wie ist aus Ihrer Sicht diese Situation zustande gekommen?" – Auch die Erklärungen für die Ursachen und Bedingungsfaktoren der aktuellen Situation können variieren: Wie ist es zur (un-)befriedigenden Lebenssituation gekommen?
- Die persönlichen **Ziele**: „In welcher Richtung streben Sie eine Veränderung an?" – Jeder Mensch hat konkrete, eigene Vorstellungen, wie es weitergehen kann.
- Die persönlichen **Strategien**: „Welche Schritte würden Sie als nächstes unternehmen?" – Es kann unterschiedliche Meinungen darüber geben, wie mit welchen Vorgehensweisen diese Ziele erreicht werden sollen, was also beispielsweise zu tun ist, um mehr Zufriedenheit, Gesundheit, Familienglück etc. zu realisieren.

Die nachstehenden Fragen laden ein, belastende Lebenssituationen anders wahrzunehmen und zu bewerten[86]:

Selbstreflexion

- Wie lassen sich die Eigenschaften und Verhaltensweisen (von Personen oder Faktoren einer Situation) anders bewerten?
- Welche positiven Eigenschaften (von Personen oder Situationen) können Sie wahrnehmen?
- Welche positiven Ziele oder Absichten können Sie hinter Handlungen oder Verhaltensweisen anderer beteiligter Personen erkennen?
- Inwieweit können Sie die aktuelle Situation als Ergebnis Ihrer (eigenen) Handlungen (nicht als Widerfahrnisse) wahrnehmen?
- Inwieweit können Sie Ihnen gegenüber geäußerte Kritik in Wünsche umdeuten?
- Inwieweit können Sie die aktuelle Situation in einen anderen Kontext einordnen?

Element „Handlungsmuster"

Jeder Mensch hat bestimmte immer wiederkehrende Verhaltensweisen oder Gewohnheiten. Sie sind oft nicht ausdrücklich geplant, sondern haben sich „irgendwie" eingebürgert und etabliert. Beispiele für solche Handlungsmuster sind:

Der Teufelskreis

nach Friedemann Schulz von Thun

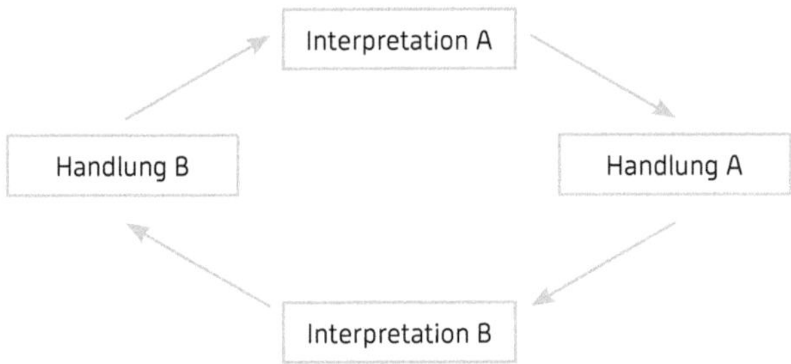

Das **„Mehr-desselben"-Prinzip**, das heißt: Wenn eine von uns beabsichtigte Handlung nicht zum gewünschten Erfolg führt, verstärken wir die (nicht erfolgreiche) Handlung in der Hoffnung, dass sie endlich zum Ziel führen möge.

Teufelskreise der Kommunikation, das heißt: Wir geraten mit anderen Menschen in die immer gleichen Kommunikationsschleifen.

Das **Dramadreieck**: In der Transaktionsanalyse unterscheidet man drei Handlungsmuster und Reaktionsweisen, die eine hohe Tendenz innehaben, das Leben anstrengend und Beziehung konfliktreich zu machen[87]:

- Der „Retter"/die „Retterin" weiß, was für andere gut ist, und versucht dementsprechend, sie zu missionieren, zu steuern oder zu betreuen.
- Der „Ankläger"/die „Anklägerin" greift andere an, sucht die Schuld für alles Mögliche bei ihnen und macht sie klein.

Drama-Dreieck

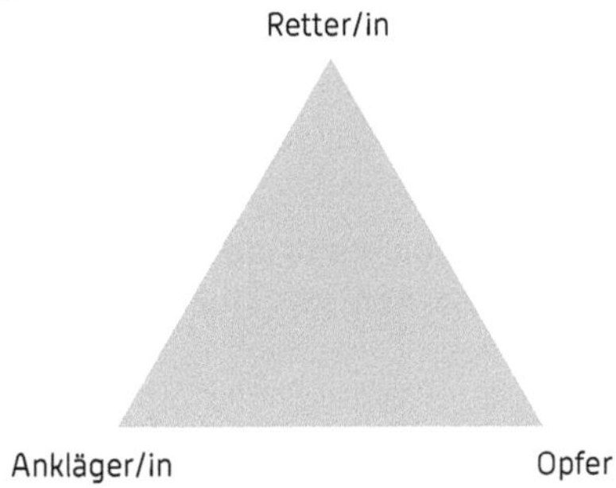

- Das „Opfer" ist zum einen Objekt der Rettung bzw. der Anklage. Es hat aber auch eine mächtige Position, weil es bei anderen Personen Mitleid erregen kann.

Egal mit welcher dieser Einstellungen Sie durchs Leben gehen, es besteht eine hohe Wahrscheinlichkeit, dass Sie in ein Drama-Dreieck geraten: Wir springen in unseren Beziehungen „munter" zwischen allen drei Rollen hin und her: Bevormunden, werden deswegen angeklagt, klagen zurück usw.

Selbstreflexion

- Wann neigen Sie dazu, andere Menschen zu bevormunden? Wann wissen Sie angeblich besser, was für andere gut ist? Wo nehmen Sie anderen durch Ihre Fürsorglichkeit die Luft zum Atmen?
- Wann greifen Sie andere Menschen an? Wen haben Sie „auf dem Kieker"? In welchen Konflikten stehen Sie mit wem öfter?
- Wann fühlen Sie sich von anderen Menschen be-handelt? Wo sind Sie Opfer der Kritik oder der Bevormundung und wie reagieren Sie darauf? Wann machen Sie sich klein, um etwas zu erreichen?

Handlungsroutinen und immer wiederkehrende Verhaltensweisen, unter denen wir heute vielleicht leiden, waren zu einem frühen Zeitpunkt höchstwahrscheinlich einmal sehr hilfreich. Unter den veränderten Lebensbedingungen sind sie vielleicht nicht mehr nützlich. Doch wie lassen sich solche – quasi zur zweiten Haut gewordenen – Handlungsmuster ablegen?[88]

- Zunächst ist es wichtig, sich die bestehenden Handlungsmuster, Gewohnheiten und Routinen bewusst zu machen.
- Dann macht es Sinn, einen distanzierten Blick auf diese Muster zu werfen: Wann haben sich diese Muster entwickelt? Welche Vorteile brachten diese Muster einst? Welche Vorteile bringen Ihnen diese Verhaltensweisen heute noch?
- Danach geht es darum, nicht mehr sinnvolle Muster abzuschwächen oder durch neue zu ersetzen.
- Schließlich ist ein Handlungsplan zu entwerfen.

Um neue Rituale und Alltagsgewohnheiten aufbauen zu können, ist es zunächst einmal wichtig, sich bewusst zu machen, was einem gut tut.

Methode 30 → siehe Seite 135

Gewohnheiten, auch Alltagsrituale genannt, finden sich u.a. zu den Wechselzeiten des Alltags[89]:

- Anfänge, z.B. Tagesbeginn, Arbeitsanfang, Seminarbeginn: Der Anfang strukturiert Prozesse und Entwicklungen und gibt Orientierung.
- Pausen, z.B. Mittagspause: Die Pause gehört im weiteren Sinne zur Arbeit dazu; in ihr vollendet sich die Arbeit. Der Prozess des Denkens wird angehalten, um wieder fortgesetzt zu werden. Pausen sind Zeichen der Souveränität.
- Übergänge, z.B. von einer abgeschlossenen Aufgabe zur nächsten, vom Arbeitsplatz zur Wohnung: Menschen brauchen „An- und Warmlaufzeiten".
- Warten, z.B. auf den Zug am Bahnhof, auf den Freund im Café
- Abschlüsse, z.B. Arbeitsende, Abend, Projektabschluss: Auch der Schluss strukturiert Prozesse und Entwicklungen und gibt Orientierung. Man nimmt Abschied und schließt etwas bewusst ab.

Zu diesen Wechselzeiten lässt sich die eine oder andere Stärkung als Alltagsritual einführen, z.B. ein Teeritual, wenn ich von der Arbeit nach Hause komme, die Suche nach dankenswerten Augenblicken des Tages am Abend vor dem Einschlafen.

Methode 31 → siehe Seite 136

Element „Regeln"

Gehirnforscher beschreiben als eine der Hauptfunktionen unseres Gehirns die Bildung von Regeln. Unser Gehirn abstrahiert aus Erfahrungen Handlungsanleitungen, die mal mehr, mal weniger lebensdienlich sind. Regeln sind Handlungsanweisungen, die beschreiben,

- was man tun darf.
- was man tun soll.
- was man nicht tun darf.

Hinter den Regeln stecken meistens Werte, deren Realisierung durch die Regeln abgesichert werden soll. Der Geltungsbereich der Werte ist zumeist weiter als der von Regeln. Regeln sind also hilfreich, bergen aber die Gefahr in sich, sich zu verselbstständigen, ein Eigenleben zu entwickeln und kontraproduktiv zu werden. Regeln lassen sich nicht direkt beobachten – es sei denn, sie sind in irgendwelchen persönlichen Leitlinien formuliert –; vielmehr lassen sich anhand der Verhaltensweisen der Person (oder einer Gruppe) und deren Handlungen bestehende oder fehlende Regeln erschließen. Folgende Fragen können helfen, die (fehlenden) Regeln einer Person herauszubekommen[90]:

- Was soll man (allgemein/in besonderen Situationen) tun?
- Was darf man (nicht) tun?
- Was muss man tun, um vorwärts zu kommen?
- Was muss man tun, um anzuecken?
- Was musste ich lernen, als ich in dieses System kam?
- Was geschieht immer wieder?
- Was geschieht nie?

Methode 32 → siehe Seite 137

Dynamik kommt in ein (Lebens-) System, wenn alte Regeln außer Kraft gesetzt, bestehende Regeln verändert oder neue Regeln eingeführt werden. Eine Abschaffung bzw. Veränderung von Regeln ist sinnvoll, wenn[91]:

- der Wert oder das Ziel hinter der Regel nicht (mehr) sinnvoll ist.
- die Regel nicht zur Zielerreichung oder Werterealisierung beiträgt.
- die Regel unerwünschte Nebenwirkungen nach sich zieht.

Bevor man sich an die Veränderung einer Regel macht, ist es sinnvoll und ganz im Sinne des systemischen Denkens, zu bedenken, wie es zur Entstehung dieser Regel kam und was eine Änderung derselben bedeuten könnte. Folgen wir dabei den Eckpunkten des System-Diamanten[92]:

- Welche Personen haben Interesse an der Beibehaltung beziehungsweise Abänderung der jeweiligen Regel?
- Welche Bedeutung hat diese Regel?
- Gibt es typische Verhaltensmuster im Zusammenhang mit dieser Regel?
- Welche Bedeutung hat die Systemumwelt für die Regel?
- Wie ist die bisherige Entwicklung der Regel?

Wie lassen sich Regeln verändern? Ein Dreischritt kann hier weiterhelfen[93]:

- Beurteilen der bisherigen Regel(n): Wird das angestrebte Ziel/der angestrebte Wert damit erreicht? Zu welchem Ergebnis führt diese Regel? Welche negativen Nebenwirkungen bringt diese Regel mit sich? Inwieweit ist die bestehende Regel überhaupt realisierbar?
- Sammlung von Alternativen
- Entscheidung für eine neue Regel und deren Inkraftsetzung

Die amerikanische Psychologin Virginia Satir empfiehlt für die Veränderung von Regeln folgende Schritte:

- Sprich die problematische Regel mit unterschiedlicher Betonung mehrmals aus!
- Sammle Alternativen zu dieser Regel! Sprich diese mit unterschiedlicher Betonung mehrmals aus! Achte dabei auf dein Gefühl!
- Wähle die Regel aus, bei der sich nach mehrmaligem Sprechen ein positives Gefühl einstellt!

Element „Umwelten"

Zu den Umwelten gehören zum einen die materiellen Verhältnisse, in denen wir leben. Zum anderen meint der Begriff auch die soziale Umwelt: die Menschen, mit denen wir zu tun haben, die uns unterstützen und ermutigen können (oder aber die uns blockieren und behindern können). – Es ist das Feld der Beziehungen. Der aus der Musik stammende Begriff „Resonanz" bedeutet, auf Beziehungen angewendet, „Anklang, Verständnis, Interesse, Wirkung" …[94]:

- Wie ist eine Beziehung „gestimmt"?
- Welche „Musik" wird gespielt?
- Welche Töne werden angeschlagen?
- Was schwingt in der Kommunikation mit?
- Welchen Anklang finden die Menschen?

Methode 33 → siehe Seite 137

Resonanzen in Beziehungen

nach Dorothe Liebig

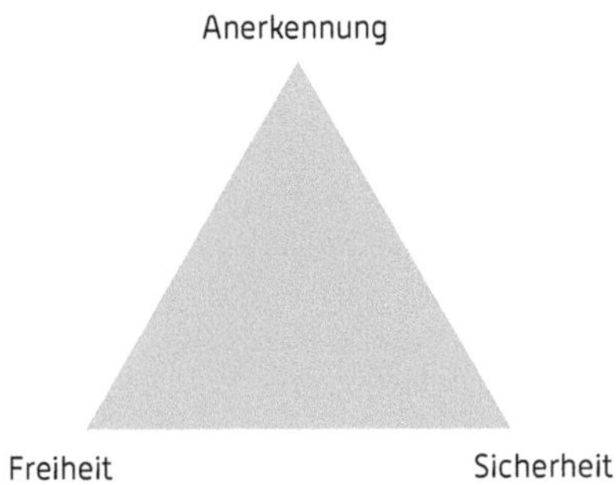

Um größere oder auch kleinere Veränderungsvorhaben realisieren zu können, benötigen wir oft die Unterstützung anderer. Zumindest kann deren Begleitung die Umsetzung unserer Ziele erleichtern. Die Netzwerk-Analyse macht solche potenziellen Unterstützer bewusst. In der Beratungsarbeit spricht man hier auch von „Stakeholdern"[95]: Stakeholder sind Menschen und Gruppen, die ein großes Interesse an Ihrem Leben und Wohlbefinden haben (wörtlich: „die Ihnen die Stange halten"). Sie haben einen Blick darauf, was eine Veränderung Ihrerseits für sie als Stakeholder bedeutet: Haben sie einen Nutzen von Ihrer Veränderung oder bedeutet Ihre Veränderung für den Stakeholder auch ein Risiko?

Methode 34, 35 → siehe Seite 138f.

Element „Entwicklung"

Das Element „Entwicklung" im System kann gut mit dem Bild vom Lebensfluss verdeutlicht werden: das Leben im Allgemeinen oder die Biografie im Besonderen ist wie ein Fluss oder Strom. In diesem Strom gibt es Inseln, die Halt und Stabilität gewährleisten, sogenannte „Sicherheitsinseln". Hier haben die Menschen festen Boden unter den Füßen. Die Inseln stellen feste Anhaltspunkte dar, an denen man sich orientieren kann im Strom andauernder Veränderungen.

Werden die Sicherheitsinseln zu groß (z. B. durch allzu viele Regeln, Gewohnheiten, Vorgaben etc.), dann kommt der Lebensfluss ins Stocken. Es besteht die Gefahr, dass das System austrocknet, nichts Nährendes mehr nachfließt und die Organi-

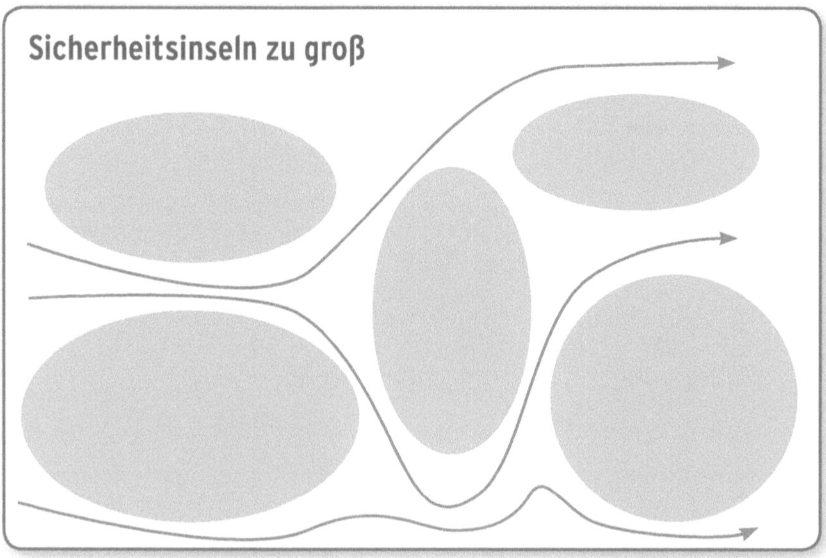

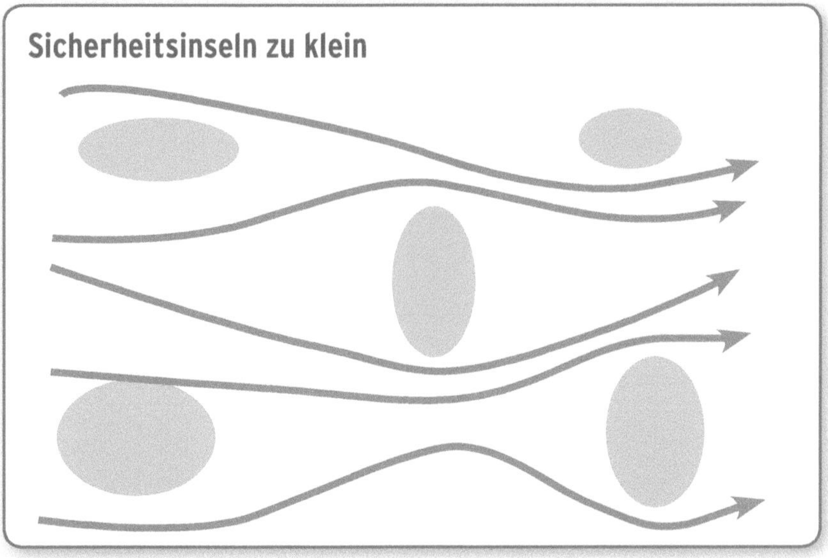

sation, Einrichtung, Gruppe oder auch der einzelne Mensch unfruchtbar wird. Es besteht die Gefahr einer „Versteppung", weil der Zustrom an Nährmitteln reduziert wurde. Man sitzt auf dem Trockenen.

Werden die Sicherheitsinseln zu klein, so kann der Fluss der Veränderung reißend werden – die Individuen drohen vom Fluss weggerissen zu werden. Es gibt kaum noch sichere Stellen. Die Menschen kommen ins Schwimmen oder Rudern, ihnen wird der Sicherheit gebende Boden unter den Füßen weggezogen, das Wasser steht ihnen bis zum Hals. Sie werden sich an jeden Strohhalm klammern, der ihnen Halt verspricht.

Potenzielle Sicherheitsinseln lassen sich mit Hilfe des System-Diamanten finden:

- Unsere **Stärken** und Erfolgserlebnisse kann uns keiner nehmen: Das Gefühl der Selbstwirksamkeit ist eine wichtige Erfahrung.
- Jede/r von uns besitzt **tragende Deutungen**: Ansichten, Lebensmaximen und Leitmottos, die ihn/sie tragen, stützen und ermutigen. Das mag der Satz sein „Du kannst nicht tiefer fallen als in Gottes Hand" oder die vermeintlich banale Feststellung „Und wenn Du denkst, es geht nicht mehr, kommt irgendwo ein Lichtlein her".
- **Gewohnheiten und Alltagsrituale** geben dem Leben Struktur und schenken die Erfahrung der Sicherheit (vgl. auch Kap. 3.2).
- **Regeln** und selbstgesetzte Vorgaben bieten oft Anhaltspunkte für eine Lebensführung in schnelllebigen Zeiten.

- Biografische **Schätze**, richtungsweisende **Ziele** und ein ruhiges, verlässliches **Tempo** schenken ebenso Erfahrungen der Sicherheit.

Biografische Sicherheitsinseln

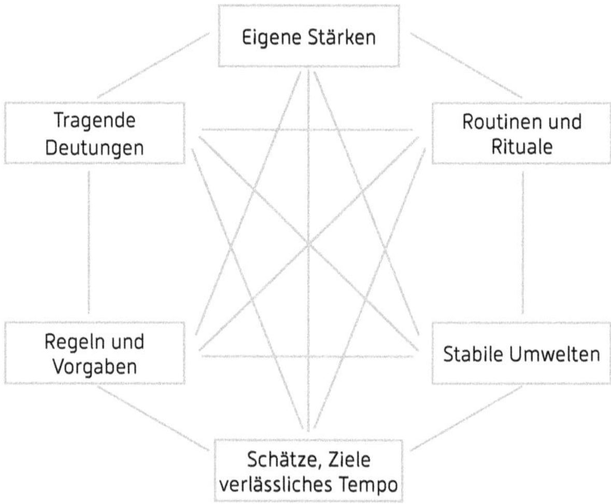

Zum Weiterlesen:

König, Eckard & Volmer, Gerda (2005). *Systemisch denken und handeln: Personale Systemtheorie in Erwachsenenbildung und Organisationsberatung.* Weinheim: Beltz.

König, Eckard & Volmer, Gerda (2009). *Handbuch Systemisches Coaching: Für Führungskräfte, Berater und Trainer.* Weinheim: Beltz.

Reichel, René & Rabenstein, Reinhold (2001). *Kreativ beraten: Methoden, Modelle, Strategien für Beratung, Coaching und Supervision.* Münster: Ökotopia.

3.4 Konstruktivismus

„Der Glaube, es gäbe nur eine Wirklichkeit,
ist die gefährlichste Selbsttäuschung." *Paul Watzlawick*

Ein Erlebnis – zwei Geschichten

Ein typischer Fall: Geschwister erzählen aus ihrem gemeinsamen Elternhaus. Doch die Erzählungen sind so unterschiedlich, dass man meinen könnte, die jeweiligen Schwestern oder Brüder seien in unterschiedlichen Familien oder Haushalten aufgewachsen. Dies liegt daran, dass wir uns eigene Bilder von unserer (biografischen) Wirklichkeit machen und diese dann für die objektive Wahrheit halten. Wir deuten das, was uns passiert, und konstruieren so unsere eigene Welt – deswegen heißt diese Erkenntnistheorie, die sich mit unseren Weltbildern beschäftigt, „Konstruktivismus".

Der Konstruktivismus geht davon aus, dass wir die Welt nur bedingt erkennen können. Wir machen uns Bilder von der Welt und bilden daraus Hypothesen über deren Beschaffenheit. Auf der Grundlage dieser Hypothesen handeln wir. Die Konstrukte oder Hypothesen verfestigen sich dann, wenn sie „viabel" sind. Das heißt, sie sind dann stabil, wenn sie sich für die Lebensbewältigung und -gestaltung als passend erweisen.

Das menschliche Erkenntnisvermögen ist also eingeschränkt. Die Welt, wie sie wirklich ist, ist für uns nicht vollständig erkennbar. Wir sehen sie immer durch eine Brille, die spezifische persönliche Brille. Insofern sprechen Konstruktivisten nicht von der „objektiven Wahrheit" – sie ist uns nicht zugänglich –, sondern von den „subjektiven Wirklichkeiten". Im oben genannten Beispiel: Die Geschwister sehen ihr Elternhaus durch ihre Brille, aus ihrer Sicht, ihrem Erleben, ihrer „Wahr"-nehmung.

Wahrnehmung, Wirklichkeit und Wahrheit

Der Begriff „Wirk-lichkeit" ist noch aus einer anderen Sicht zutreffend: Denn wie wir unsere Biografie sehen, deuten und bewerten, so denken, fühlen und handeln wir auch in der Gegenwart: Wer seine Kindheit als Zeit des Leidens erinnert, wird vor diesem „Bühnenhintergrund" sein aktuelles Leben wahrnehmen und inszenieren. Wer sich an eine glückliche Kindheit erinnert, inszeniert sein Leben vor einem anderen Szenenbild. Die Wirk-lichkeiten wirken.

Wir machen uns Bilder von der Welt. Und wir wissen bei den Bildern (biografischen Erzählungen) anderer oft nicht, „was dahintersteckt". Denn es bleibt uns verborgen, was „wirklich" geschehen ist, welche Ereignisse und Erfahrungen sich „dahinter verbergen". Wir müssen uns quasi mit deren Bild zufrieden geben. Das spiegelt auch die Wirklichkeit z. B. der Erwachsenenbildung wider: Jemand macht sich ein Bild

„von einer Sache" und teilt anderen dieses Bild mit. Diese aber machen sich dann ihr eigenes Bild und können danach auch noch anderes oder mehr sehen als der erste Betrachter. Und was dazukommt: Der Mensch ist so beschaffen, dass er gar nicht anders kann, als sich Bilder von der Welt zu machen.

Wichtig ist zu beachten: Der Konstruktivismus ist selbst „nur" ein Konstrukt, eine Theorie neben anderen. Er bereichert das Spektrum möglicher Weltsichten. Da, wo er behauptet, *das* Erklärungsmodell der Welt (-erkenntnis) zu sein, gerät er an die Grenze der Glaubwürdigkeit; ja er überschreitet sie damit. Und doch stellt er zugleich eine Metatheorie dar, weil er das Zustandekommen von Theorie – und auch von sich selbst – zum Thema hat.

Die oben genannten Geschwister haben sich jeweils ein Bild von ihrem Elternhaus gemacht. Diese Bilder stellen ihre spezifischen Wirklichkeiten dar. Was wahr ist, muss offen bleiben. Biografisches Erinnern „hantiert" mit subjektiven Wirklichkeiten und nicht mit Wahrheiten. So kann es verschiedene, zum Teil auch widersprüchliche Wirklichkeiten geben. Die Auffassung, es könne nur eine Wirklichkeit geben, kann als wahnhaft angesehen werden.

Wahrheit und Konstrukt in der Biografiearbeit

Der Erziehungswissenschaftler Horst Siebert beschreibt die besondere Bedeutung der Biografie für unsere Konstrukte und die Relevanz des Konstruktivismus für die Biografiearbeit:

„Die Konstruktion der Wirklichkeit ist biografisch verankert. Deshalb betont der Konstruktivismus … die Dimension Zeit: Vergangenheit, Gegenwart und Zukunft sind wechselseitig verschränkt, Vergangenheit und Zukunft sind ‚allgegenwärtig', und zwar in doppelter Hinsicht: Unsere Vergangenheit prägt unser gegenwärtiges Welt- und Lebensgefühl. Aber auch: Unsere gegenwärtige Situation interpretiert die Vergangenheit. So schreiben wir unsere Lebensgeschichte ständig neu. Gleiches gilt für unsere Zukünftigkeit: Lernen heißt, Zukunft zu antizipieren, Weichen für unsere Zukunft zu stellen. Aber auch: Zukunft ist das, was wir heute als wünschenswert, auch als bedrohlich erleben. Zukunft ist als ‚noch nicht gelebtes Leben' ständig ‚präsent'."[96]

Statt von „Wahrheit" ist es im Kontext der Biografiearbeit besser, zu reden von der:

- **Stimmigkeit der persönlichen Erinnerungen**: Inwieweit ist eine erzählte Lebensgeschichte in sich stimmig und widerspruchsfrei?
- **Plausibilität und der Lebensnähe des Erzählten**: Inwieweit reiben sich erzählte Geschichte mit den Beschreibungen der Geschichtsschreibung?
- **Passung unterschiedlicher Geschichten:** Inwieweit gibt es Widersprüche oder Übereinstimmungen zwischen den verschiedenen Lebensgeschichten einer Person? (Zum Beispiel wenn eine Person einmal erzählt, sie war während der Stu-

dentenunruhen 1968 in Frankfurt, und ein anderes Mal angibt, zu der Zeit in den USA gewesen zu sein.)

- **Angemessenheit zwischen Erzählinhalt und Erzähltonus**: Inwieweit passen die Inhalte einer Geschichte mit der Art und Weise des Erzählens zusammen? Wird z. B. Trauriges auch traurig erzählt?

Biografisches Erzählen bewegt sich an der Schnittstelle zwischen der „großen Wahrheit" der Geschichtsforschung und der „kleinen Wahrheit" individueller Wahrnehmung, Erfahrungen und Deutungen. Die „kleine Wahrheit", das entspricht den subjektiven Wirklichkeiten der einzelnen Menschen. Die „große Wahrheit", das sind die Beschreibungen und Analysen der Geschichtsschreibung. Auch letztere sind nie letztgültig, sondern wandeln sich mit dem jeweiligen Forschungsstand. Dass biografische Erzählungen jeweils aus der Gegenwart heraus getroffene Beschreibungen und Deutungen früherer Ereignisse sind, erlaubt uns, biografische Erfahrungen in einem anderen Licht zu sehen und damit eventuell für aktuelle und künftige Lebensaufgaben wieder handlungsfähig zu werden.

Biografie zwischen großer und kleiner Wahrheit

nach Richard M. Müller

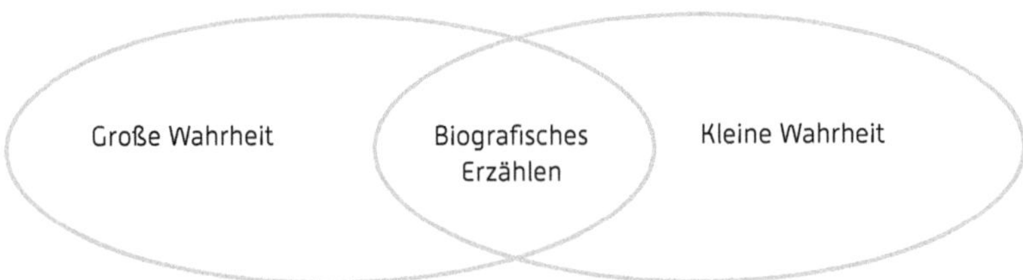

Methode 36 → siehe Seite 139

Zum Weiterlesen:

Arnold, Rolf (2007). *Ich lerne, also bin ich: eine systemisch-konstruktivistische Didaktik* (1. Aufl.).

Siebert, Horst (2006). *Lernmotivation und Bildungsbeteiligung*. Bielefeld: Bertelsmann.

Wenzel, Angela (1996). *Die Geheimnisse des René Margritte*. München: Prestel.

3.5 Positive Psychologie

„Die wichtigste Stunde in unserem Leben
ist immer der gegenwärtige Augenblick." *Leo Tolstoi*

Ausgangspunkt der Positiven Psychologie war eine Kritik an der bis dahin praktizierten Psychologie bzw. Psychotherapie:

- Sie arbeite vor allem vergangenheitsorientiert statt zukunftsorientiert. Sie orientiere sich zu sehr an vergangenen Ereignissen und Erfahrungen und blende Ziele und Träume zu sehr aus.
- Sie arbeite vor allem defizitorientiert, statt stärkenorientiert. Sie schaue zu sehr auf die Probleme und Schwächen der Menschen und nehme deren Kompetenzen und Potenziale zu wenig in den Blick.
- Sie arbeite vor allem ursachenorientiert statt lösungsorientiert. Sie frage zu sehr danach, warum etwas so ist (woher kommen meine Ängste?), und zu wenig nach Möglichkeiten, konstruktiv mit Herausforderungen umzugehen.
- Sie arbeite vor allem heilungsorientiert, statt präventionsorientiert. Sie komme sozusagen immer „hinterher", wenn schon eine Belastung oder Erkrankung eingetreten ist, und richte den Blick zu wenig auf Vorsorge und Vorbeugung.

Der amerikanische Psychologe Abraham Maslow initiierte 1954 die Strömung der „Positiven Psychologie", die dann Martin Seligman[97], ein weiterer amerikanischer Psychologe, wieder aufgriff und weiterentwickelte. Beide wollten sich nicht nur an den Defiziten und Mängeln orientieren, sondern vor allem die Bereiche des Menschen stärken, die das Wohlbefinden und den Lebensmut kräftigen.

Anfangs wurde die Strömung belächelt und als naiv und unrealistisch bezeichnet. Es gelang aber nach und nach zu beweisen, dass eine positive und optimistische Grundeinstellung eine konstruktive Möglichkeit ist, das Wohlbefinden und somit die Handlungsfähigkeit der Menschen zur stärken.

Positives wahrnehmen und entwickeln

Heute gewinnt die Positive Psychologie im deutschsprachigen Raum immer mehr an Gewicht. Besonders die Gesundheitspsychologie erkennt die Bedeutung der präventiven Aspekte und arbeitet mit vielfältigen Methoden daran, das „Gute" im Leben zu vermehren, die Stärken zu stärken und bessere Lebens- und Arbeitsbedingungen zu schaffen. Die Positive Psychologie verfolgt – laut Klaus W. Vopel[98] – vor allem drei Anliegen:

- Sie erkundet die **Auswirkungen positiver Gefühle** – diese lassen sich in Blick auf Vergangenheit, Gegenwart und Zukunft beschreiben (siehe Tabelle).

- Sie fragt nach der Unterstützung bei der **Wahrnehmung und Entwicklung** positiver Persönlichkeitsaspekte: Darunter versteht man persönliche Stärken und charakterliche Tugenden.
- Sie erforscht, wie **menschenfreundliche Institutionen** aussehen (könnten).

Positive Gefühle bzgl. ... [99]		
... der Vergangenheit	**... der Gegenwart**	**... der Zukunft**
• Zufriedenheit • Erfüllung • Stolz • Heiterkeit • Dankbarkeit • Versöhnt sein	• Freude • Lebendigkeit / Ekstase • Innere Ruhe • Staunen • Begeisterung • Vergnügen • Flow • Gelassenheit • Geborgenheit	• Optimismus • Hoffnung • Zuversicht • Vertrauen • Glauben • Vorfreude • Mut

Methode 37 → siehe Seite 140

Was das Vorgehen in der Positiven Psychologie betrifft, so werden zwei Arten von Techniken unterschieden[100]:

- Taktische Techniken wie z. B. das Zuhören des Therapeuten, sein Spiegeln emotionaler Aspekte u.ä.
- Sogenannte Tiefenstrategien: Methoden, die das Erleben von z. B. Hoffnung, Mut, Optimismus, Genussfähigkeit fördern. Eine wichtige „Methode" ist in diesem Kontext die Biografiearbeit.

„Flourish" – Aufblühen

Unter dem Stichwort „Flourish" fragt Martin Seligman[101], unter welchen Lebensbedingungen Menschen aufblühen, und er fasst seine Antworten in dem Kürzel **PERMA** zusammen:

- P steht für „positive Emotionen" (vgl. die „Freudenbiografie" bei Verena Kast).
- E steht für „Engagement".
- R steht für „Beziehungen" (im Englischen „relationships" – vgl. die Sozialbiografie in Kap. 1.2)

- M steht für „Sinn" (im Englischen „meaning").
- A steht für „Erfolg" und Zielerreichung (im Englischen „accomplishment").

Zusammenfassend heißt das, dass Menschen sich während ihres Lebensweges besonders gut entfalten können, wenn sie immer wieder positive Affekte wie Begeisterung, Optimismus oder Freude in ihrem Leben entwickeln können, sich für jemanden oder eine Sache engagieren und darin persönliche Erfüllung und Sinn entdecken, im Zusammensein mit anderen Menschen ein Gefühl der Verbundenheit entwickeln bzw. sehen, dass sie mit ihrem Tun bei sich und anderen etwas Positives bewirken können.

Positive Psychologie soll nicht im Gegensatz zu den großen Psychologierichtungen stehen, sondern ergänzend wirken. Abschließend nochmals die wichtigsten Grundpfeiler:

- **Positive Erfahrungen** machen und auf dieser Basis in Zukunft flexibler und kreativer handeln können – so können persönliche Ressourcen aufgebaut und Probleme zufriedenstellender gelöst werden.
- **Glückliche, freudvolle Momente und Momente des Genusses** suchen, finden und verinnerlichen.
- **Positive Eigenschaften** bei sich und anderen erkennen und wertschätzen.
- **Wohltuende Beziehungen** aufbauen und pflegen.
- Gemeinsam an der Verwirklichung von **erfüllender Gemeinschaft und Gesellschaft** arbeiten. Eigene Beiträge leisten.
- **Das Gelungene wertschätzen** und dafür mehr Zufriedenheit, Gesundheit und Wohlbefinden erlangen.
- **Ein gesundes und lebenswertes Leben** für möglichst viele Menschen zum Ziel haben und an der Umsetzung arbeiten.

Zum Weiterlesen:

Engelmann, Bea (2012). *Therapie-Tools – Positive Psychologie – Achtsamkeit, Glück, Mut.* Beltz Verlag: Basel.

Vopel, Klaus W. (2013). *Praxis der Positiven Psychologie – Übungen, Experimente, Rituale.* Iskopress: Salzhausen.

Seligman, Martin (2015). *Wie wir aufblühen: Die fünf Säulen des persönlichen Wohlbefindens.* München: Goldmann.

Wertebild

Methode 26

Diese Methode ist sowohl für Einzelne, aber auch für die ganze Familie gedacht. Ein guter Zeitpunkt dafür ist z. B. der Silvesterabend.

Nehmen Sie ein Blatt Papier (mindestens DIN A4, besser DIN A3) und legen Sie es im Querformat vor sich hin. Teilen Sie nun das Bild durch einen Querstrich in der Mitte in zwei Hälften (oben und unten) und durch zwei Längsstriche in insgesamt 6 gleich große Felder.

Nehmen Sie nun Buntstifte zur Hand und malen Sie in der oberen Reihe drei Erlebnisse des vergangenen Jahres (bzw. wenn Sie es nicht zu Silvester machen, Erlebnisse Ihres gesamten Lebens), die Ihnen gut getan oder sehr gefallen haben. In der unteren Reihe überlegen Sie sich, was Sie im kommenden Jahr bzw. in der Zukunft vorhaben, und zeichnen dies auf und/oder beschreiben es in kurzen Worten. Anschließend überlegen Sie bei jedem Bild, welcher ganz persönliche Wert denn dahinterstehen könnte. Vielleicht ist Ihnen Freiheit sehr wichtig, beruflicher Erfolg oder der Wert Familie.

Wenn Sie dieses Wertebild mit Kindern gestalten, werden hier vielleicht für das kommende Jahr Tiere für den geplanten Zoobesuch aufgezeichnet. Hängen Sie dieses Bild danach für alle gut sichtbar auf und vergessen Sie nicht, dieses gemeinsame Ziel dann auch anzusteuern und bald in die Tat umzusetzen.

Vogelperspektive

Methode 27

Stellen Sie sich vor, Sie sind ein Vogel und schauen auf die Erde hinunter. Sie sehen hier einen jungen Mann bzw. eine junge Frau im Alter von ca. 19/20 Jahren. Diese junge Frau bzw. der junge Mann sind Sie in jungen Jahren. Was sehen Sie aus der Perspektive des Vogels? Beschreiben Sie, was Sie sehen und sprechen oder schreiben Sie dazu die Antworten in der 3. Person. „Die junge Frau/der junge Mann trägt ihre/seine Haare …"

Betrachten Sie nun all die anderen Dinge rundum, die zu beachten sind:

- Kleidung
- Frisur/Haarfarbe
- Haus/Wohnung
- Ort/Umfeld
- Welche Rolle spielt Mut in ihrem/seinem Leben?
- Hat Mut in der Familie Platz? Im Freundeskreis? Im Alltag?
- Mit wem ist sie/er mutig?
- Worüber lacht sie/er?
- Was macht ihr/ihm Spaß?
- Kennt sie/er spielerische Leichtigkeit in ihrem/seinem Leben?

In einem zweiten Schritt überlegen Sie, wenn Sie die Frau, den Mann anschauen, die/der Sie heute sind:

- Was ist davon noch anwesend/spürbar?
- Wo merke ich, ich würde gern wieder anknüpfen, was ich vielleicht ein Stück weit verloren habe?
- Mit wem kann ich jetzt mutig sein?
- Mit wem habe ich Spaß?
- Wann und wo fühle ich spielerische Leichtigkeit?

Lust-Analyse

Methode 28

Unsere Lust geht weit über den Bereich des Sexuellen hinaus. Sie kommt im Miteinander mit anderen ebenso zum Tragen wie im Kulturellen. Wilhelm Schmid[102] zählt folgende Lüste auf:

Lüste

nach Wilhelm Schmid

Lust des Sehens	Lust des Hörens	Lust des Riechens	Lust des Tastens
Lust der Fantasie	Lust des Träumens	Lust des Denkens	Lust des Schmeckens
Lust der Erinnerung	...	...	Lust des Lachens
Lust der Lektüre	...	...	Lust des bloßen Seins
Lust des Gesprächs	...	...	Lust des nomad. Seins

Ergänzen Sie diese Übersicht um nicht genannte Lüste, die Sie betreffen. Welche Lüste können Sie welchen Lebensphasen zuordnen? Welche Lüste haben Sie schon lange nicht mehr gepflegt?

Mein Menschenbild

Methode 29

Mit Hilfe der nachstehenden Aspekte und der Antworten, die die amerikanische Psychologin Virginia Satir[103] darauf gegeben hat, können Sie sich Ihres eigenen Menschenbildes bewusst werden:

Aspekt	Menschenbild *nach Virginia Satir*	Mein Menschenbild
Qualität	Menschen sind im Grunde ihres Wesens gut.	
Entwicklung	Ziel der menschlichen Entwicklung ist ein verantwortungsbewusstes Wesen.	
Beziehungen	Gesunde zwischen-menschliche Beziehungen gründen auf Gleichwertigkeit.	
Ziel des Umgangs	Der Mensch soll eigenständige Entscheidungen treffen können.	

30 Dinge

Methode 30

Notieren Sie in die nachstehende Tabelle 30 Dinge oder Personen, Tätigkeiten oder Orte, die Ihnen gut tun!

1 ....
2 ....
3 ....
4 ....
5 ....
6 ....
7 ....
8 ....
9 ....
10 ....
11 ....
12 ....
13 ....
14 ....
15 ....
16 ....
17 ....
18 ....
19 ....
20 ....
21 ....
22 ....
23 ....
24 ....
25 ....
26 ....
27 ....
28 ....
29 ....
30 ....

Rhythmen und Rituale

Methode 31

Alltagsrituale lassen sich einführen:

- Überlegen Sie, an welcher „Stelle", in welcher (Übergangs-) Situation Sie ein Ritual etablieren wollen!
- Legen Sie fest, welche Tätigkeit Ihnen hier gut tun würde! Was würde Ihnen die Bewältigung dieser Situation erleichtern und wieder Kräfte zuführen?
- Wiederholen Sie ab jetzt konsequent das hilfreiche Verhalten in der ausgewählten Situation! Lassen Sie sich nicht von anderen oder von sich selbst davon abbringen!
- Schützen Sie Ihr Ritual, indem Sie Ihrem Umfeld mitteilen, was Sie vorhaben! Grenzen Sie sich ab, wenn andere Ihr Ritual gefährden oder stören!
- Belohnen Sie sich dafür, wenn es Ihnen gelungen ist, ein neues Ritual einzuführen!

	Anfänge	Pausen	Übergänge	Warten	Schluss
Beispiele	• Mahlzeiten, Feiern • Morgenlob • Ordnen des Schreibtisches	• Mittagspause • Arbeitspause	• Von der Arbeit nach Hause	• Bushaltestelle • Wartezimmer eines Arztes	• Mahlzeiten, Feiern • Abendreflexion • Aufräumen der Arbeitsstelle
Wie gestalte ich derzeit diese Situationen?					
Wie könnte ich diese Situationen anders gestalten?					

Lebens-Regeln

Methode 32

Die eigenen Lebensregeln kann man beispielsweise dadurch gut erkennen, wenn man sich überlegt, welche Empfehlungen man seinen Kindern, Enkeln oder Patenkindern weitergeben würde (z. B. „Wenn du in Schwierigkeiten steckst, hol dir Unterstützung: Du musst nichts allein lösen!").

Notieren Sie zehn solcher Lebensregeln, die Sie weitergeben würden! Und erinnern Sie sich an die konkreten Lebenssituationen, denen Sie diese Leitsätze verdanken!

Resonanzerfahrungen

Methode 33

In welchen Beziehungen finden Sie schwerpunktmäßig welche Resonanz? Ordnen Sie einzelnen Personen einen Ort in dem Dreieck zu!

- Welche Resonanz brauchen Sie derzeit am meisten?
- Welche Resonanz stellt Ihre „starke Seite" dar?
- Wie würden das Ihre Familie, Freunde, Kollegen, etc. sehen?

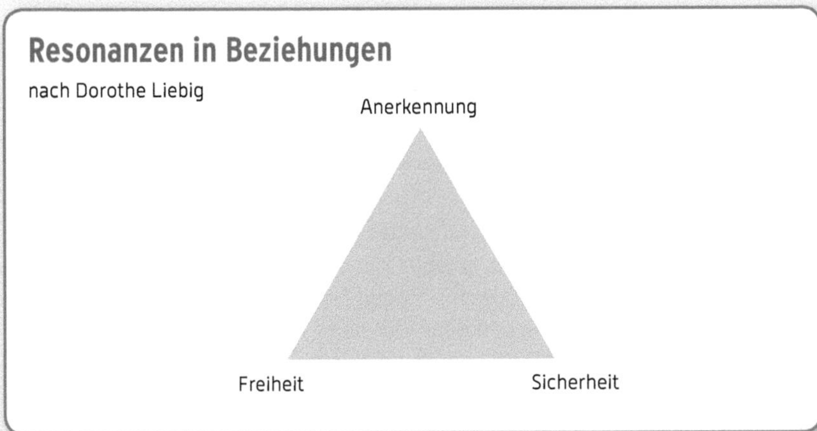

Netzwerk-Analyse

Methode 34

Beziehungs-Zielscheibe

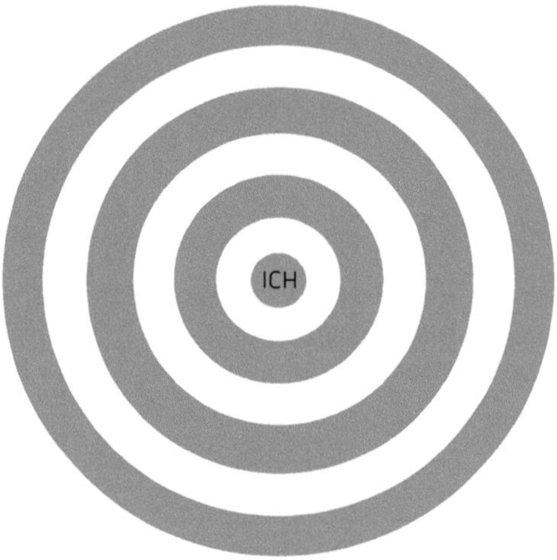

Um größere oder auch kleinere Veränderungsvorhaben realisieren zu können, benötigen wir oft die Unterstützung anderer. Beantworten Sie für sich folgende Fragen:

- Welches Anliegen möchte ich mit Hilfe eines Netzwerkes umsetzen?
- Welche Menschen, die ich kenne, fallen mir im Zusammenhang mit meinem Anliegen ein? Und welche Institutionen? (Tragen Sie diese in die obenstehende Zielscheibe ein – je nachdem, wie nah oder fern diese Ihnen sind.)
- Was können die einzelnen Menschen bzw. Einrichtungen für mich und mein Anliegen tun?
- Was ist dazu erforderlich?
- Wo und wie kann ich weitere Netzwerkpartner/-innen (Personen, Verbände, Einrichtungen) finden?
- Was habe ich anderen zu geben, was macht mich als Netzwerkpartner/-in wertvoll (Kompetenzen, Wissen, Hobbys, eigene Kontakte)?
- Wie kann ich das andere wissen lassen?

Stakeholder-Analyse

Methode 35

Schauen Sie sich eines Ihrer Veränderungsvorhaben unter der Stakeholder-Perspektive genauer an:

- Wer in Ihrer Familie kann Sie unterstützen?
- Wo finden Sie Förderer in Ihrem Freundes- und Kollegenkreis?
- Gibt es noch andere Menschen, die Gleiches oder Ähnliches vorhaben?
- Wer hat sonst noch einen Personenkreis, dem Ihr Vorhaben nützt?
- Gibt es gesellschaftliche oder rechtliche Rahmenbedingungen, die Ihre Absicht stützen können?

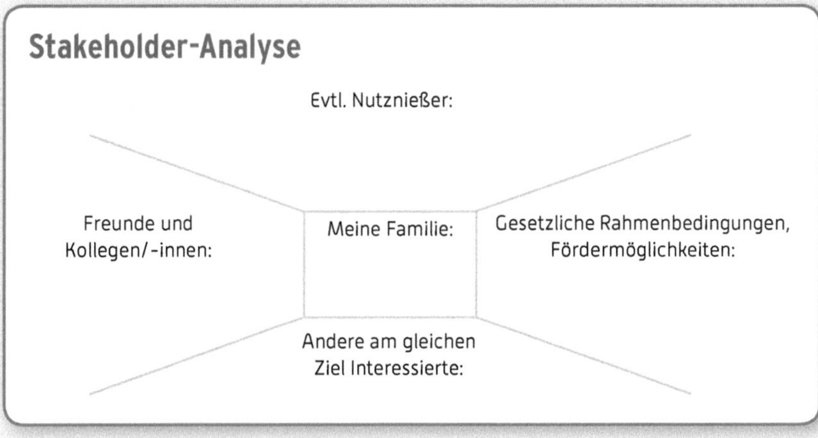

Sieh's doch mal anders

Methode 36

Suchen Sie sich eine bestimmte Lebensphase Ihrer Kindheit oder Jugend aus (z. B. die Grundschulzeit)! Beschreiben Sie nun diese Zeit auf zwei, drei Seiten in der Art unterschiedlicher Literaturgattungen:

- Zuerst als Tragödie, z. B. „Ich hatte, als ich an der Grundschule war, eine schwere Kindheit …"
- Dann als Komödie, z. B. „In meiner Grundschulzeit sind viele lustige Sachen passiert …"
- Danach als Bericht – also ganz sachlich und datenorientiert
- Darauf als Märchen, z. B. „Es war einmal ein junger Prinz/eine junge Prinzessin …"
- Und schließlich als Heldenepos – und der Held/die Heldin in dieser Geschichte sind Sie: „In meiner Grundschulzeit habe ich viele Herausforderungen erfolgreich bewältigt und mich tapfer geschlagen …"

Gefühlskarten

Methode 37

Gefühlskarte **Worauf bin ich stolz?** – und erzähle eine Geschichte dazu!	Gefühlskarte **Was schenkt mir innere Ruhe?** – und erzähle eine Geschichte dazu!	Gefühlskarte **Worauf bin ich neugierig?** – und erzähle eine Geschichte dazu!	Gefühlskarte **Was lässt mich hoffen?** – und erzähle eine Geschichte dazu!
Gefühlskarte **Was begeistert mich?** – und erzähle eine Geschichte dazu!	Gefühlskarte **Was verschafft mir Sicherheit?** – und erzähle eine Geschichte dazu!	Gefühlskarte **Wer vertraut mir und wem vertraue ich?** – und erzähle eine Geschichte dazu!	Gefühlskarte **Wo erlebe ich Lust und Befriedigung?** – und erzähle eine Geschichte dazu!
Gefühlskarte **Was gibt mir Mut?** – und erzähle eine Geschichte dazu!	Gefühlskarte **Wo fühl(t)e ich mich akzeptiert und angenommen?** – und erzähle eine Geschichte dazu!	Gefühlskarte **Was stimmt mich optimistisch?** – und erzähle eine Geschichte dazu!	Gefühlskarte **Wann fühl(t)e ich mich stark?** – und erzähle eine Geschichte dazu!
Gefühlskarte **Was schenkt mir Freude?** – und erzähle eine Geschichte dazu!	Gefühlskarte **Wonach sehne ich mich?** – und erzähle eine Geschichte dazu!	Gefühlskarte **Wofür bin ich dankbar?** – und erzähle eine Geschichte dazu!	Gefühlskarte **Wo oder wann erlebe ich Lebendigkeit oder Leichtigkeit?** – und erzähle eine Geschichte dazu!
Gefühlskarte **Was erfüllt mich?** – und erzähle eine Geschichte dazu!	Gefühlskarte **Wo fühle ich mich beheimatet?** – und erzähle eine Geschichte dazu!	Gefühlskarte **Wo oder wann habe ich Versöhnung erlebt?** – und erzähle eine Geschichte dazu!	Gefühlskarte **Was schenkt mir Trost?** – und erzähle eine Geschichte dazu!
Gefühlskarte **Wer oder was lässt mich aufblühen?** – und erzähle eine Geschichte dazu!	Gefühlskarte **Wann verspüre ich ein Gefühl der Freiheit?** – und erzähle eine Geschichte dazu!	Gefühlskarte	Gefühlskarte

KAPITEL 4 Leben teilen – Grundlagen der biografischen Kommunikation

„Das größte Geschenk, das ich von jemandem empfangen kann, ist gesehen, gehört, verstanden und berührt zu werden. Das größte Geschenk, das ich geben kann, ist den Anderen zu sehen, zu hören, zu verstehen und zu berühren. Wenn dies geschieht, entsteht Kontakt." *Virginia Satir*

Kommunikation ist die Verständigung unter Menschen mittels Sprache oder Zeichen. Ein Sender übermittelt ein Anliegen an einen Empfänger. Kommunikation ist eines der schwierigsten und konfliktanfälligsten Themen im menschlichen Zusammenleben. So kennt jeder jene Missverständnisse, die auf mangelnde Verständigung oder unterschiedliche Kommunikationsarten zurückzuführen sind und oft schwere Folgen nach sich ziehen. In der Biografiearbeit hat Kommunikation ebenfalls einen sehr hohen Stellenwert:

- Erzählen und Zuhören sind die Grundform biografischer Kommunikation (**Kapitel 4.1**).
- Die Moderation von Seminaren und Gruppen bei biografischen Themen kann eine besondere Herausforderung darstellen (**Kapitel 4.2**).
- Bei all dem ist es wichtig, einige grundlegende Sachverhalte über das menschliche Gehirn, die Speicher des Gedächtnisses und die Bedeutung der Gefühle beim Erinnern zu wissen (**Kapitel 4.3**).

Ziele

- Sie kennen grundlegende Bedingungsfaktoren gelungener und stärkender Kommunikation.
- Sie sind sich der „sensiblen Stellen" der biografischen Kommunikation bewusst und in der Lage, damit umzugehen.
- Sie verfügen über Methoden, Teilnehmer/-innen und Klienten/-innen ins biografische Gespräch zu bekommen.

Nutzen

Sie stärken Ihre Sicherheit und Souveränität als Gesprächspartner/-in und Moderator/-in.

4.1 Zuhören und Erzählen

„Das Ereignis ist nicht das, was passiert.
Das Ereignis ist das, was erzählt werden kann.“ *Henry James*

Kommunikation ist ein Erzählen und Zuhören und verbindet die Menschen. Sie schafft aus einem Ich und Du ein Wir. Eine zentrale Methode im biografischen Arbeiten ist das „biografische Gespräch“. Hier werden einzelne Menschen oder Menschengruppen zum Erzählen von Geschichten aus dem eigenen Leben angeregt. Wie immer bei einem Gespräch braucht es einen, der spricht bzw. erzählt und ein Gegenüber, welches zuhört.

4.1.1 Das Zuhören

Hören ist die erste kommunikative Fähigkeit, die wir im Mutterleib entwickeln. Auch ein sterbender Mensch, der sich selbst nicht mehr artikulieren kann, hört meistens noch sehr wohl, was um ihn herum vorgeht: Musik, Singen, liebevolles Erzählen kann eine große Nähe in der zu Ende gehenden Lebenszeit schaffen.

Nicht nur das Erzählen will gelernt sein. Der Erzähler/die Erzählerin muss auch eine bestimmte Einstellung bei den Zuhörenden spüren können, damit er/sie zum Erzählen motiviert ist. Eine wichtige Voraussetzung für das Zuhören ist zunächst einmal die Offenheit der Zuhörenden: Abwehrreaktionen gegen das, was uns mitgeteilt wird, verhindern die Verständigung.

Die notwendige Haltung und das angemessene Verhalten werden als „aktives Zuhören“ bezeichnet. Aktives Zuhören ist mehr als nur Hinhören. Während ich beim Hören weniger mit meinem Gegenüber, sondern mehr mit mir selbst beschäftigt bin, nehme ich beim Hinhören zumindest wahr, was der/die andere sagt. Emotional bin ich aber auch beim Hinhören eher unbeteiligt. Ziel des aktiven Zuhörens ist es, sich in den/die andere/n hineinzuversetzen, seine/ihre Position einzunehmen und zu erkennen, wie es ihm/ihr in der Situation ergangen ist. Die diesem Verhalten zugrundeliegende Einstellung kann als „einfühlendes Verstehenwollen“ beschrieben werden. Das heißt nicht, dass ich alles akzeptiere, was der/die Erzählende sagt. Aber ich versuche eine Zeit lang, mich in seine/ihre Position einzufühlen. Das aktive Zuhören vollzieht sich in drei Stufen:

- Als erstes geht es darum, eine Erzähler-Zuhörer-Beziehung herzustellen und dem Gegenüber das Gefühl zu geben: „Ich werde wahrgenommen.“ Diese Beziehung ist vor eventuellen Störungen zu schützen.

- Im zweiten Schritt wird dem/der Erzählenden rückgemeldet, dass er/sie inhaltlich verstanden wird. Deswegen fasst man als Zuhörer kurz die gehörten Aussagen zusammen, um eine Rückmeldung zu bekommen, ob man richtig verstanden hat.
- Schließlich geht es darum, die Gefühle des/der Erzählenden, so sie bei mir angekommen sind, zurückzuspiegeln.

Letzteres stellt sicherlich schon die hohe Kunst des Zuhörens dar. Denn gerade beim Spiegeln der Gefühle bedarf es einer hohen Achtsamkeit bezüglich der Grenzen des/der Erzählenden. Aktives Zuhören ist also primär eine Haltung, die ich Erzählenden entgegenbringe. Diese Haltung zeigt sich im Einsatz von Techniken, die letztlich eine Einladung zum Weitererzählen beinhalten. Zu diesen Techniken gehören u.a.:

- das **Paraphrasieren:** Hier wird das Erzählte in eigenen Worten wiederholt.
- das **Verbalisieren**: Die Emotionen, die in Erzählungen geschildert oder spürbar werden, werden in Worte gefasst.
- das **Nachfragen**: Fehlende Informationen und „Tilgungen" werden erfragt.
- die **Zusammenfassung** des Gehörten in eigenen Worten;
- das **Klären** von uneindeutigen, noch nicht nachvollziehbaren Situationen;
- das **Weiterführen**: Ein Impuls zur Fortführung der Geschichte wird gegeben.
- das **Abwägen**: z. B. „War die Situation A für Sie besser als die Situation B?".

4.1.2 Das Erzählen

Das Erzählen und Hören von Geschichten ist uns Menschen besonders wichtig. In den letzten Jahren wurde der Begriff „Storytelling" publik und auch mit diesem Begriff ist das Erzählen von Geschichten gemeint. Der Mensch ist von Natur aus ein „homo narrans", ein erzählender Mensch, und er teilt im Erzählen etwas und vor allem auch etwas von sich selbst mit. Er betrachtet und bewältigt Geschehenes, nimmt Kontakt zu anderen auf und tritt mit diesen in eine Beziehung, ja in eine Gemeinschaft.

Grundsätzlich kann jeder Mensch erzählen, vorausgesetzt, er traut es sich selbst genug zu und das Vertrauen gegenüber dem Zuhörer oder einer Gruppe von Zuhörern (Gruppen) ist vorhanden. Es kommt also darauf an, wie die Umgebung, in der erzählt werden soll, gestaltet ist und ob die Atmosphäre zum Erzählen einlädt oder anregt. In diesem Zusammenhang wird auch der Begriff „Erzählkultur" verwendet, die langsam eingeführt, entwickelt und etabliert werden sollte, um Menschen in Gruppen, z. B. in der Bildungsarbeit oder in Altenheimen, aber auch im Familienkontext zum Erzählen anzuregen. Es ist wichtig zu wissen, welche Erzählhemmungen auftreten könnten und wie diese abgebaut werden können.

Das Erzählen als bewusst eingesetzte Methode findet sich in verschiedenen Ansätzen der Pädagogik und der Psychologie, so z. B.[104]

- in der biografischen Gesprächsführung
- in der narrativen Psychologie
- in der narrativen Therapie und der narrativen Beratung
- in der narrativen Pädagogik
- im Führungsansatz des Storytelling.

Das Erzählen aus und über Biografien gehört zu unserem kommunikativen Alltag, z. B. in Familien. Je nachdem, ob sich die biografische Kommunikation spontan ereignet oder „von außen" angestoßen wird, ob sie eher im Alltag auftaucht oder in pädagogischen Settings, lassen sich unterschiedliche Situationen aufzählen[105]:

	alltäglich	außeralltäglich	formal-pädagogisch
spontan	• Fußgängerzone • Treppenhaus • Wochenmarkt • Bushaltestelle • Zigarettenpause • Kaffeemaschine	• Kneipe • Zugabteil • Wartezimmer • Urlaubsort • Krankenhaus	• Nebengespräch • Kaffeepause • „Co-Referat" • Wortmeldung der Teilnehmer
angestoßen	• Gartenzaun • Telefon • Teamsitzungspause • Lehrerzimmer	• Spaziergang • Bewerbungsgespräch • Besuch bei den (Schwieger-) Eltern • Treffen mit alter Freundin oder altem Freund	• Biografische Beispielgeschichte • Methoden der Biografiearbeit

Methode 38 → siehe Seite 167

Erzählungen – auch biografische – folgen einem bestimmten Aufbauschema:

Nicht jedes Thema lässt sich erzählen: Manches geht einem leicht von der Zunge, anderes erweist sich als problematisch, wieder anderes ist schließlich ganz tabu. Folgende Unterscheidungen lassen sich treffen[106]:

	tabuisiert	problematisch	sagbar	erzählbar	sagbar	selbstverständlich
Erzählthemen	Tod Persönliche Sexualität	Familienkonflikt Schwere Krankheit	Scheidung Unfall Krankheit	Kontakte Urlaub Umzug Begegnung	Beruf Freizeit Wohnen	Tagesablauf Alltagsroutinen

Biografisches Erzählen ermöglicht eine Neuordnung von Erfahrungen, das Erkennen von Ressourcen und die (Re-) Konstruktion von Wirklichkeit.[107] Wir erzählen immer (einem/r) anderen etwas; auch beim Aufschreiben erzählen wir einem imaginärem Publikum – und das hat Wirkung: Wir sehen uns und das Erlebte aus einem anderen Blickwinkel und können dadurch Erleichterung und Befreiung erfahren.

Erzählhemmungen behindern das Erzählen. Sie reduzieren die Bereitschaft der Menschen, vor anderen etwas von sich und über sich preiszugeben. Erzählhemmungen werden dadurch gefördert, dass[108]

- persönliche Lebenserfahrungen wenig geschätzt werden;
- Ängste bestehen, dass das Erzählte bzw. der/die Erzähler/in von den anderen negativ bewertet werden könnte;
- Normen und Regeln die Möglichkeiten des Erzählens stark einschränken;
- Misstrauen in der Gruppe herrscht;
- von den Erzählenden erwartet wird, dass die Geschichte schön, wertvoll, aussagekräftig o.Ä. ist (d. h. die Qualität des Erzählten im Vordergrund steht);
- es Kriterien für ein „richtiges Erzählen" gibt.

Im Umkehrschluss lassen sich daraus die Voraussetzungen formulieren, die das Erzählen erleichtern und die Hemmungen abbauen[109]:

- Hilfreich ist es, wenn persönliche Lebenserfahrungen in der Gruppe eine grundsätzliche Wertschätzung erfahren.
- Das Ausschließen von Bewertung fördert das Erzählen, weil so weniger Ängste zum Tragen kommen.
- Dies wird auch dadurch unterstützt, dass es einen weitgehenden Verzicht auf Reglementierung gibt.
- Vertrauen in der Gruppe und Selbstvertrauen der Erzählenden erhöhen die Wahrscheinlichkeit lebensgeschichtlichen Erzählens.
- Der Prozess des Erzählens wird als wichtiger erachtet als das qualitätsvolle „Produkt" (= Geschichte).
- Und schließlich ist es förderlich, wenn allen bewusst ist: Es gibt viele Möglichkeiten und Wege des Erzählens.

Mit verschiedenen Settings lässt sich das biografische Erzählen erleichtern:

- So fällt es den Menschen beim Gehen oder bei anderer **körperlicher Betätigung** leichter, aus ihrem Leben zu erzählen. Dies können auch handwerkliche Tätigkeiten sein: Basteln, gemeinsames Kochen, Gartenarbeit, …
- **Requisiten**, wie z. B. ein Schal, der der erzählenden Person um die Schulter gelegt wird, oder ein Redestab, der aus der Mitte genommen wird und so lange beim Erzählenden bleibt, bis er mit seiner Erzählung fertig ist und ihn wieder in die Mitte legt, machen zum einen deutlich, wer mit dem Erzählen „dran ist". Zum anderen haben sie zuweilen eine ermutigende Wirkung auf die Erzählenden.
- **Konkrete Gegenstände** bilden oft einen hilfreichen Einstieg ins Erzählen. Sie sind „Lesezeichen für eine Erinnerung"[110]. Auf Flohmärkten lassen sich alte Küchenutensilien und Werkzeuge, Kleidungsstücke und Einrichtungsgegenstände

finden. Aber auch für die Biografiearbeit geeignete Bild- und Fotokarten eignen sich dazu, das Erzählen zu erleichtern, und sind somit sogenannte „Lippenöffner". Außerdem haben die Erzählenden damit etwas in der Hand, an dem sie sich „festhalten" können, was das Reden z. B. in einer neuen Runde sehr erleichtert.
- Sucht man **konkrete Orte** auf, so bieten diese vielfach „Hinweisreize", die zum Erzählen einladen: Bahnhöfe, Schulen, Spielplätze usw.

Konkrete Anknüpfungspunkte für Biografisches Erzählen sind[111]:

- Fragen
- Zeugnisse, Briefe, Bücher
- Zeitungsartikel
- Schallplatten, Hörbilder, Hörbücher, Toncollagen, CDs
- Ausstellungen, Gedenkstätten, biografischer Spaziergang
- (Private) Fotografien
- (Auto-) Biografische Literatur
- (Zeithistorische) Spielfilme
- Experten/-innen oder Zeitzeugen/-innen
- Szenische Darstellungen

Manche Menschen stellen auch vor einem Geburtstagsfest Fotos und/oder Geschichten aus dem eigenen Leben für ihre Gäste zusammen, erzählen hiermit aus ihrem Leben und lassen es ein Stück weit gemeinsam Revue passieren. Hier ergeben sich auch unter den Gästen viele Gesprächsmöglichkeiten und Anknüpfungspunkte und sorgen für eine gelingende Feier.

Die Bedeutsamkeit des (biografischen) Erzählens wird mittlerweile in vielen Bereichen des zwischenmenschlichen Handelns erkannt: in der Unternehmensführung (Storytelling), in der Psychologie oder Medizin (narrative Psychologie bzw. narrative Medizin).

Methode 39 → siehe Seite 167

4.1.3 Erinnern

Memory Talk - Erinnern und Erzählen bei Kindern

Kinder lernen sprechen, lernen Kommunikation – ab dem Zeitpunkt, wenn sie ganze Sätze sprechen können, beginnen sie auch über Erlebnisse in der Vergangenheit zu reden. Wir erinnern uns an Geschichten aus unserem Leben etwa ab dem vierten Lebensjahr. Die Wissenschaft spricht davon, dass Reifungsprozesse des menschlichen Gehirns dafür verantwortlich sind, dass Babys und Kleinstkinder noch nicht über das Erlebte reden können. Das Erinnerungsvermögen existiert nämlich auch schon bei Babys über mehrere Tage. Das gegenseitige sich Erzählen über Vergangenes heißt „Memory Talk" und beginnt schon bei Kleinkindern, sobald sie Sätze bilden können. Kinder lernen somit das Sich-erinnern.

Wir merken uns Dinge, über die wir sprechen und vor allem merken wir uns Dinge, die uns selbst interessieren. Es kommt also darauf an, wie wir mit unseren Kindern sprechen. Die Entwicklungspsychologinnen Katherine Nelson und Minda Tessler[112] unterscheiden zwischen zwei Gesprächsstilen: dem narrativen und dem repetitiven. Der narrative Dialog beispielsweise zwischen einer Mutter und ihrem Kind beinhaltet neben den Tatsachen, die z. B. auf einem Bild zu sehen sind, auch den Hinweis der Mutter auf eigene ähnliche Erlebnisse bzw. wird die Fantasie durch Fragen wie „Was wird der Mann wohl machen, wenn er ausgeschlafen ist?" angeregt. Der repetitive Dialog konzentriert sich hingegen auf Zahlen, Daten und Fakten. Durch gemeinsames Reden über Erlebtes wird die Fantasie angeregt und die Beziehung vertieft. Sobald das Kind etwa sieben Jahre alt ist und in die Schule kommt, beginnt eine neue Phase des autobiografischen Erinnerns. Bis zu dem Zeitpunkt hat das Kind vor allem die Muster seiner Bezugspersonen übernommen und ab dem Zeitpunkt des Schuleintritts lernen Kinder, selbst zu differenzieren, was für sie erzählens- und damit merkenswert ist. Es kann sich nun auch bewusst von den Erwachsenen abgrenzen und somit kann sich das ganz eigene biografische Ich entwickeln. In internationalen Studien wurde festgestellt, dass auch die Herkunft sowohl geografisch als auch bezüglich des Milieus, in dem Kinder aufwachsen, Einfluss auf den Erzählstil haben. Tagebücher dienen der Erinnerung und haben somit eine wichtige Funktion als Anker. Fotoalben und persönliche Aufzeichnungen stellen – ganz im Sinne Jean Pauls – ein Paradies dar, aus dem Menschen nicht vertrieben werden können.

Erinnern und Identität

Gehirnforschung und Gedächtnispsychologie haben festgestellt, dass es sich bei unseren Erinnerungen um keine Aufzeichnungen im Sinn von Fotos oder Videos handelt, sondern dass es sich um komplexe Rekonstruktionen auf Basis von bereits Erlebtem handelt, d. h. wir verknüpfen unser Erleben mit den Erfahrungen der Vergangenheit oder, wie es die amerikanische Autorin Eudora Welty ausdrückt: „Die Erinnerung ist etwas Lebendiges – auch sie ist auf der Durchreise."

Durch Erinnerungen empfangen wir laut der Psychologin und Sozialanthropologin Robin Lohmann[113] verschiedene Geschenke:

1. Freude
2. persönlichen Lebenssinn
3. Identität und Selbstverständnis
4. Bewältigungsstrategien
5. Begleitung bei Umbruch und Wandel
6. Entdeckung persönlicher Potenziale
7. Zukunftsorientierung

Laut Robin Lohmann[114] entdecken wir in unseren Erinnerungen Freude und Sinn für unser Leben. Ohne Erinnerungen hätten wir keine Identität. Dies ist auch der Grund, warum ältere Menschen, die sich aufgrund von Krankheiten nicht mehr erinnern können, das Gefühl haben, Stück für Stück selbst zu verschwinden. Erinnerungen zeigen uns, was in unserem Leben wichtig und wertvoll war. Das Erinnern an eine vielleicht schwierige Situation und unsere Erfahrung, diese mit Hilfe von eigenen Stärken und Ressourcen gut gelöst zu haben, führen zu einem Vertrauen in sich und die eigenen Strategien der Bewältigung. Wir können aus den Erfahrungen der eigenen Vergangenheit lernen, wie wir mit Umbrüchen und Neuanfängen besser umgehen und somit unseren Weg gelassener fortsetzen. Zusammengefasst heißt das, dass wir mit den sieben Geschenken der Erinnerung gut gewappnet die Gegenwart bewältigen und die Zukunft planen können.

An manche Ereignisse unseres Lebens erinnern wir uns unser ganzes Leben lang. Das sind vor allem persönlich einschneidende, besonders beeindruckende Erlebnisse wie z. B. die Erinnerung an die Geburt eines Kindes oder auch der Tag, an dem eine für die Person sehr wichtige Berufsentscheidung in Form einer Kündigung getroffen wurde. Auch ein besonderer persönlicher Symbolcharakter eines Ereignisses kann zu einer besonderen Erinnerung beitragen. Ein weiterer Punkt, warum uns manche Ereignisse besser in Erinnerung bleiben, ist der Grad der damit verbundenen Emotionen. So erinnern wir uns z. B. sehr genau an unseren ersten Kuss oder an den Tag, an dem die geliebte Oma starb. Hier seien auch negative, besonders emotionale Erinnerungen, die zu Traumata führen können, erwähnt, die möglicherweise professioneller Unterstützung für deren Bewältigung bedürfen. Andererseits gibt es auch Dinge, die wir uns nicht bewusst merken, die aber – in anderem Zusammenhang – wieder abgerufen und damit lebendig werden. Wie schon bei den Traumata erwähnt, gibt es selbstverständlich auch Ereignisse in unserem Leben, an die wir uns lieber nicht erinnern wollen, weil sie für uns schlecht waren und uns traurig oder verzweifelt werden lassen. Ob wir ein Erlebnis im Nachhinein als gut oder schlecht empfinden, hängt allerdings nicht nur vom ursprünglichen Erleben ab, sondern auch von unserer heutigen Sichtweise darauf. Erinnerungen an unser Leben können nie objektiv sein, denn es geht immer um die ganz persönliche Sichtweise des sich Erinnernden. So wird es in einem Menschen immer erinnernswerte Momente des Glücks und der Liebe, aber auch der Verzweiflung und Trauer geben. Diese sogenannten biografischen Momente sind sehr wichtig, denn sie beschreiben Aspekte unserer Persönlichkeit und Identität und dies wiederum im großen Kontext mit der Natur und dem Universum.

Das biografische Gedächtnis im Laufe eines Lebens

Das autobiografische Gedächtnis entsteht erst im vierten Lebensjahr, wie auch schon oben beschrieben. Biografische Erinnerungen bilden sich dann nach dem sechsten Lebensjahr in einem bestimmten Areal des Stirnhirns ab und erst ab der Pubertät sind bei Erinnerungen sowohl das autobiografische als auch das semantische Gedächtnis involviert, d. h. Erinnerungen werden mit Sachwissen verknüpft. Die Erinnerungen an die Zeit des Übergangs zum jungen Erwachsenen bleibt uns besonders gehäuft im Gedächtnis, vor allem wohl deshalb, weil in diesem Alter viele Ereignisse zum ersten Mal eintreten (erste Liebe, erster Beruf, Auszug von zu Hause, Hochzeit, …). Auch hier bestimmen die mitspielenden Gefühle, inwieweit das Ereignis erinnernswert ist – wenn es mit viel Emotion verknüpft war, wird es später auch erinnert. Des Weiteren hat die Gedächtnispsychologie herausgefunden, dass wir uns manchmal von Erinnerungen distanzieren oder dass sie sich mit jedem Erinnern verändern. Menschen sehen Erinnerungen dann manchmal wie Fakten und nicht wie persönliche Erlebnisse. So lässt sich neurobiologisch erklären, warum die Erinnerung mancher Zeitzeugen nicht unbedingt den historisch bekannten Fakten entspricht.

Wenn wir jemanden kennenlernen und ihm/ihr mehr von uns erzählen wollen als nur die Fakten wie Alter, Wohnort, Beruf und Hobbys, ist es unumgänglich, dass wir etwas aus unserer Vergangenheit erzählen. Denn diese prägte unsere Persönlichkeit. Wir erzählen aus der Kindheit, unserer Jugendzeit, wer und was uns wichtig ist und welche Pläne wir für die Zukunft haben. In unserem autobiografischen Gedächtnis finden wir jede Menge Informationen, herausragend sind aber die sogenannten „selbstdefinierenden Erinnerungen“. Erinnerungen, die unsere Meinungen und Haltungen widerspiegeln. Diese Erinnerungen gehen immer einher mit Emotionen und erscheinen in ausdrucksstarken Bildern und Geschichten.

Es gibt keine Erinnerungen ohne Gefühle: Diese Emotionen, die mit bestimmten Erinnerungen verknüpft sind, sind deshalb immer wieder abrufbar, weil sie mit zentralen Zielen und Bedürfnissen unseres Lebens zu tun haben, d. h. es geht um Ereignisse, in denen ich mich besonders gefreut habe oder auch verärgert und wütend war.

Der amerikanische Psychologe David Bakan[115] stellt fest, dass sich unsere Bedürfnisse und Wünsche grob gesagt in zwei Kategorien von Lebenszielen, den „Basisdimensionen unserer Existenz" einordnen lassen. Bakan unterscheidet zwischen „agency" (Aktivität und das Streben nach Autonomie) und „communion" (Bindung und der Wunsch nach Gemeinschaft). Wir brauchen beides, aber die eine oder andere Dimension ist bei uns Menschen verschieden ausgeprägt, d. h. Menschen, bei denen die Dimension communion stärker ausgeprägt ist, erinnern sich auch eher an Ereignisse, die mit Beziehungen im weitesten Sinne zu tun haben. Im Gegensatz dazu erinnern sich agency-zentrierte Menschen eher an Ereignisse rund um Erfolg, Vorankommen und Leistung. Die Erinnerungen können in beiden Themen positiv oder negativ behaftet sein. Wenn wir uns immer wieder an negative Erlebnisse erinnern, will uns unsere Psyche die Chance geben, Verletzungen und Niederlagen gut aufzuarbeiten, damit sie uns nicht unser Leben lang erinnern. Anhand der selbstdefinierenden Erinnerungen ist es uns möglich, unser Leben und somit uns selbst besser zu verstehen.

Methode 40 → siehe Seite 167

Zum Weiterlesen:

Lohmann, Robin (2014). Die sieben Geschenke der Erinnerung. *Psychologie Heute Compact* (36), 22–26

Meise, Sylvia (2014). Memory Talk: Wie Erinnerungen entstehen. *Psychologie Heute Compact* (36), 14–17

Stern, Heike von (2012). Du bist woran du dich erinnerst. *Psychologie Heute* (07) 20–28

4.2 Das biografische Gespräch und seine Moderation

„Die Erinnerung ist das einzige Paradies,
aus dem wir nicht vertrieben werden können." *Jean Paul*

Es gibt viele Möglichkeiten, Biografiearbeit praktisch anzuwenden bzw. die vorgeschlagenen Impulse umzusetzen. Manche Menschen wollen vielleicht ihre persönliche Biografie erstellen oder schreiben lassen und wenden sich dazu an eine Fachfrau/einen Fachmann oder besuchen eine biografische Schreibgruppe. Andere wollen sich bzw. die eigene Biografie und auch andere Menschen besser kennenlernen und verstehen. Sie können selbstverständlich viele Aspekte des Lebens mit

Hilfe der angegebenen Methoden für sich allein durchdenken und -arbeiten und somit sich und ihr Leben ein Stück weit reflektieren. Aber es gibt auch verschiedene Gelegenheiten und Möglichkeiten und vielleicht auch das Bedürfnis, Biografiearbeit mit anderen Menschen zusammen zu gestalten bzw. Erlebtes und einzelne Sicht- und Denkweisen zu besprechen. Einerseits besteht hierzu die Möglichkeit, sich z. B. in Gruppen (bei Seminaren, in Altenclubs etc.), mit mehreren Personen unter kompetenter Anleitung auszutauschen und andererseits ist es auch manchmal als Einzelperson einfacher und sehr hilfreich, ein geschultes Gegenüber zu haben, um Zusammenhänge besser erkennen zu können. Diese Möglichkeit finden wir in der Beratung, im Coaching, in der Pflege und/oder in der Seelsorge.

„Der Mensch wird am Du zum Ich" sagt Martin Buber[116] und so haben wir in den unterschiedlichsten Anwendungsgebieten der Biografiearbeit die Chance, uns selbst und unsere Mitmenschen besser zu begreifen und als besondere Menschen zu erkennen. Dies fördert wiederum die individuellen Entwicklungsmöglichkeiten und das menschliche Miteinander.

Besonders die Vielseitigkeit der Lebensentwürfe und Biografien der heutigen Zeit führen zu einem höheren Beratungsbedarf der Menschen. Diese suchen in verunsichernden und verwirrenden Lebenssituationen und vor allem in Umbrüchen die Begleitung und Beratung von professionellen Beratern oder wollen mit einem Coach oder Berater ihr Leben (neu) ordnen, betrachten, einen roten Faden entdecken oder neue Möglichkeiten, Handlungsoptionen bzw. Pläne für den weiteren Lebensweg entwerfen. Menschen, die kurz vor dem Ruhestand stehen, sind manchmal ratlos, wie sie ihr Leben weiter gestalten wollen, und suchen deshalb Rat bei einem Coach, um eigene Fähigkeiten, Vorlieben usw. (wieder) aufzuspüren und dann ein gutes Konzept für eine sinnstiftende Gestaltung des Lebens nach der Berufszeit zu entwickeln. Aber auch jungen Menschen kann ein biografisches Coaching die Suche nach dem passenden Studienzweig oder dem geeigneten Beruf sehr erleichtern. Viele Menschen sind auch auf der Suche nach neuen Herausforderungen im Berufsleben. Entweder sie wollen sich freiwillig verändern oder sind durch den Verlust ihrer Arbeit dazu gezwungen. Auch für den Wiedereinstieg nach einer Kinderpause kann ein gemeinsamer Blick auf die Möglichkeiten sehr hilfreich sein.

All diese Aspekte können sehr gut im 2er-Setting erkundet und bearbeitet werden. Manchmal ist der Ausgangspunkt für ein biografisches Coaching ein Seminar der Persönlichkeitsbildung oder auch in der beruflichen Bildung. Hierbei kann der Wunsch entstehen, sich Unterstützung in einer Beratung zu holen. (Die Abgrenzung von der allgemeinen Biografiearbeit zur Biografiearbeit in der Therapie finden Sie in Kapitel 2.5 näher beschrieben.)

Es kommt selbstverständlich auf die Arbeitsweise des Coaches bzw. des Trainers an, wie das biografische Coaching oder das Seminar gestaltet wird. Es gibt vielfältige Methoden, die zur Bearbeitung des Lebensweges geeignet sind. Die Seminarteilnehmer/-innen oder die zu Beratenden beschäftigen sich mit verschiedenen, für ihr Leben relevanten, Themen und erfahren anschließend durch eine gemeinsame Reflexion im 2er-Setting bzw. in der Gruppe Bestätigung oder neue Sichtweisen und Ermutigung.

4.2.1 Grundzüge des biografischen Gesprächs

Biografiearbeit ist eng mit dem Gespräch verbunden: Menschen unterhalten sich, tauschen ihre Erfahrungen, Situationsbeschreibungen, Pläne und Hoffnungen aus. Das ist mit „biografischem Gespräch" oder der „biografischen Gesprächsführung" gemeint. Um biografische Kommunikation verstehen und beeinflussen zu können, ist es hilfreich, manche Aspekte aus dem Umfeld von Biografiearbeit im Blick zu haben:

- Mit der Frage nach der „Wahrheit" der kommunizierten Lebensereignisse beschäftigen sich die Gedächtnisforschung und der Konstruktivismus (vgl. Kap. 3.4).
- Grundlagen der Kommunikationspsychologie und der Konflikttheorie helfen zu verstehen, was sich zwischen Menschen abspielt, wenn sie miteinander reden.
- Schließlich gilt es, besondere Aspekte des Erzählens und des Zuhörens genauer zu betrachten (vgl. Kap. 4.1).

Im biografischen Gespräch treffen also mindestens zwei Menschen mit ihren jeweiligen Lebensverläufen aufeinander: Was mir jemand aus seiner Biografie erzählt, nehme ich vor dem Hintergrund meiner Biografie wahr. Wie jemand aus seiner Biografie erzählt, ist biografisch beeinflusst – ebenso wie meine Art zuzuhören und darauf zu reagieren.

In der Erwachsenenbildung zeigt sich biografisches Erzählen in unterschiedlichen Kontexten[117]: in Gesprächen „zwischen Tür und Angel", im Rahmen von „normalen" Seminaren (die z. B. an biografischen Erfahrungen ansetzen) und in ausdrücklich biografischen Seminarangeboten.

Wichtig ist zunächst zum Grundverständnis: Das biografische Gespräch ist in Verlauf wie Ergebnis ein gemeinsames Produkt von Erzähler/-in und Zuhörer/-in. Beide bringen unterschiedliche Aspekte ins biografische Gespräch ein, was sich auch auf unterschiedlichen Ebenen äußert:

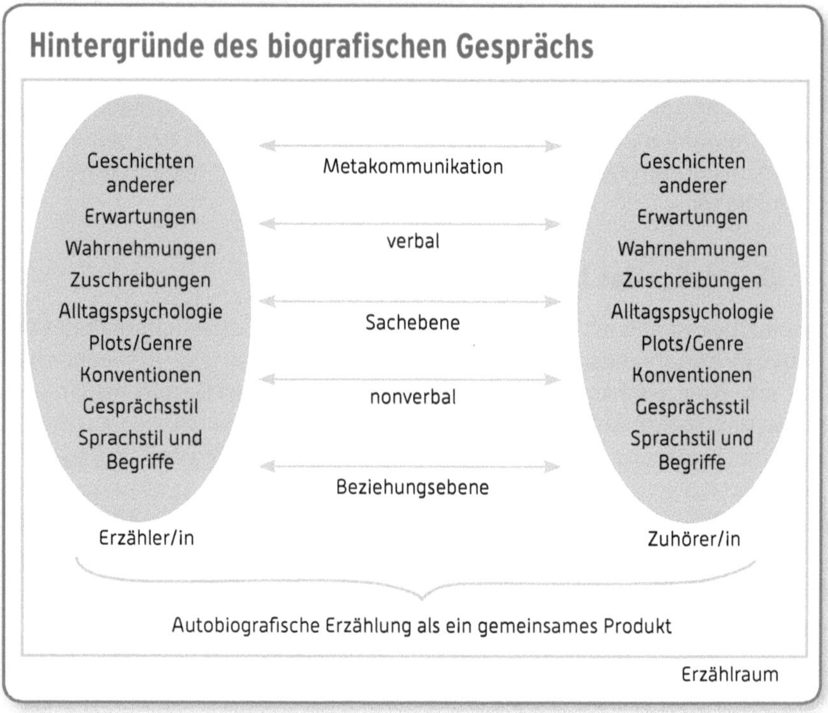

Methode 41, 42 → siehe Seite 168f.

Mit „Fragen" die Biografie erschließen

Ein wichtiges „Werkzeug" zur Erschließung biografischer Welten ist die Frage. Die Frage ist in der Pädagogik ein umstrittenes Instrument – verbindet man sie doch mit unliebsamen Situationen wie einem Verhör oder einer inquisitorischen Befragung. Umgekehrt ist die Frage aber auch ein gutes Instrument, um an Informationen heranzukommen bzw. ein Gegenüber auf seinem (Selbst-) Erkenntnisweg zu begleiten. Nachstehend ein paar Beispiele, wie sich durch Fragen biografische Sachverhalte erschließen lassen[118]:

Absicht	Beispiele		
Anknüpfen	Erzählen Sie mir mehr darüber!	Sie erwähnten vorhin ... Erzählen Sie mir das noch ein wenig genauer!	Sie haben gerade erzählt ... Wie ging das dann weiter?
Vertiefen	Woher stammen Sie eigentlich?	Welche Erlebnisse fallen Ihnen noch zu der erwähnten Person ein?	An welche früheren Situationen erinnern Sie sich, in denen Sie ...?
Orientierung herstellen	Wann war das eigentlich?	Wo war das?	Wer war damals noch dabei?
Tradiertes reflektieren	In welcher Situation wurde Ihnen davon erzählt?	Was fällt Ihnen ein, wenn Sie an das Fotoalbum Ihrer Eltern denken?	Was hat Ihre Großmutter/Ihr Großvater (o.a.) von früher erzählt?
Fantasien kennenlernen	Was könnte aus Ihrer Sicht da/weiter passiert sein?	Welche Bilder fallen Ihnen dazu ein?	Wovon träumten Sie damals?

Mit Hilfe von Fragen können auch sogenannte „Tilgungen“ bewusst gemacht werden: Es handelt sich dabei um Vorannahmen und Vorerfahrungen, die nicht ausgesprochen werden, aber in Erzählungen einfließen. Hierzu ein paar Beispiele:

Tilgung	Beispiel	Frage
Weglassen	Ich bin böse.	Auf wen? Warum?
Weglassen eines Vergleichs	Mein Bruder ist besser.	Als wer? Worin?
Ohne Bezugsrahmen	Man hat mich verletzt.	Wer? Womit?
Unspezifisches Verb	Es überfordert mich ...	Was? Inwiefern?
Universalaufzählung	Alles, niemand, nie, keiner	Wer/was genau?

Verlorener Ursprung	Jammern bringt nichts.	Wer sagt das?
Moderate Formulierung	Es sollte, könnte, müsste ...	Was halten Sie davon?
Normalisierungen	Die Entscheidung war schlecht.	Was ist nicht gut daran?
Ursächlicher Zusammenhang	Mutters Gejammer ärgert mich.	Was macht Sie dabei ärgerlich?
Komplexe Gleichstellung	Sie spricht nicht, weil sie auf mich sauer ist.	Wie kommen Sie darauf?
Gedankenlesen	Herr Müller mag mich nicht.	Woher wissen Sie das?

Regeln für die Gesprächsleitung

Für die Gesprächsleitung bei biografischen Gesprächen werden folgende Regeln vorgeschlagen[119]:

- Zugewandtes Zuhören
- Erzählgenerierende Impulse
- Erzählgenerierendes Nachfragen
- Von der offenen zur konkreten Frage
- Pausen aushalten
- Eigene Anknüpfungspunkte zurückstellen
- Fragen nach Bewertungen und Gefühlen vermeiden
- Eigene Bewertungen als Hypothesen verstehen und überprüfen

Als wesentliche Prinzipien biografischer Kommunikation sind Achtsamkeit und Wertschätzung zu nennen. „Wertschätzung" meint in diesem Zusammenhang einen ganz spezifischen Blickwinkel auf das menschliche (Zusammen-) Leben. Grundlegend dafür ist die konstruktivistische Sicht, dass jeder Mensch seine eigene Lebenswirklichkeit „herstellt" (vgl. Kap. 3.4). Aus dieser Sicht leitet sich eine Haltung der Anerkennung und Wertschätzung der eigenen Lebensgeschichte aller Menschen und des achtsamen und aufmerksamen Umgangs damit ab. Für biografische Gespräche können daraus folgende Regeln angewendet werden:

- Die redende Person anschauen.
- Die Person anschauen, über deren Gesprächsbeitrag man redet.
- Denjenigen das Wort erteilen, die bisher wenig gesagt haben und diese Bevorzugung durchschaubar machen. (Teilen Sie der Gruppe mit, warum Sie eine Wortmeldung „außer der Reihe" zulassen!)

- Nur in Ausnahmefällen unterbrechen und den Grund für die Unterbrechung benennen. Abgebrochene Themen gegebenenfalls auf einem Plakat notieren und später wieder aufgreifen.
- Vor Beleidigungen und Abwertungen schützen.
- Schüchterne Redner/-innen unterstützen.
- Gegebenenfalls strittige Punkte zur Diskussion in die Runde zurückgeben, sich aber nicht auf Wahrheits-Diskussionen einlassen.
- Nonverbale Signale beachten und aufgreifen.
- Störende Nebengespräche ansprechen. Manchmal genügt es auch, leiser zu sprechen.

An anderer Stelle (Kap. 2.4) haben wir schon auf die Prinzipien der Biografiearbeit hingewiesen. In der Art der Gesprächsführung kommen diese insbesondere zum Tragen.

4.2.2 Herausfordernde Situationen – wie kommunizieren in schwierigen Situationen?

Biografische Kommunikation läuft nicht immer reibungslos ab. Es können Phänomene wie Dauerreden, vielfaches Wiederholen, Tränen usw. auftreten. Der Respekt vor dem anderen, seinem Schicksal und seinen Erzählungen macht es vielfach schwer, einzugreifen und zu steuern.

Tränen und Trauer

Tränen in den Augen und Trauern sind beim biografischen Arbeiten etwas ganz Normales. Beim Erzählen konfrontiere ich mich immer auch mit schmerzlichen Ereignissen und Prozessen in meinem Leben. Doch die Tränen einer erzählenden Person können im Gegenüber verunsichernde Gefühle auslösen: „Bin ich schuld daran, dass es ihm/ihr jetzt schlecht geht?“, „Wie soll ich mit dieser Trauer umgehen?“, „Halten mich die anderen jetzt für einen schlechten Berater/eine schlechte Beraterin?“ (im Gruppensetting). In solchen Situationen ist es hilfreich, sich Folgendes bewusst zu machen:

Trauer ist ein alltägliches menschliches Phänomen. Sie gehört zum Leben und hat deswegen – wie die Freude – auch in Bildungs- und Beratungsprozessen ihren Platz. Wenn sie offen gezeigt werden kann, ist das für die betreffende Person vielfach ein befreiendes Ereignis. Schlimmer wäre es oft, wenn nicht geweint, sondern der Schmerz geschluckt würde. Außerdem: Für die Leitung oder Begleitung ist es völlig unmöglich, vorauszusehen, wer wann warum von seiner Traurigkeit berührt oder überwältigt wird. Vielfach sind es – aus Sicht der Leitungs- oder Begleitperson – Nebensächlichkeiten und Randthemen, die bei der empfindsamen Person Trauer auslösen. Die Bedeutsamkeit bestimmter Themen und die Wirkung eingesetzter Methoden sind nur schwer einschätzbar. Schließlich: Auch wenn ein/e Teilnehmer/-in oder Klient/-in weint, ist diese(r) zumeist sehr wohl noch in der Lage, für sich selbst zu sorgen und selbst den Weg aus der Traurigkeit zu finden. Da ist es auch durchaus möglich, dass die begleitende Person ihre eigene Hilflosigkeit angesichts der Tränen ausspricht. Meistens kann die trauernde Person selbst die Verantwortung für sich übernehmen: „Was brauchen Sie jetzt?"

Eine Möglichkeit, den Erzählenden etwas mehr Abstand zu gönnen, liegt darin, dass sie eine Episode nicht als Handelnde erzählen („Was haben Sie damals erlebt?"), sondern als jemand, der sich selbst in der damaligen Situation beobachtet („Wenn Sie heute zurückschauen: Welche Handlungsweisen haben Ihnen geholfen?").

In Distanz gehen

nach Daniel Schacter

Felderinnerung	Beobachtererinnerung
• Ich als Handelnde(r) • mehr emotional	• Ich als Beobachter/in • weniger emotional

Fürsorglich belagern

Wenn beim biografischen Erzählen ein Gruppenmitglied bewegt oder gerührt ist und die Tränen fließen, kann es vorkommen, dass andere Gruppenmitglieder ihn/sie „fürsorglich belagern". Das heißt, er/sie wird mit Ratschlägen, mehr oder weniger Nützlichem (z. B. Taschentüchern) oder körperlicher Nähe versorgt, obwohl er/sie dies vielleicht gar nicht will.

Es ist die Aufgabe der Leitung, die betreffende Person dann vor der nicht gewollten Zuwendung anderer zu schützen und diese darauf hinzuweisen, die Grenzen der Selbstbestimmung und des Respekts zu wahren.

Verdrängen und Schweigen

Zu beachten ist auf jeden Fall, dass jeder Mensch das Recht hat, selbst darüber zu bestimmen, inwieweit und woran er sich erinnern will. Es gibt sozusagen ein „Recht auf Verdrängung". Verdrängen und Verleugnen schützen das Individuum vor Bedrohungen und Überforderungen. Sie sind zu respektieren (vgl. Kap. 2.4).[120]

Neben diesem Recht auf Verdrängung gibt es auch ein „Recht auf Schweigen". Das heißt, es ist davon abzusehen, Teilnehmer/-innen oder Klienten/-innen zum Reden zu drängen. Wichtig ist zunächst, dass sich die Personen – freiwillig – anhand der gegebenen Impulse mit biografischen Fragestellungen auseinandersetzen. Dazu ist es nicht notwendig, dass sie sich (vor der Gruppe) äußern.

Ausschweifen und „Erzählwut"

Wenn in Gruppen – aber auch in Einzelgesprächen – aus Biografien erzählt wird, können sich „Erinnerungsexplosionen" ereignen. Das heißt: Oft bewirkt eine Erinnerung eine weitere, das Erinnern und Erzählen erhält eine ungeheure Dynamik, es sprudelt aus den Teilnehmern/-innen bzw. Klienten/-innen nur so heraus. Das kann sowohl zu Dauerreden als auch zu störenden Nebengesprächen führen. Hier ist eine deutliche und zugleich behutsame Steuerung gefragt, denn der Redefluss soll kanalisiert, aber nicht gestoppt werden. Hier kommt zuweilen unsere eigene Erziehung zum Vorschein, z. B. „Man unterbricht Ältere nicht, wenn sie sich unterhalten!" – Dennoch dürfen Leiter/-innen bzw. Begleiter/-innen jederzeit unterbrechen, wenn es einerseits das Ziel ihrer Arbeit erfordert und sie andererseits begründen, wozu sie jemanden unterbrechen: „Es sollen auch andere die Möglichkeit haben, zu Wort zu kommen."

Manchmal ist es in Gruppen auch notwendig, allzu offene und erzählbereite Gruppenmitglieder zu stoppen und sie auf ihre Freimütigkeit hinzuweisen. Dies ist insbesondere in Gruppen notwendig, in denen die Teilnehmer/-innen sich auch im Alltag begegnen (müssen).

Wiederholungen

Wiederholungen der gleichen Episoden und Geschichten können zu einer Belastung werden – vor allem im familiären Kontext. „Mutter, die Geschichte kennen wir doch schon, du hast sie bereits hundertmal erzählt" oder: „Ich kann die Geschichte nicht mehr hören!" – so oder so ähnlich sehen dann die Reaktionen der genervten Familienmitglieder aus. Dozenten/-innen und Coaches reagieren da in der Regel gelassen und höflicher.

Doch diese Wiederholungen haben Nutzen und Funktion: So ermöglichen sie zum einen der erzählenden Person, bestimmte Ereignisse immer wieder auch von anderen Positionen aus zu betrachten. Weiterhin bieten die Wiederholungen die Möglichkeit, sich der eigenen Identität zu vergewissern – vor allem im Alter, also in einer Zeit, die von vielfältigen Herausforderungen und Verunsicherungen geprägt ist.[121]

Andere korrigieren

Schließlich ist in der biografischen Gruppenarbeit darauf zu achten, dass die Gruppenmitglieder sich nicht gegenseitig korrigieren, z. B. was historische Daten und subjektives Erleben betrifft. Die Vielfalt und Widersprüchlichkeit subjektiver Wirklichkeiten ist auszuhalten und zu respektieren. Gegebenenfalls können historische Daten neben die individuellen Schilderungen gestellt werden.

Defizitorientierung

Immer wieder kommt es vor, dass Menschen ihr vergangenes Leben allein aus der Defizit-Sicht oder durch die „Verliererbrille" wahrnehmen. Sie sehen sich als Daueropfer der Lebensumstände und anderer Menschen. Der Therapeut Ben Furman[122] hat hierzu Interventionen zusammengestellt, die eine Einladung darstellen, diese Opferrolle zu verlassen:

Umdeuten von krisenhaften Erlebnissen

nach Ben Furmann

Verständnislose Betroffenheit →	Klärungshilfen →	Verstehen, was passiert ist
Erleben von Scham, Schuld und Wut wegen dieses Erlebnisses →	Bestätigung der klugen Reaktion →	Erleben von Stolz wegen der eigenen Reaktionen bei diesem Erlebnis
Erleben von Mangel in Kindheit und Jugend →	Wie haben Sie die fehlenden Erfahrungen später gesammelt? →	Erleben von nachgeholten Erfahrungen
Erfahrung des Schlechten →	Was hätten Sie ohne diese Erlebnisse nicht gelernt? →	Erfahrungen des Guten
Negatives Wenn-Denken: „Wenn … getan hätte, wäre das nicht passiert." →	Welche positive Eigenschaft hätten Sie heute nicht? →	Positives Weil-Denken: „Weil das … war, habe ich gelernt/bewirkt."

Zum Weiterlesen:

Furman, Ben (2002). *Es ist nie zu spät, eine glückliche Kindheit zu haben* (4. Aufl.). Dortmund: Borgmann.

Hense, Margarita (2016). *Das Erzählcafé: Themen und Ideen für lebendiges Erinnern und Gedächtnistraining mit Senioren.* München: Don Bosco.

Klingenberger, Hubert (2017). *Biografiearbeit in Beratung und Coaching: Anlässe, Übungen, Impulse.* München: Don Bosco.

4.3 Gehirn, Gedächtnis und Gefühle - die Hard- und die Software des Erinnerns und Erzählens

„Die Erinnerungen verschönern das Leben,
aber das Vergessen allein macht es erträglich." *Honoré de Balzac*

Am Hirn führt kein Weg vorbei – so könnte man auch für die Biografiearbeit formulieren. Wer andere Menschen bei der Reflexion ihrer Biografie begleiten möchte, für den ist es hilfreich und wichtig, ein paar Grundfakten über die Zusammenhänge von Gehirn, Gedächtnis und Gefühlen zu kennen.

4.3.1 Gedächtnis und Erinnerung

Bereits im Kapitel zum Konstruktivismus (Kap. 3.4) wurde erwähnt, dass unser Gedächtnis kein sachliches Archiv von Ereignis-Abbildern ist. Unser Gehirn kopiert nicht. Vielmehr verarbeitet es das Erlebte, passt es an, überarbeitet und bewertet es. Wer sich mit anderen über gemeinsam Erlebtes unterhält, macht immer wieder die Erfahrung: die Erinnerungen können sehr weit auseinander gehen (z. B. als Geschwister über das gemeinsame Elternhaus o.Ä.). Und auch sonst im Alltag stellen wir immer wieder fest, dass Situationen, in denen wir mit anderen Menschen zusammen waren, unterschiedlich wahrgenommen, erlebt, erinnert und erzählt werden.

Im Prozess vom Ereignis bis zum Erzählen können sich mehrere Brüche ereignen, die die Vorstellung einer biografischen Wahrheit erschüttern können:

- So können Ereignisse individuell unterschiedlich erlebt werden: Es macht z. B. einen Unterschied, ob ein Erlebnis völlig neu ist oder ob es sich um eine Erfahrung handelt, an die wir uns schon gewöhnt haben.
- Erlebnisse unterliegen auch beim Einspeichern gegebenenfalls schon einer Überarbeitung. So werden sie beispielsweise dem bestehenden Selbstbild angepasst, das wir in der Regel gern behalten wollen.
- Wir müssen uns auch von der Vorstellung verabschieden, dass Speicherinhalte im Gedächtnis genauso stabil sind wie die auf dem Computer abgespeicherten Dateien. Vielmehr verändern sich unsere Erinnerungen unbewusst – je nachdem welche Erfahrungen wir in der Zwischenzeit gemacht haben.
- Und schließlich variiert unser biografisches Erinnern und Erzählen je nach Erzählsituation: vor Freunden werden wir z. B. anderes zum Besten geben oder ein Ereignis anders erzählen als vor Fremden.

Warum Erinnerungen mit tatsächlichen Ereignissen wenig zu tun haben

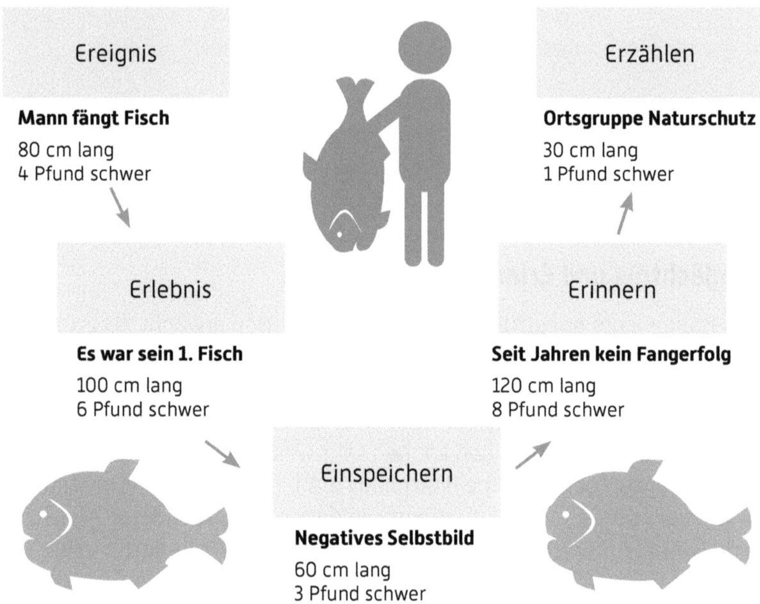

4.3.2 Gedächtnissysteme und Gedächtnisinhalte

Kurzzeit- und Langzeitgedächtnis

Im Allgemeinen wird zwischen drei Gedächtnissystemen (Speichern) unterschieden: dem sensorischen oder Ultrakurzzeitgedächtnis (UZG), dem Arbeits- oder Kurzzeitgedächtnis (KZG) und dem Langzeitgedächtnis (LZG):

Die ankommenden Sinneseindrücke werden lediglich für ein bis zwei Sekunden im **Ultrakurzgedächtnis** (sensorisches Gedächtnis) gespeichert. (Lebens-) Wichtige Informationen oder Inhalte, auf die wir besonders unsere Aufmerksamkeit richten, werden weitergeleitet. Der Rest wird gelöscht. Die Speicherzeit im **Kurzzeitgedächtnis** beträgt ca. 20 Sekunden. Es kann nur eine begrenzte Anzahl von Informationen aufnehmen und ist störanfällig durch die immer neu hinzukommenden Informationen. Zunächst einmal – denn wenn die Inhalte hier bewusst weiterverarbeitet werden, dann bleiben sie auch länger vor Ort. In diesem Arbeitsgedächtnis werden die neuen Informationen nun einem Vergleich mit Inhalten aus dem Langzeitgedächtnis unterzogen. Diese Inhalte aus dem LZG werden dazu quasi ins KZG transferiert, um die Handlungsfähigkeit des Menschen herzustellen. Fügen sich neue Informationen in die Netze des Langzeitgedächtnisses ein, dann vollzieht sich nachhaltiges, biografisches Lernen. Das **Langzeitgedächtnis** stellt quasi den Dauerspeicher dar, aber aus vielen eigenen Erfahrungen wissen wir, dass nicht alles hier Abgelegte einfach abrufbar ist. Es gibt auch ein sogenanntes passives Wissen, das nahe beim Unbewussten anzusiedeln ist.

Autobiografisches Gedächtnis

Im Blick auf die Gedächtnis*inhalte* kann eine andere Unterscheidung getroffen werden: die zwischen einem expliziten oder deklarativen Gedächtnis einerseits und einem impliziten oder nicht-deklarativen Gedächtnis andererseits:

- Die Daten im **expliziten** Gedächtnis können auf zwei unterschiedliche Weisen abgespeichert sein: faktenbezogen – dann spricht man vom „semantischen" Gedächtnis („Die Mona Lisa hängt im Louvre.") oder ereignisbezogen – so arbeitet das „episodische" Gedächtnis („Damals, als wir vor der Mona Lisa standen …").
- Zum **impliziten** Gedächtnis gehört zum einen das „prozedurale" Gedächtnis: Es beinhaltet Informationen zu motorischen Fertigkeiten. Durch oft geduldiges Wiederholen werden dessen Inhalte „erarbeitet". Zumeist funktioniert es unbewusst (vgl. Fahrradfahren oder Schwimmen). Zum anderen gehört zum impliziten Gedächtnis das „Priming" (die Bahnung): Darunter versteht man die unterschwellige Wahrnehmung und Bearbeitung sensorischer Eindrücke. Trifft man bewusst auf ein Ereignis, das zuvor durch Priming schon abgespeichert wurde, kommt es gegebenenfalls zu einem Déjà-vu-Erlebnis.
- Schließlich wird noch ein sogenanntes „**prospektives** Gedächtnis" beobachtet, quasi ein Gedächtnis für die Zukunft: Wenn wir uns an etwas erinnern, das wir in der Zukunft zu tun haben oder tun wollen, dann ist dieses Teil-Gedächtnis aktiv. Es wird auch eingesetzt, um auf der Grundlage bisheriger Erfahrungen Zukunftsperspektiven und -planungen zu entwickeln.

Alle Gedächtnissysteme stellen die Basis des autobiografischen Gedächtnisses dar, in dem unser vergangenes Leben in eine „Form gebracht" wird.[123]

Das Quellengedächtnis – Teil des semantischen Gedächtnisses – kann dabei eine Fehlerquelle unserer Erinnerungen beinhalten. Im Quellengedächtnis werden sozusagen die Fußnoten unserer Erfahrungen abgespeichert. Es wird „notiert", woher der jeweilige Gedächtnisinhalt stammt: haben wir es selbst erlebt, haben wir es erzählt bekommen oder haben wir es irgendwo gelesen? Dieses Quellengedächtnis kann durcheinander geraten. Dann werden – bildhaft gesprochen – die Fußnoten vertauscht und den falschen Ereignissen zugeordnet. So kann es sein, dass wir uns an Dinge erinnern, die wir eventuell gar nicht erlebt haben oder an die wir uns – aufgrund der kindlichen Gehirnentwicklung – gar nicht erinnern können.

Methode 43 → siehe Seite 170

Autobiografisches Gedächtnis

nach Harald Welzer

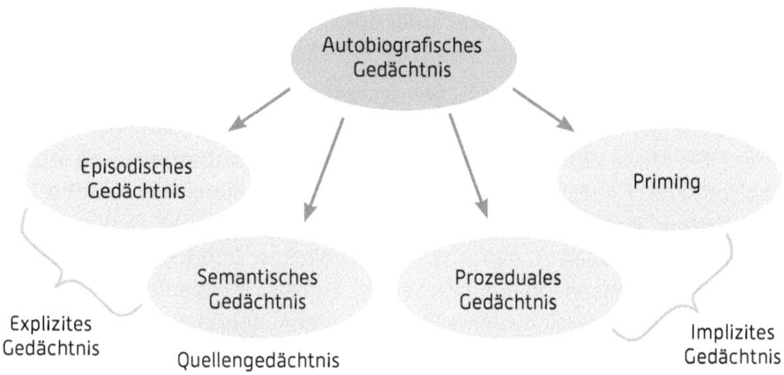

Im autobiografischen Gedächtnis lassen sich zwei Arbeitsweisen oder Modi unterscheiden[124]: Das **„Ich-Gedächtnis"** ist verbal und deklarativ. Hier werden Erinnerungen bewusst rekonstruiert. Der Bestand unserer autobiografischen Erinnerungen wird hier geordnet, Inhalte werden ausgewählt, ihnen wird eine Gestalt gegeben und damit auch eine Bedeutung zugesprochen. Alltagssprachlich lässt sich das Ich-Gedächtnis beschreiben: „Ich erinnere mich an …" Das **„Mich-Gedächtnis"** ist flüchtig und diffus. Dabei sind die Erinnerungen durchaus prägnant. Sie richten sich aber mehr an die Sinne als an den Verstand. Das Mich-Gedächtnis ist vorbewusst. Alltagssprachlich umschrieben könnte man hier sagen: „Etwas erinnert mich an …"

Orte und Dinge können Erinnerungen im Mich-Gedächtnis auslösen: Fotos, Gegenstände, Nahrungsmittel u.a. (siehe Kap. 4.1, Erzählen). So finden sich Schilderungen spontaner Erinnerungen aus dem Mich-Gedächtnis z. B. bei Marcel Proust (beim Geruch einer Madeleine, ein französisches Gebäck) und bei Günter Grass (Erinnerungen an das Brausepulver der Kindheit in „Die Zukunft der Erinnerung"). Der Hinweisreiz der Gegenwart und die Einspeicherung der Vergangenheit führen zu einem Erinnerungserlebnis. Die Erinnerungen schlummern also im Mich-Gedächtnis, sie stellen Dispositionen dar, die quasi im „Bereitschaftsdienst" auf bestimmte äußere Reize reagieren. Diese Erinnerungen können oft nicht bewusst hervorgeholt werden. Orte oder Gegenstände rufen sie wach, setzen sie ins Ich-Gedächtnis über.

Gedächtnis und Vergessen

Eine weitere Unterscheidung von „Gedächtnissen" ist hilfreich:

- Im **kognitiven Gedächtnis** werden Wissensbestände „abgespeichert".
- Im **emotionalen Gedächtnis** werden Gefühle „aufbewahrt". Das sogenannte emotionale Erfahrungsgedächtnis speichert die Bewertungen von Erlebnissen. Man könnte sagen, dass sie die Textmarker-Farbe sind, mit der die Inhalte des kognitiven Gedächtnisses hervorgehoben sind. Erfahrungen des emotionalen Gedächtnisses fließen unbewusst in unser Handeln und Entscheiden ein.
- Und im **Körpergedächtnis** können Ereignisse in Körperregionen verankert sein. Berührungen und Verletzungen werden an Körperstellen „abgespeichert". Werden diese Stellen wieder berührt, kommt es zu einer Aktivierung der mit dem Ereignis verbundenen Gefühle (z. B. auch Gerüche).

Die Gedächtnispsychologie befasst sich aber nicht nur mit dem Erinnern, sondern auch mit dem Vergessen. Landläufig und im Alltagsverständnis gilt das Vergessen als etwas Unerwünschtes, als Makel oder gar als Erkrankung. Neuere Forschungsergebnisse weisen darauf hin, dass das Vergessen von irrelevanten Inhalten eine wichtige Voraussetzung für eine gute Erinnerung ist. „Ein gutes Gedächtnis ist immer auch ein schlechtes Gedächtnis."[125]

Doch nicht nur das Fehlen äußerer (Hinweis-) Reize kann zum Nicht-Erinnern oder Vergessen führen. Wenn Sachverhalte oder Ereignisse nicht mehr erinnert werden, kann das auch daran liegen, dass die Engramme (also die „eingeschriebenen Erinnerungen") verblassen oder durch störende Einflüsse neuer Erlebnisse überlagert wurden.[126]

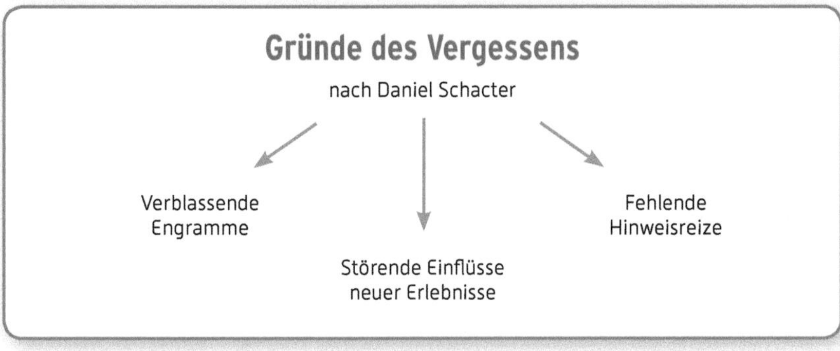

Erinnern und Emotionen

Ein weiterer Aspekt ist für die Biografiearbeit von besonderer Bedeutung: Es gibt kein Erinnern ohne Emotionen – und diese sind wesentlich für unser Handeln in der Gegenwart. Emotionen erfüllen wesentliche Funktionen für unsere Wahrnehmung und unser Denken. Sie

- motivieren Lernprozesse,
- lenken unsere Aufmerksamkeit,
- kanalisieren den Zugang zu Erinnerungen und Gedächtnisinhalten,
- verbinden unsere Informationen und Argumente,
- verknüpfen unsere Wissensnetzwerke und Identitätsmuster,
- beeinflussen Prioritäten bei Denkprozessen,
- erleichtern und lenken die Reduktion von Komplexität.[127]

Unsere Gedächtnisinhalte sind in der Regel mit den Emotionen verknüpft, die wir in der Situation des Einspeicherns erlebt haben. Wenn wir uns an etwas erinnern, dann tauchen zumeist die Gefühle mit auf, die für uns in dieser Situation bestimmend waren. Das führt(e) z. B. bei den Erzählungen alter Menschen, die in den Jugendorganisationen des Nationalsozialismus aktiv waren, zu spannungsreichen Gesprächssituationen. Denn zum einen war ihnen vom Verstand her sowohl bewusst, dass es sich beim Nationalsozialismus um ein menschenverachtendes, verbrecherisches System handelt(e). Zum anderen konnten sie das Erleben von Abenteuerlust, Lagerfeuerromantik oder Gemeinschaft nicht ausblenden.

Fasst man die Erkenntnisse über das Gedächtnis zusammen, so stellt sich dieses eher als ein dynamisches „Gebilde" dar, dessen Zuverlässigkeit nicht so ganz den landläufigen Vorstellungen entspricht. Mit Daniel Schacter[128] lassen sich folgende „sieben Sünden des Gedächtnisses" beschreiben: Das Gedächtnis ist

- unbeständig, d. h. Informationen können verloren gehen,
- zerstreut, d. h. von der Aufmerksamkeit abhängig,
- zuweilen blockiert, z. B. wenn man „auf etwas nicht kommt",
- fehlerhaft, indem es unzutreffende Bezüge herstellt,
- beeinflussbar, d. h. äußere Umstände können einen Einfluss haben,
- befangen, weil es ein Bedürfnis nach Stimmigkeit gibt,
- bedingt stabil bei emotionaler Erregung.

Zum Weiterlesen:

Draaisma, Douve (2016). *Halbe Wahrheiten: Vom seltsamen Eigenleben unserer Erinnerung*. Berlin: Galiani.

Köber, Christin & Habermas, Tilmann (2016). Erzähl dein Leben. *Gehirn & Geist* (1), 26–31.

Schacter, Daniel (1999). *Wir sind Erinnerung: Gedächtnis und Persönlichkeit*. Reinbek: Rowohlt.

Insel-Spiel

Methode 38

Die Teilnehmer/innen notieren auf ein Kärtchen drei Gegenstände, die sie in ein Überlebenspaket für einen eventuellen Schiffsuntergang einpacken würden. Die Kärtchen werden eingesammelt.

Jede/r zieht nun ein (fremdes) Kärtchen. Die Teilnehmer/innen tauschen sich in Kleingruppen zu folgender Frage aus: „Stellt euch vor, das Schiff ist untergegangen, ihr habt ein falsches Überlebenspaket bekommen. Was habt ihr mit den drei vorgefundenen Gegenständen gemacht?"

Mein Leben in Schlagzeilen

Methode 39

Stellen Sie sich vor, eine Zeitschrift bringt ein Sonderheft zu Ihrer Person heraus (z. B. anlässlich eines runden Geburtstages). Auf vier DIN A4-Seiten widmet sich das Blatt Ihrem Leben:

- Wie lauten die Schlagzeilen und Kapitelüberschriften?
- Welche Fotos wären in dieser Ausgabe?
- Was steht in den einzelnen Artikeln und Berichten?
- Wie könnten Kommentare aussehen?
- Welche weiteren Gestaltungselemente einer Zeitung finden einen Platz: Werbung, Wetterbericht, Todes- und Geburtsanzeigen etc.?

Auf der Suche nach meinen persönlichen magischen Momenten

Methode 40

Nehmen Sie ein DIN A3-Blatt zur Hand und zeichnen sie im Querformat eine Lebenslinie auf. Markieren Sie diese Lebenslinie von links nach rechts ab der Geburt alle 5 Jahre mit einem Strich und lassen Sie die Linie am rechten Ende mit einem Pfeil enden. Nun tragen Sie wichtige Ereignisse Ihres Lebens oberhalb dieser Lebenslinie mit einem Stichwort oder einem Symbol ein, wie z. B. Hochzeit, Geburt eines Kindes, erfolgreiche Abschlussprüfung der Lehre etc. Unter der Linie ist Platz für Eintragungen zu sogenannten Schlüsselmomente bezüglich Familie, Beziehungen, Arbeit, Hobbys und die damit verbundenen Gefühle wie Glück, Traurigkeit, Hoffnung, ... Wie stolz waren Sie beim ersten Turniersieg im Schultennisturnier, wie glücklich waren Sie beim ersten Kuss, ...? Sie werden in der Betrachtung des Gesamtbildes vielleicht bestimmte Wiederholungen feststellen und Ihre Wünsche, Sehnsüchte, Bedürfnisse und Pläne besser erkennen. In einem weiteren Schritt kön-

Alle Methoden sind auch als Arbeitsblätter/Schreibvorlagen über Download erhältlich (s. Seite 2).

nen Sie überlegen, ob Sie teilweise vielleicht etwas an der Erfüllung einer Sehnsucht hindert und eventuell erkennen Sie, was Sie im Leben „an- und umtreibt". Dies umfasst Grundthemen wie Leistung, Beziehung, Macht, persönliches Wachstum bzw. Gesundheit und Kreativität. Schauen Sie sich Ihre magischen Momente nochmals unter diesem Aspekt an und erkennen Sie Schlüsselpunkte und Bedürfnisse, die herausragen und vielleicht eine Wende im Leben brachten oder auch Bereiche, die in Ihrem Leben bisher vielleicht (noch) keine Rolle spielen. In zahlreichen Studien wurde nachgewiesen, dass die Menschen, deren oben genannte Bereiche einigermaßen ausgeglichen beachtet werden, glücklicher und psychisch gesünder sind, da z. B. enge soziale Beziehungen Frustrationen im Beruf ausgleichen können.

Szenario-Analyse

Methode 41

In Alltagssituationen kann man immer wieder erleben, wie Kommunikation ge- oder misslingt. Diese Methode ruft das Alltagswissen der Gruppenmitglieder ab: In der Gruppe werden Kleingruppen gebildet: Diese sollen in zwei kurzen Spielsequenzen je ein Beispiel für eine gelungene und eine misslungene biografische Kommunikation vorstellen (z. B. in der Familie oder in der Beratung, sei es unter vier Augen oder in einer Gruppe, z. B. im Altenclub).

Nach jedem Rollenspiel wird im Plenum auf einem Flipchart gesammelt, was jeweils zum Ge- oder Misslingen der Kommunikations-Sequenz beigetragen hat.

In den Kleingruppen werden anschließend je drei Regeln zum Ge- bzw. Misslingen biografischer Kommunikation erarbeitet und abschließend im Plenum präsentiert.[129]

Reflexionsfragen zur Gesprächsführung (nach Rogers)[130]

Methode 42

Reflexionsimpuls	Rating 1 = absolut nein 6 = Ja, natürlich	Meine Stärken	Meine Gefährdungen
Bringe ich gegenüber der anderen Person als einzigartiges Geschöpf positive Wertschätzung, Wohlwollen, unbedingten Respekt und bedingungslose Akzeptanz auf?	1 2 3 4 5 6		

Dulde ich das Anderssein des anderen und kann ich damit umgehen?	1 2 3 4 5 6		
Kann ich mich in die Situation, Befindlichkeit und private Wahrnehmungswelt dieses Menschen empathisch einfühlen, als ob ich mich in seiner Welt bewege, sodass ich möglichst vorurteilsfrei verstehen, mit und nicht zum Menschen reden, Gefühle thematisieren und angemessen reagieren kann?	1 2 3 4 5 6		
Bleibe ich dabei ehrlich, echt, authentisch und kongruent mit mir selbst?	1 2 3 4 5 6		
Verfolge ich vielleicht verdeckte Interessen?	1 2 3 4 5 6		
Mache ich dem anderen und mir etwas vor?	1 2 3 4 5 6		
Verberge ich mich hinter professionellen Fassaden?	1 2 3 4 5 6		
Decken sich meine Worte und Taten?	1 2 3 4 5 6		
Kann ich meine eigenen Gefühle zulassen, ohne den anderen damit zu belasten?	1 2 3 4 5 6		

Gedächtnistapete

Methode 43

Um unsere Erinnerungen – auch für das spätere Alter – frisch zu halten, ist es sinnvoll, diese rechtzeitig festzuhalten, bevor sie verblassen. Dies kann schriftlich passieren, durch grafisches oder malerisches Darstellen, durch die Herstellung von Skulpturen oder Quilts mit biografischen Motiven oder die Sammlung von Gegenständen in sogenannten „Gedächtniskörben"[131]. Solche Materialien stellen später Gedächtnisanreize dar, die einem das Erinnern erleichtern können.

- Nehmen Sie ein möglichst großes Blatt Papier (mindestens DIN A3 oder Zeichenblockgröße)!
- Teilen Sie das Papier in drei mal vier Felder ein!
- Zeichnen oder malen Sie – nach Ihren Möglichkeiten – in diese Felder (es reichen auch Symbole) Situationen, in denen Sie erfolgreich, aktiv, mit sich selbst stimmig … waren.

KAPITEL 5 Herausfordernde Themen

„Man muss nur einmal öfter aufstehen,
als man hingefallen ist." *Sprichwort*

In biografischen 2er-Gesprächen, aber auch beim biografischen Arbeiten in Gruppen können sich Situationen einstellen, in denen herausfordernde Themen im Raum stehen. Dies sind Themen, die uns sehr zu Herzen gehen können und die nicht unbedingt sofort ressourcenorientiert bearbeitet werden können.

Ziele

- Sie kennen psychologische und philosophische Hintergründe zu herausfordernden Themen in der Biografiearbeit.
- Ihnen ist bewusst, wie Sie ressourcenorientiert mit diesen Themen umgehen können.
- Sie verfügen über Methoden, um mit diesen herausfordernden Themen konstruktiv umgehen zu können.

Nutzen

Sie klären Ihren eigenen Standpunkt zu existenziellen Themen in der Biografiearbeit und entwickeln Sicherheit für Gesprächssituationen, in denen die Themen zum Tragen kommen.

Folgende drei Themen möchten wir in diesem Buch ansprechen:

- **Kapitel 5.1** befasst sich mit Erfahrungen von Scheitern, Scham und Schuld.
- Zum Leben gehören immer wieder auch Erfahrungen des Leidens (**Kapitel 5.2**)
- Sterben und Tod stehen im Mittelpunkt von **Kapitel 5.3**.

5.1 Scheitern, Scham und Schuld

„Wenn ein Kind beschämt wird,
lernt es sich schuldig zu fühlen.
Wenn ein Kind verstanden und toleriert wird,
lernt es geduldig zu sein." *Aus Tibet*

Das Erleben von Scheitern, die Erfahrung von Scham und Schuld gehören zum Menschsein. Menschen kommen immer wieder in Lebenssituationen, in denen sie den Eindruck haben, dass sie ihre Ziele nicht erreicht und Ansprüche – seien es eigene oder die anderer – nicht erfüllt haben. Sie schämen sich dafür, mögen sich gar nicht mehr zeigen und verkriechen sich in ein Schneckenhaus. Oder das Gefühl des schuldig-geworden-Seins lastet auf ihnen und bedrückt sie. Es lähmt ihr Denken und Handeln.

Wer seine eigene Biografie reflektiert oder andere Menschen bei der Bewältigung und Gestaltung ihrer Biografien begleitet, wird immer wieder die Erfahrung machen, dass Scheitern, Scham und Schuld zu unserem Erfahrungsspektrum gehören. Doch wie können wir damit im Rahmen einer Biografiearbeit, die sich als ressourcenorientiert versteht, umgehen? Welche Eigenschaften und Kraftquellen helfen uns, Scheitern, Scham und Schuld anzunehmen und zu bewältigen? Inwieweit können Scheitern, Scham und Schuld vielleicht gar als Ressourcen betrachtet werden?

5.1.1 Scheitern

Scheitern gehört zu den menschlichen Grunderfahrungen. Uns gelingt die Umsetzung eines Vorhabens nicht. Wir machen Fehler. Scheitern, ein Ziel nicht erreichen, einen Misserfolg einfahren – das gehört genauso zum Leben wie die Siege und Erfolge, die wir erleben. Das Scheitern ist ein Teil der menschlichen Existenz. Wir erleben dies oft als ein Versagen oder als eine persönliche Niederlage. Die Angst vor dem Scheitern lässt uns zuweilen mutlos werden. Lieber lassen wir alles beim Alten. Aber: Wer aus Angst vor dem Scheitern nichts Neues wagt, verpasst das Leben. Doch wer das Scheitern ausblendet oder geringschätzt, setzt sich selbst unter einen enormen Druck, versäumt es, aus Niederlagen zu lernen und baut mit an einer Gesellschaft, in der vermeintliche „Looser" an den Rand gedrängt werden.

Dabei können wir aus dem Scheitern lernen, werden gar schlauer durch Scheitern. Angenommenes und reflektiertes Scheitern ermöglicht Wachstum und Entwicklung. Dies kann man aber wahrscheinlich nur aus der Distanz wahrnehmen. Wer „mitten drin steckt", wird das eher nicht so sehen, zumal dann, wenn ein Scheitern (z. B. beruflich) mehrere Konsequenzen nach sich zieht (z. B. familiär, gesundheitlich o.a.).

Scheitern wird in unserer Kultur ambivalent wahrgenommen: Zum einen ist das Scheitern prominenter Personen in aller Munde und wird schadenfroh belächelt. Zum anderen unterliegt das Scheitern einer Tabuisierung. Erfolg zu haben gilt als Normalfall, Scheitern ist mit negativen Etiketten behaftet. In einer Leistungsgesellschaft steht der Erfolg im Vordergrund. „Unsere Medienkultur ist eine Siegerkultur." Der Umgang mit dem Scheitern ist Privatsache.

Selbstreflexion

- An welchen Stellen bzw. in welchen Phasen Ihrer Biografie würden Sie von Scheitern sprechen?
- Was haben Sie aus dem Scheitern und der Zeit danach gelernt?
- Was oder wer hat Ihnen dabei geholfen, das Nicht-Gelingen auszuhalten und das Gefühl der Niederlage zu überwinden?

Zumindest im beruflichen Bereich gibt es in unserer Gesellschaft jedoch auch gegenteilige Entwicklungen: Das Scheitern wird offen bekannt und geradezu zelebriert. In sogenannten „FuckUp-Nights" wird das Scheitern salonfähig: Zumeist junge Menschen kommen in den Großstädten Deutschlands zusammen, um sich gegenseitig und vor Publikum von ihren (beruflichen) Niederlagen und dem, was sie daraus gelernt haben, zu berichten. Das ist eine Art Desensibilisierungsprogramm gegen die Scham. Ja, sie gewinnen auf diese Weise sogar Stärkung für neue Vorhaben. Wer ein Ziel aufgeben musste oder einen Plan nicht umsetzen konnte, der erlebt die unterschiedlichsten Gefühle:

- Ohnmacht und Passivität
- Schamgefühl und Depressivität
- Selbstzweifel und verringertes Selbstwertgefühl

Die Kunst, mit dem Scheitern gut umzugehen, liegt vor allem in drei Faktoren:

- das Scheitern nicht persönlich nehmen,
- das gescheiterte Ziel loslassen,
- aus dem Scheitern lernen.

Manchmal ist es auch sinnvoll, rechtzeitig von einem Vorhaben abzulassen, wenn absehbar ist, dass das Ziel nicht erreichbar ist. Man nennt dies auch „präventives Scheitern".

Methode 44 → siehe Seite 188

Das Leben bietet uns heute vielfach ungeahnte Möglichkeiten. Das bedeutet aber auch, dass wir uns entscheiden müssen. Und so wird dann auch die eine oder andere falsche Entscheidung gefällt. Zudem hat heute Leistung einen hohen Stellenwert. Und auch hier besteht immer wieder die Gefahr des Scheiterns, weil wir den gestellten Erwartungen nicht gerecht werden (können).

Manche Menschen tun sich leichter, nach Rückschlägen wieder aufzustehen und weiterzumachen als andere, die dazu tendieren, liegen zu bleiben und sich zu denken: „Das ist mal wieder typisch, ich schaffe das doch nie." Wir können aber daran arbeiten, dass unsere psychischen Widerstandskräfte stärker werden. Mit „Resilienz" wird die seelische Widerstandskraft bezeichnet, die den Menschen hilft, angemessen mit dem Nicht-Gelingenden umzugehen. Sie bezieht u.a. ihre Energie aus dem Blick auf Fähigkeiten und Stärken, die man in anderen Lebenssituationen bewiesen hat.

Methode 45, 46 → siehe Seite 188f.

In der Biografie unterlaufen uns auch immer wieder Fehler. Fehler entstehen aufgrund der menschlichen Entscheidungsfreiheit. Sie stellen jeweils eine Lernchance dar. Die freundliche Haltung gegenüber Fehlern ist auch deswegen notwendig, weil sie die Grundlage der Kreativität ist. Wer Angst hat, etwas falsch zu machen, kann nicht kreativ sein. In unserer Biografie begegnen wir Fehlern in unterschiedlichen Zusammenhängen:

- Wir weisen Entscheidungen in unserer Biografie ein Etikett zu: „Und da habe ich einen Fehler gemacht."
- Wir bezeichnen eigene Schwächen (bzw. eigenen Fähigkeiten, die wir als Schwächen einschätzen) als persönliche Fehler. „Ich weiß schon, es ist ein Fehler, dass ich mich immer gleich aufrege."
- Wir begegnen aber auch anderen Menschen, von denen wir meinen oder die von sich selbst behaupten, dass sie einen Fehler gemacht hätten.
- Alles mündet in die Fragestellung, wie wir ein Leben führen können, das dem Fehler auch einen Raum in unserem Leben eingesteht.

Wir werden immer wieder scheitern: Wir werden Ziele nicht erreichen, hinter unseren Anforderungen zurückbleiben, Fehler machen. Diese grundlegenden Menschheitserfahrungen werden wir auch in den kommenden Jahren machen. Gut, wenn wir dann über ein Schatzkästlein verfügen, mit Inhalten die uns helfen, „bei Trost zu bleiben": mit Texten und Weisheiten, die aufbauen, mit Musikstücken als Kraftquellen, mit Menschen (auch „virtuelle" Personen in Romanen, Filmen etc.), die Hoffnung geben.

5.1.2 Scham

Wir alle kennen diese Situation: Etwas ist misslungen, ein Missgeschick passierte und das vor anderen Menschen oder wir haben etwas Peinliches getan oder gesagt und erröten deshalb vor Scham und geraten gehörig ins Schwitzen. Am liebsten würden wir vor lauter Schande im Boden versinken oder davonlaufen. Niemand möchte solche Situationen (wieder) erleben, weil wir uns schämen. Wir sprechen auch davon, uns diese Blöße nicht geben zu wollen.

Wir unterscheiden zwischen Scham und Beschämung: Scham bzw. ein gesundes Schamgefühl in Bezug auf den eigenen Körper bzw. die eigene Nacktheit dienen zum Schutz der Person und signalisieren die persönlichen Grenzen („bis hierher und nicht weiter"). Dieses Schamgefühl bildet sich ab der Geburt mit jedem Entwicklungsschritt eines Kindes weiter aus. Während ein Baby noch ungeniert nackt an sich herumspielt, wird sich ein zwei- bis dreijähriges Kind immer mehr seines Körpers bewusst und entwickelt bzw. entdeckt seine eigene Identität. Ein Kind im Vorschulalter möchte gern die Badezimmertür zusperren und sich nicht mehr nackt vor den Eltern zeigen. Diesen Wunsch zu akzeptieren und sensibel darauf zu reagieren, ist ein unbedingtes Muss, denn nur so kann sich eine gesunde Scham entwickeln, die das Kind vor sexuellen Übergriffen schützen kann. In der Pubertät schämt sich so mancher Heranwachsender seiner selbst und will seinen/ihren Körper (noch) nicht akzeptieren. Die körperlichen Umstellungen machen ihnen zu schaffen und sie wollen auf keinen Fall auf ihre Pickel oder ihre Figur angesprochen werden, da sie sich sofort beschämt und bloßgestellt fühlen. Hier hilft nur eine liebevolle Begleitung. Durch Alkohol und Drogen wird die gesunde Scham herabgesetzt und Menschen machen oft Dinge, die sie im nüchternen Zustand ablehnen. Im Erwachsenenalter ist ein Mittelmaß zwischen zu viel und zu wenig Scham wichtig. Zu viel Schamgefühl engt ein, zu wenig missachtet jede Form von Intimsphäre.

Beschämung geschieht von außen und durch andere Personen. Diese Beschämung lässt unsere Scham wiederum anwachsen, wenn wir z. B. schon einen Kopf wie eine rote Tomate haben und uns jemand genau auf diesen anspricht, kommt zusätzlich die Beschämung dazu. Wenn jemand ein Gegenüber beschämt, missbraucht er den Menschen existenziell. Auch wenn jemand einen anderen Menschen vor „Zeugen" maßregelt, ist das eine Form von schwerer Beschämung. Im Prinzip sollte die sichtbare Scham für das Gegenüber ein Warnsignal sein und ihm zeigen: „Sei behutsam mit mir!" In diesem Zusammenhang macht es Sinn, sich zu überlegen: Wo sind die Räume, wo ich mich bewegen kann, ohne beschämt zu werden?

Schamgefühle erleben wir auch, wenn wir vermeintlich falsche Antworten geben, wenn wir kleine Schwindeleien im Alltag vornehmen, wie z. B. eine falsche Altersangabe, um uns jünger zu machen. Dies könnten wir dazu nützen, zu wachsen und zu lernen. Einerseits um uns mehr Wissen anzueignen, um beim nächsten Mal die richtige Antwort zu wissen oder mehr zu uns selbst zu stehen. Beschämt werden können wir nur durch die Reaktion von außen. Wenn ein Kind in seiner Kindheit und Jugend laufend Beschämungen ausgesetzt ist, wird es sich verändern. Es wird rebellieren, sich einen Panzer aus Arroganz oder Zynismus zulegen und sich selbst entfremden.

Ein Mensch erlebt im Leben auch manch beschämende Situation, die ihn vielleicht in Gedanken immer wieder heimsucht und die er am liebsten vergessen würde. Hier kann es hilfreich sein, einen Lebensrückblick zu wagen und die Geschichte des eigenen Lebens jemandem zu erzählen bzw. aufzuschreiben. Vielleicht kommt dem Mann, wenn er an seinen unerbittlichen und ihn beschämenden Vater, mit dem er sich nie ausgesöhnt hat, denkt, nach der Erzählung der betreffenden Geschichten auch eine schönere Erinnerung in den Sinn, die imstande ist, ein etwas positiveres Bild auf die Beziehung zu werfen.

Wie in Kap. 4.1 beschrieben, sind selbstdefinierende Erinnerungen jene, die unsere Meinungen und Haltungen widerspiegeln. Manche Menschen erfreuen sich weniger an Erfolgen aus der Vergangenheit und an positiven Erinnerungen, sondern greifen immer wieder auf schwierige Situationen ihres Lebens zurück. Sie sind in weiterer Folge darauf bedacht, etwas zu vermeiden, d. h. sie erhalten diese eher negativ behafteten Erinnerungen genau deshalb wach, weil sie diese Situationen des Versagens oder der Beschämung nie mehr erleben wollen – sozusagen als Warnsignal zum Schutz vor weiteren Verletzungen. Die Beschäftigung mit den unangenehmen Erfahrungen und persönlichen Krisen kann dann hilfreich sein, wenn wir daraus unsere Lehre ziehen können und erkennen, warum wir nicht erfolgreich waren. Nun ist es wichtig, die Erfahrungen auch mit den positiven Erinnerungen und Bewältigungsstrategien in Verbindung zu bringen und somit Strategien zur Bewältigung von Krisen zu entwickeln. Wir können auch bewusst unsere Befindlichkeit steigern, indem wir z. B. unsere Erinnerungen an den letzten, schönen Urlaub in Form einer Muschel auf dem Schreibtisch ankern. Dieser Anker kann uns bei hektischen oder stressigen Situationen Augenblicke der Freude schenken und so als Bewältigungsstrategie dienen. Unsere Erinnerungen können uns Vertrauen in die eigenen Fähigkeiten schenken und ein Stück Gewissheit, dass wir das Leben meistern, geben.

Für jeden Menschen sollte es eine Regel, ja ein Grundsatz sein, sein Gegenüber zu achten und zu respektieren. Kein Mensch hat es sich verdient, durch unbedachte Worte oder Taten bewusst oder unbewusst beschämt zu werden. Vielmehr sollten wir uns bei manch befremdlichen Verhalten von anderen überlegen, was denn dahinter stehen könnte (die Geschichte hinter dem Verhalten bzw. hinter der Geschichte, die wir sehen), was dazu geführt haben könnte, dass jemand z. B. so mutlos wirkt. Wir alle brauchen Zuspruch und auch einmal ein Lob, denn dann lernen wir, uns, unseren Fähigkeiten und auch anderen Menschen zu vertrauen.

5.1.3 Schuld

Schuld ist ein moralisches Gefühl und basiert auf unseren Werten und den Normen der Gesellschaft. Schuld bedeutet, dass wir an jemandem oder auch an uns selbst etwas getan haben bzw. auch etwas unterlassen haben, was Schaden nach sich zieht. Unser Gewissen ist der innerliche Gradmesser, ob wir uns schuldig fühlen, Gesetze und Normen der äußerliche, ob wir schuldig sind. Wenn wir etwas unterlassen haben, bleiben wir jemandem oder auch uns selbst etwas schuldig.

Schuld ist ein zentrales menschliches Thema. Wir kommen immer wieder in Situationen, in denen wir uns schuldig fühlen oder in denen wir den Eindruck haben, andere seien an uns schuldig geworden. Vor allem im religiösen Kontext ist Schuld eine wichtige Größe: Für den Reformator Martin Luther war diese Thematik so bedeutsam, dass er davon ausging, dass sie uns am Lebensende stark beschäftigen wird. Auch heute ist das nicht anders: Am Ende unseres Lebens gibt es – so Papst Franziskus – nur mehr zwei Fragen zu beantworten: „Wem muss ich verzeihen! Wen muss ich um Verzeihung, Vergebung bitten?"[132]

„Rachamim" ist das hebräische Wort für Barmherzigkeit. Es leitet sich ab von „rechem", was Mutterschoß bedeutet. Dahinter steht die „Erfahrung einer werdenden Mutter, die ein Kind in ihrem Schoß trägt, die tiefe Verbundenheit, alle damit verbundenen Gefühle selbstloser Liebe, Zärtlichkeit, Sorgfalt, Zuneigung und Güte. … Barmherzigkeit offenbart … vom Wortstamm her, die mütterliche, die weibliche Seite Gottes."[133] Gläubige Christen gehen davon aus, dass ein barmherziger Gott ihnen die Schuld abnimmt, nach dem Fallen wieder beim Aufstehen hilft und den schuldig gewordenen Menschen seine Hand reicht.[134] Dies kann eine wesentliche Ent-Lastung darstellen: Ich muss nicht mehr mit mir hadern, wenn ein anderer mir tröstend und verzeihend begegnet.

Es ist eine der schwierigsten Aufgaben, sich seine eigene Schuld einzugestehen. Wie viel leichter ist es doch, die Schuld auf jemand anderen zu schieben und die eigenen Hände „in Unschuld zu waschen" bzw. im Selbstmitleid zu baden. Dabei können wir bei der Erforschung des eigenen Anteils an einem Streit, einer Auseinandersetzung oder an einem nicht gelungenen Vorhaben oder Gespräch menschlich sehr wachsen und gestärkt hervorgehen. Wir Menschen verdrängen schon allein den Gedanken an eine mögliche Schuld, weil Schuld immer auch Schmerz bedeutet. Andererseits ist es die Zurückweisung jeglicher eigener Schuld, die uns unfähig zur Selbstkritik und in weiterer Folge beziehungsunfähig macht. Im Zusammenhang mit Schuld fällt auch der Fokus auf den uns Menschen eigenen Abwehrmechanismus „Verdrängung". Abwehrmechanismen sind Mechanismen unserer Psyche, die uns im Normalfall schützen. Wenn wir uns aber nicht aufraffen können, auch einmal hinter die Angst und auf die eigene Fehlerhaftigkeit zu schauen, bleiben wir in der Abwehr stecken. Schuldgefühle plagen uns, weil wir uns vermeintlich für das

Schlechte entschieden haben, obwohl wir – rein moralisch betrachtet – das Gute hätten tun oder wählen sollen. Diese moralische Selbstbeurteilung hängt stark mit unserem Gewissen und dieses wiederum mit unserer Erziehung zusammen. Die Einsicht eines Fehlers führt zu Schuldgefühlen. Dadurch, dass der Mensch ein soziales Wesen ist, ist es vollkommen normal, dass er im Laufe seines Lebens immer wieder Unrecht begeht oder Unrecht erfährt. Sich seiner Schuld bewusst zu sein bzw. ab und zu ein „schlechtes Gewissen" zu haben, gilt als gesund, denn dies bezeugt, dass der Mensch ein Unrechtsverständnis hat. Das gesunde Schuldgefühl bedeutet, dass die Seele leidet. Sie leidet an einer Verletzung im zwischenmenschlichen Bereich. Oft reicht eine Entschuldigung, die dem Gegenüber zeigt, dass einem die Beziehung wichtig ist. Menschen, die auch Fehler an sich selbst einsehen, fällt es leichter, die Entschuldigung anzunehmen und zu verzeihen. Es braucht Mut dazu, eigene Fehler einzugestehen, aber es bedeutet auch ein gewisses Maß an menschlicher Größe zu haben, zu den eigenen Fehlern zu stehen bzw. wiederum die Entschuldigung einer Person anzunehmen.

Selbstreflexion

- Wo meinen Sie, in Ihrem Leben schuldig geworden zu sein und was brauchen Sie dazu, um dieses Verhalten oder Versäumnis annehmen zu können?
- Bei welchen Menschen meinen Sie in der Schuld zu stehen und wie sehen diese die Angelegenheit?
- Was schulden Sie sich selbst, damit Sie am Ende Ihres Lebens sagen können: es war ein selbstbestimmtes Leben?

Gedanken um Schuld finden sich auch auf fast jedem Weg der Trauer: Schuld am anderen durch begangene Taten, Schuld durch Unterlassen, Schuldzuweisungen und Selbstbeschuldigungen. Schuld ist eine Belastung und gerade auch im Zusammenhang mit Tod und Trauer sehr präsent. Manchmal kommen auch ganz alte, lange verdrängte Geschichten wieder an die Oberfläche[135] und wir erinnern uns daran, schuldig an dem jetzt Gestorbenen geworden zu sein. In solchen Fällen empfiehlt es sich zuweilen, zur Aufarbeitung professionelle Hilfe in Anspruch zu nehmen, um die „Geschichte abschließen" zu können.

Bei Schuld ist Versöhnung eine Form der Bewältigung, Vergebung dann eine weitere. Dieser Schritt der Vergebung ist ein sehr großer und manchmal nicht gangbarer. In diesem Fall sollte auch diese Tatsache anerkannt und gewürdigt werden.

Methode 47 → siehe Seite 190

Oft empfinden wir rückwirkend auf bestimmte Menschen Ärger oder sogar Hass. Wir fühlen uns ungerecht behandelt, was oft lange zurückliegen kann, aber immer wieder auftaucht. Mit Abstand betrachtet denken wir manchmal, wie wir nur so nachtragend sein können, aber es ist eine der schwierigsten Aufgaben im Leben, zu vergeben. Immer wieder tauchen Situationen auf, die uns an das Erlittene erinnern und wir hadern mit der Vergangenheit. Wenn es allerdings gelingt, der Person, die uns verletzt hat, zu vergeben, profitieren wir selbst davon am meisten, weil uns die negativen Gedanken und Emotionen nicht mehr länger verfolgen und belasten können.

Manche Menschen haben auch das Problem, dass sie sich selbst einige Verhaltensweisen ihres Lebens nicht verzeihen können, sei es ein Versäumnis oder eine vermutlich falsche Entscheidung. Wenn es nicht gelingt, diese schlechten Gefühle aufzulösen, wird immer ein Rest von Ärger, Verbitterung und Selbstzweifeln bleiben, die dann in Folge auch das Selbstvertrauen schwächen.

Wie können wir nun aber diese negativen Gefühle beeinflussen und zu einem guten Ende führen? Denken Sie über den Ärger nach und überlegen Sie sich, wie es wäre, wenn Sie ihn nicht mehr hätten.

Schuldzuweisungen jeglicher Art, sei es an sich selbst oder an andere gerichtet, belasten. Wenn Vergebung gelingt, entsteht Freiraum und Beziehung.

Methode 48 → siehe Seite 190

Zusammengefasst können wir die Chancen von Scheitern, Scham und Schuld pointiert benennen:

- Scheitern macht schlau.
- Scham schützt.
- Schuld lässt uns bewusster handeln.

Zum Weiterlesen:

Bonelli, Raphael M. (2013). Wir sind alle unschuldig! Wirklich? *Psychologie Heute* (12), 62–66.

Schärmer, Georg (2016). *Herzschrittmacher: Wege der Barmherzigkeit*. Innsbruck: Tyrolia.

Kräutler, Erwin (2016). *Habt Mut! Jetzt die Welt und die Kirche verändern*. Innsbruck: Tyrolia.

5.2 Leiden

> „Das Leiden macht den Menschen hellsichtig
> und die Welt durchsichtig." *Viktor Frankl*

In jeder Biografie gibt es Situationen oder Phasen, in denen wir selbst unter Krankheit oder Kränkungen, Krisen oder Durststrecken leiden oder andere in ihrem Leid begleiten und mit-leiden. Leiden ist zumeist ein vielfältiges Phänomen; es betrifft selten nur einen einzigen Bereich des Lebens: Wer krank ist, spürt oft bald auch Einsamkeit. Wer arbeitslos ist, erlebt schnell auch soziale Not. Ein schicksalhafter Einbruch in die Biografie ist manchmal wie ein Stein, den man ins Wasser wirft: Er zieht Kreise bis hin zur existenziellen Erschütterung. Sinn und/oder Glaube gehen verloren.

Leiden vervollständigt das Leben; ein durchgehend freudvolles Leben wäre von Oberflächlichkeit bedroht. Theologie und Philosophie rechnen das Leiden zur „Fülle des Lebens"[136]. Im Zusammenhang mit Leid(en) stellen sich insbesondere zwei Fragen:

- Die Frage nach der Ursache des Leidens: Woher kommt es? Und – für religiöse Menschen damit in Verbindung stehend – warum lässt uns ein Gott leiden?
- Die Frage nach dem Umgang mit dem Leiden: Sei es wenn man selbst davon betroffen ist oder wenn man andere Menschen, die leiden, begleitet.

Laut Viktor Frankl ist ein Leben ohne die „Tragische Trias"[137] von Schuld, Leid und Tod nicht möglich, d. h. sie gehören zum Leben dazu.[138] Allerdings betont Frankl auch, dass nur das Leben Sinn macht und nicht das Leiden.

Das Leiden ist auf der Welt grausame Realität, die uns immer wieder einholt, die uns manchmal mehr und manchmal weniger berührt. Leid lässt sich in vielen Fällen nicht aus der Welt schaffen, aber wir können versuchen, es zu reduzieren. Es gibt tragische, unvermeidbare Schicksale, verbunden mit viel Leid und Schmerz. Manchen Menschen gelingt es trotzdem, auch im Leid Größe zu zeigen und sogar dann noch auf andere Menschen zuzugehen. Ein erfülltes Leben wird in den meisten Fällen auch ein Leiden kennen, da die Liebe einen Menschen verletzlich und angreifbar macht. So werden Eltern immer ein Stück weit mit ihren Kindern mitleiden und ihnen am liebsten die Schmerzen abnehmen wollen. Der Philosoph Clemens Sedmak schreibt in seinem Buch „Geglücktes Leben"[139] davon, dass Leiden sich zwischen den Menschen und den Rest der Welt schieben kann. Hier sind Widerstand gefragt und wiederum menschliche Reife und Größe. Leiden kann uns ein Stück weit lehren, Geduld zu haben. Geduld ist gefordert, um etwas auszuhalten, aber auch ein sich Widersetzen, ein Nicht-Aufgeben. Reif ist auch, wer zwar gegen den Strom schwimmt, aber nicht gegen das Leben.

Das Leid eines Menschen steht immer auch mit dem Verlust eines Wertes in Verbindung. Etwas, das uns wichtig war, ist nicht mehr. Das kann der Abschied von einem Menschen sein, der uns Leid bereitet, aber auch der Verlust von Gesundheit. Wir leiden darunter, nicht mehr jung zu sein und so manche Einschränkung hinnehmen zu müssen, oder wir leiden darunter, von jemandem abgelehnt zu werden. Wir leiden am Unabänderlichen und sind gefordert, mit dem Leid umzugehen. Ein leidender Mensch ist allein mit seinem Schmerz. Verstehen kann ihn nur jemand, der ähnliches Leid erlitten hat. Die anderen können es nur stückweise erahnen.

Selbstreflexion

- Wie verhalten Sie sich in Phasen, in denen es Ihnen nicht gut geht, Sie unter sozialer Isolierung oder unter Schmerzen leiden?
- Wie suchen Sie nach Lösungen und versuchen, die Situation – so weit wie möglich – zu verändern?
- Egal, wie Sie reagiert haben. Was war für Sie an Ihrem Verhalten hilfreich? Welchen Nutzen hat es Ihnen gebracht?

Wer leidet, wird schreien und klagen, weinen und jammern, fragen und zweifeln, sich zurückziehen und verstummen. Die Reaktionsweisen sind vielfältig und oft zeigt ein und derselbe Mensch verschiedenste Umgangsformen mit der leidvollen Situation. Jede dieser Verhaltensweisen ist völlig in Ordnung, bietet dem/der Leidenden einen Nutzen oder einen Vorteil: Wer schreit, wird wahrgenommen. Wer sich zurückzieht, schützt sich. Wer zweifelt, hat den Kampf aufgenommen. Wichtig ist es, nicht in einer Reaktionsweise stecken zu bleiben. Für religiöse Menschen ist es bedeutsam, dass die Gottesbeziehung dabei nicht unterbrochen wird.[140]

Wie kann eine ressourcenorientierte Biografiearbeit mit Leiden umgehen? In Situationen, in denen wir leiden, zeigen wir oft besondere Stärken und Kompetenzen im Umgang mit der belastenden Lebenssituation.[141] Wir verfügen oft über eine ganze Klaviatur hilfreicher Bewältigungsmechanismen, z. B. Ablenken, Rat suchen, Hilfe annehmen, Ausgleich finden … Wir entwickeln vielleicht sogar eine selbstbewusste Hinnahmefähigkeit. Wir zerbrechen nicht, wir wachsen. Wir bleiben – ähnlich wie beim Humor – in einem gewissen beobachtenden Abstand zum Geschehen. Es entsteht „passive Tapferkeit". Ein Bewahren des aufrechten Gangs im Bewusstsein des Nicht-Änderbaren.

Methode 49 → siehe Seite 191

Leiden ist eine Herausforderung der Selbstsorge. Seelische, körperliche oder soziale Schmerzen sind eine Provokation (provocare = herausrufen). Wir sind herausgefordert, gut für uns zu sorgen, unsere Grenzen zu beachten und das zu pflegen, was uns gut tut und uns stärkt. Die Philosophie der Lebenskunst[142] empfiehlt zudem eine „Hermeneutik des Leidens". Diese umfasst zwei Aspekte:

- Zum einen versucht sie den Zusammenhang des Leidens zu entdecken: „Woher kommt mein Leiden? Was alles lässt mich leiden? Inwiefern bedingen sich die Faktoren wechselseitig?" Es geht darum, das Leiden einzuordnen und seine Bedingungsfaktoren zu verstehen. So versteht z. B. der Mann, dessen Frau sich von ihm getrennt hat und der nun seine Kinder nur noch selten sehen kann, dass sein Leiden aus vielfältigen Aspekten besteht: dem Alleinsein, dem Zerplatzen des Familientraums, der Trennung vom vertrauten Alltag …
- Zum anderen kann erschlossen werden, was das Leiden für die jeweilige Person bedeutet: Worauf weist der körperliche, seelische oder soziale Schmerz sie hin? Welche Entwicklungsaufgabe stellt sich ihr? Provokativ formuliert: Wozu ist das Leiden für die jeweilige Person gut? Der Mann im obigen Beispiel erkennt, dass er lernen muss, mit sich allein zurechtzukommen. Und zudem ist er herausgefordert, zusammen mit seiner Ex-Partnerin ein alternatives Familienmodell zu entwickeln.

Sinn dieser beiden Verstehens-Fragen ist es, den Menschen wieder aus der Opferrolle herauszuholen und ihn zum Handeln zu motivieren.

Zum Weiterlesen:

Sedmak, Clemens (2006). *Geglücktes Leben – Was ich meinen Kindern ans Herz legen will.* Styria: Wien.

Rechenberg-Winter, Petra (2015). *Leid kreativ wandeln: biografisches Schreiben in Krisenzeiten.* Göttingen: Vandenhoeck & Ruprecht.

Längle, Alfried (2014). *Sinnvoll leben – Eine praktische Anleitung der Logotherapie* (3. Aufl.). St. Pölten: Residenz.

5.3 Sterben, Tod und Trauer

Lehre uns bedenken, dass wir sterben müssen,
auf dass wir klug werden. *Psalm 90*

Dem Tod begegnen wir im Laufe unserer Biografie immer wieder – vor allem in den Medien, aber auch (wenn auch viel weniger) in der persönlichen Erfahrung: Familienangehörige und Freunde, Kollegen/-innen und Bekannte sterben. Insbesondere in der zweiten Lebenshälfte machen wir die Erfahrung, dass es auch Personen der eigenen Generation, aus dem persönlichen Freundes- und Bekanntenkreis betrifft. Wir können uns dann dieser Erfahrung stellen, sie aber auch verdrängen. Zu unserer Biografie gehört eben auch das eigene Ende – und viele kleine Sterbeerfahrungen im Laufe unseres Lebens. Auch das ist eine Erfahrung vor allem der zweiten Lebenshälfte: die meisten Geburtstage liegen hinter uns. Die vergangene Zeit ist länger als die kommende.

Methode 50 → siehe Seite 191

Der Umgang mit dem Sterben

Obwohl wir in den Medien (insbesondere den Nachrichten und den Krimiserien) mit Hunderten und Tausenden von Toten konfrontiert werden, ist uns im Alltag das Bewusstsein dafür verloren gegangen, dass unser Leben enden wird und wir sterblich sind.[143] Jeder Mensch muss und wird seine Art und Weise entwickeln, wie er damit umgehen kann – und diese Art und Weise wird auch einen Einfluss darauf haben, wie er seine Biografie lebt und entwirft. Auch die Biografiearbeit hat sich diesem Thema zu stellen, denn:

- Sterbeerfahrungen und Todesbegegnungen gehören zu unserem Leben.
- Wir selbst sind sterblich und müssen lernen, mit dieser Lebenseigenschaft umzugehen.
- Die Begleiter/-innen von Menschen in der Bildungsarbeit, der Seelsorge oder der Pflege stehen in der Pflicht, sich selbst mit der eigenen Endlichkeit auseinanderzusetzen.

Nichts ist in unserem Leben so sicher, wie die Tatsache, dass wir einmal – früher oder später – sterben werden. Dies mag uns bedrohlich und ängstigend erscheinen. Das Unausweichliche des Todes bietet aber auch eine Sicherheit.[144] Das Sterben beginnt mit der Geburt, stellte schon der griechische Philosoph Sokrates fest. Der Philosoph Martin Heidegger etikettierte das menschliche Leben als ein „Sein zum Tode". Denn der Mensch weiß – wahrscheinlich als einziges Lebewesen – um seine Endlichkeit.

Wenn man die Menschen heute befragt, wie sie einmal sterben möchten, so wünschen sich die meisten Menschen in unserer Kultur einen plötzlichen, leidfreien Tod.[145] Das war nicht immer so, ja im Mittelalter beispielsweise war es ganz anders: Dort wünschte man sich ausreichend Zeit, um sich auf den Tod vorbereiten zu können. Es galt die „letzten Dinge" zu regeln, sich von der Familie zu verabschieden und sich auf die Begegnung mit Gott vorzubereiten. Nur gelegentlich taucht dieses Bedürfnis auch bei den heute lebenden bzw. sterbenden Menschen auf.

Im Alltag begegnen uns Tote meist nur in den Nachrichten oder in Spielfilmen. Dem ersten gestorbenen Menschen sehen wir uns meistens erst dann gegenüber, wenn die Vorgängergeneration stirbt (z. B. die Eltern) – oft sind wir selbst dann schon jenseits der Vierzig. Der Tod erscheint uns fremd und das Fremde macht uns Angst. Die Folge kann die Verdrängung des Todes sein. So wird auch der eigene Tod zu einem Tabu. Erst in der zweiten Lebenshälfte wird er zum Thema, wenn Leistungseinbußen und Erkrankungen uns daran erinnern, dass „es nicht immer so weitergeht". Doch das Tabu reicht weiter: Der Tod – unser Tod – ist kaum Thema unserer Kommunikation.

Der Schriftsteller Max Frisch[146] hat in seinem Fragebogen zum Thema „Tod" einige interessante, auch provokante Nachfragen zu unserem Verhältnis zur Endlichkeit formuliert:

Selbstreflexion

- „Haben Sie Angst vor dem Tod? Seit welchem Lebensjahr?
- Was tun Sie dagegen?
- Haben sie keine Angst vor dem Tod (weil Sie materialistisch denken, weil sie nicht materialistisch denken), aber Angst vor dem Sterben?
- Möchten Sie unsterblich sein?
- Wenn wieder ein Bekannter gestorben ist: Überrascht es Sie, wie selbstverständlich es für Sie ist, dass die anderen sterben? Und wenn nicht: Haben Sie dann das Gefühl, dass er Ihnen etwas voraushat oder fühlen Sie sich überlegen?
- Möchten Sie wissen, wie Sterben ist?
- Was stört Sie an Begräbnissen?
- Wenn Sie jemand bemitleidet oder gehasst haben und zur Kenntnis nehmen, dass er verstorben ist: Was machen Sie mit Ihrem bisherigen Hass auf seine Person beziehungsweise mit Ihrem Mitleid?
- Möchten Sie lieber mit Bewusstsein sterben oder überrascht werden von einem fallenden Ziegel, von einem Herzschlag, von einer Explosion usw.?
- Wissen Sie, wo Sie begraben sein möchten?"

Die kleinen Tode des Lebens

Sterben ist nicht nur eine Erfahrung, die wir am Lebensende machen: Im Laufe unseres Lebens müssen wir uns von Familienangehörigen und Freunden, Kollegen und Bekannten verabschieden. Aber auch im eigenen Leben machen wir viele kleine Sterbeerfahrungen: Wir müssen nicht nur Menschen, sondern auch anderes loslassen, z. B. Träume, Rollen, Orte usw. Abschiede durchziehen unser Leben (ebenso wie Anfänge). Die Psychologin Verena Kast nennt eine solche Lebenshaltung „Abschiedliches Leben". Der Philosoph Wilhelm Weischedel[147] spricht von der „Abschiedlichkeit" als wesentlicher Haltung: der Haltung zu einer distanzierteren Sicht auf die Welt und sich selbst. Wer weiß, dass er irgendwann mal „gehen" muss, wird sich weniger an etwas binden.

Leben heißt, bewusst die kleinen Abschiede wahrzunehmen und zu begehen (z. B. durch Rituale), um dann auf den großen Abschied vorbereitet zu sein. Eventuell verliert dadurch der Tod sogar seine vermeintlich übergroße Bedeutung.

Im Grunde genommen könnte man sagen: Das Leben beginnt und endet mit Loslassen. Denn schon die Geburt stellt für den kleinen Menschen einen Akt des Loslassens dar. Und auch der Tod verlangt von uns ein Loslassen – dieses kann im Laufe des Lebens eingeübt werden. Es gibt eine Vielzahl von Lebensbereichen, in denen unsere Fähigkeit des Loslassens herausgefordert wird[148]:

- Dinge loslassen, z. B. bei Verlust oder auch beim Einzug ins Altenheim
- Orte und Zeiten loslassen, z. B. Abschied von der Jugend oder vom Wohnort der Kindheit
- Werte, Haltungen und Gewohnheiten loslassen, z. B. am Ende der Berufsbiografie
- Überzeugungen und Pläne loslassen, z. B. den Traum von einem bestimmten Beruf oder der Familiengründung aufgeben
- Verantwortung und Aufgaben loslassen, z. B. in den Ruhestand gehen
- Gesundheit und Fähigkeiten loslassen, z. B. bei Krankheit oder Behinderung
- Schuld und Verbitterung loslassen, z. B. im therapeutischen Prozess
- Menschen loslassen, z. B. durch Trennung, Scheidung oder Tod

Wenn es ans eigene Sterben geht, ist eine Haltung des Festhaltenswollens nicht hilfreich. Wir verkrampfen uns, klammern uns ans Leben. Der evangelische Theologe Waldemar Pisarski rät, sich durch die Biografie hindurch im Loslassen zu üben, um das letzte große Loslassen leichter bewältigen zu können.

Methode 51 → siehe Seite 192

Was wir nicht üben können und worauf wir uns nicht vorbereiten können, ist der Todesfall eines geliebten Menschen. Diese Trauer fällt unter den Begriff „erschwerte Trauer“[149] – im Gegensatz zur „normalen Trauer“ angesichts der Verlusterfahrungen des alltäglichen Lebens. Durch den Verlust eines geliebten Menschen wird bei vielen Menschen an eigenen Wunden gekratzt, ungelöste Probleme kommen wieder an die Oberfläche des Bewusstseins. Der Umgang mit der Trauer ist so individuell wie jeder Mensch selbst. Mancher Mensch stürzt sich – meist unbewusst – in die Verdrängung und kann die Trauer nicht zulassen. Dies ist von der Außenwelt zu würdigen, da es diesem Menschen momentan nicht möglich ist, damit umzugehen. Es kostet viel Energie, den Anteil Trauer abzuspalten[150] und (derzeit) nicht zu leben. Wichtig wäre es, dass es dem Menschen zu einem späteren Zeitpunkt möglich ist, die Trauer zu durchleben. Jedes Gefühl hat seine Berechtigung und hat dadurch, dass es sich zeigt, seinen Sinn.

Ein weiterer Sonderfall ist die Trauer, die den Trauernden in Erstarrung verharren lässt[151] und ihm/ihr so das vermeintliche Gefühl gibt, dass der/die Verlorene dadurch trotzdem nahe scheint. Auch diese besondere Art der Verarbeitung ist als Durchgangsphase zu sehen. Es gibt in der Trauerarbeit keine Norm, sie ist ein Prozess und sie braucht Zeit.

Trauernde fühlen sich oft eingesperrt in ihrem Leid und so mancher Kontrollmechanismus zum Schutz unserer Seele und zur Aufrechterhaltung der Alltagstüchtigkeit greift in dieser Situation nicht mehr. Inzwischen gibt es viele Trauergruppen, die auch mit Hilfe der Biografiearbeit den Teilnehmern/-innen verschiedene Wege zeigen, die eigene Trauer zu bewältigen. Der Tod, die Trauer und das (Weiter-)Leben werden mit Hilfe verschiedener Methoden betrachtet und bearbeitet.

Methode 52 → siehe Seite 193

Biografiearbeit als Teil einer Ars Vivendi

Im Europa des 14. und 15. Jahrhunderts entwickelte sich angesichts der Pestepidemien eine Literaturgattung, die als „ars moriendi“ („Kunst des Sterbens“) bezeichnet wurde. Gegen Ende des Mittelalters entstanden dann auch solche Handreichungen in Bildform mit dem Ziel, die Handreichungen auch einfacheren Bevölkerungsschichten zugänglich zu machen (sogenannte „Bilder-Ars“). Mit der Zeit entwickelten sich aus den Anregungen zur „Kunst des Sterbens“ Hinweise und Anregungen zu einer „Kunst des Lebens“ („ars vivendi“): Dabei geht es nun um die rechtzeitige Vorbereitung auf Sterben und Tod.

Der Seelsorger Waldemar Pisarski[152] plädiert für die Entwicklung einer modernen Sterbekunst und formuliert vier Anforderungen, die diese zu erfüllen habe:

- Eine moderne Sterbekunst rückt die Themen „Sterben und Tod" wieder vom Rand der Wahrnehmung in das Zentrum. Es geht um ein „**bewusstes Sterben**", das nicht den plötzlichen Tod anstrebt, sondern den Tod im Kreise der Freunde und Familie.
- Damit ist auch der zweite Aspekt angesprochen: Es geht um ein **begleitetes Sterben** – jenseits von Abschieben und Einsamkeit.
- Der/die Sterbende soll nicht als Objekt von „Behandlungen" angesehen werden. Beim **personalen Sterben** ist der/die Sterbende bis zuletzt Subjekt.
- Das Sterben kann und soll **lebensgeschichtlich** vorbereitet werden: „Es gibt keine Lebenserfahrung, auf die wir uns so lange und so sorgfältig vorbereiten können wie auf das Sterben."[153]

Gerade der letzte Punkt ist eine zentrale Aufgabe der Biografiearbeit.

Zum Weiterlesen:

Roth, Fritz & Schwikart, Georg (2009). *Nimm den Tod persönlich – Praktische Anregungen für einen individuellen Abschied*. München: Random

Pisarski, Waldemar (2005). *Auch am Abend wird es licht sein: die Kunst zu leben und zu sterben*. München: Claudius.

Steffensky, Fulbert (2007). *Mut zur Endlichkeit: Sterben in einer Gesellschaft der Sieger*. Stuttgart: Radius.

Fahrplan für kluges Scheitern

Methode 44

1. Berücksichtigen Sie beim Planen eines Vorhabens auch die Möglichkeit des Scheiterns!
2. Akzeptieren Sie Ihr Scheitern und verabschieden Sie sich vom ursprünglichen Ziel!
3. Nehmen Sie das Scheitern nicht persönlich!
4. Gehen Sie mit sich selbst versöhnlich um!
5. Reflektieren Sie das Geschehene! Was hat zum Scheitern beigetragen? Was ist Ihnen aber auch gelungen?
6. Betrachten Sie das Scheitern als eine Lernchance!
7. Gehen Sie einen neuen Weg!

Meine Widerstandskräfte[154]

Methode 45

Widerstandskraft setzt sich aus drei Faktoren zusammen und bewirkt, dass eine Aufwärtsspirale in Gang gesetzt wird:

- Kognitive Widerstandskraft: Hier ist Ihr Denken gefragt, denn die Gedanken beeinflussen die Stimmung und das Verhalten. Konzentrieren Sie sich auf Ihre Stärken und rufen Sie sich Gelungenes in ähnlichen Situationen ins Gedächtnis. Hinterfragen Sie negative Überzeugungen und arbeiten Sie daran.
- Emotionale Widerstandskraft: Wenn Sie sich Ihrer selbst bewusst sind, im Großen und Ganzen wissen, wie Sie fühlen, denken und in Folge reagieren, werden Sie sich auch in andere Menschen besser hineinversetzen können, d. h. Sie werden Empathie entwickeln und Ihren Mitmenschen sensibel und rücksichtsvoll begegnen. Erinnern Sie sich an Menschen, die Sie immer gefördert und unterstützt haben.
- Verhaltensbezogene Widerstandskraft: Schreiben Sie sich eine Liste all der Dinge, Personen, Tätigkeiten, …, die Ihnen gut tun. Machen Sie das in einer Phase, in der Sie sich wohl fühlen, um dann in weniger rosigen Zeiten darauf zurückgreifen zu können. Bauen Sie Beziehungen auf, die Sie unterstützen, sowohl im privaten als auch im beruflichen Bereich. Setzen Sie auf Netzwerke, zahlen Sie auf das gemeinsame „Beziehungskonto" ein, um in Notzeiten auch abheben zu können.
- Vergessen Sie auch nicht den Humor, der als einer der reifsten Abwehrmechanismen gilt.

Alle Methoden sind auch als Arbeitsblätter/Schreibvorlagen über Download erhältlich (s. Seite 2).

„Mut-Macher meines Lebens"

Methode 46

Hierzu zeichnen Sie einen Zeitstrahl auf ein DIN A3-Blatt und teilen Ihre Lebensjahre in 7er-Schritten ein. Nun wird für jedes Segment ein Mensch aufgeschrieben, der für diese Lebensphase hilfreich oder inspirierend war. Daneben zeichnen Sie Symbole oder beschreiben in Worten, was diesen „Mut-Macher" für Sie so besonders machte.

Wenn diese Methode in einer Gruppe angewandt wird, können Sie sich in Zweiergruppen über die besonderen Menschen Ihres Lebens unterhalten und über die jeweilige Persönlichkeit und die Auswirkungen auf Ihr Leben sprechen. Als weiteren Punkt können Sie überlegen, für wen Sie selbst im Laufe Ihres Lebens ein/e Mut-Macher/-in sein durften. Auch dieser Punkt kann Freude und Zufriedenheit auslösen und Verbundenheit schaffen. Vielleicht ist es Ihnen im Anschluss an die Übung auch ein Bedürfnis, einen dieser Menschen anzurufen oder ihm/ihr einen Brief zu schreiben. Geben Sie diesem Impuls nach und Sie werden berührende und beglückende Momente erleben.

Schritte zur Versöhnung

Methode 47

- Erkennen Sie, was genau Sie verletzt hat.
- Sprechen Sie diese Kränkung an und erklären Sie, was genau Sie ärgert oder kränkt (Anklage).
- Hören Sie sich die Wirklichkeit Ihres Gegenübers an und anerkennen Sie diese als solche.
- Nur durch eine Anklage wird Vergebung möglich. Vergeben heißt wiederum nicht akzeptieren. Wir verurteilen die Handlung des Menschen und nicht den Menschen selbst.
- Verzeihen Sie Ihrem Gegenüber und lassen Sie damit die Verletzung los.

Danach ist es möglich, gemeinsam weiter an der Beziehung zu arbeiten.

AIM

Methode 48

Im Zusammenhang von Schuld und Vergebung wurde in der Positiven Psychologie eine Methode mit dem Namen AIM[155] entwickelt:

A für „Augen auf"

Sie betrachten die eigentliche Situation mit all Ihrer Aufmerksamkeit sozusagen mit dem Blick von außen. Wer hat was wann und wie gesagt oder getan?

I für „Interpretation"

Überlegen Sie nun, welche Gefühle diese Situation in Ihnen ausgelöst hat und versuchen Sie, diese zu deuten. Sie sind beispielsweise enttäuscht von einem Freund. Versuchen Sie nun, die Hintergründe für das Verhalten des Freundes zu ergründen, und geben ihm somit eine Chance, alles zu erklären, oder lehnen Sie das Verhalten grundsätzlich ohne weitere Informationen über die Gründe ab? Diese Interpretation bzw. Einstellung wird dann das weitere Vorgehen beeinflussen und Sie werden dem Freund dementsprechend positiv, neutral oder negativ entgegentreten.

M für „Memorieren"

Hier schauen Sie sich die Erinnerung an das Ereignis an. Welche Spuren hinterlässt es und wie beeinflussen diese das weitere Handeln? Vertrauen kann wachsen oder schrumpfen.

Mit dieser Methode kann es gelingen, auch Vorkommnisse aus der Vergangenheit besser verstehen und die negativen Gefühle in dem Zusammenhang loslassen zu können.

Klagepsalm

Methode 49

Im biblischen Buch der Psalmen gibt es eine ganze Reihe von Klageliedern, z. B.:

Gott, höre mein Flehen,
achte auf mein Beten!
Vom Ende der Erde rufe ich zu dir;
denn mein Herz ist verzagt.
Führe mich auf den Felsen, der mir zu hoch ist!

Du bist meine Zuflucht,
ein fester Turm gegen die Feinde.
In deinem Zelt möchte ich Gast sein auf ewig,
mich bergen im Schutz Deiner Flügel.

Psalm 61,2-5

Schreiben Sie Ihren persönlichen Klagepsalm!

Meine Lebensuhr

Methode 50

Wie wir unser Leben reflektieren und bewerten, wie wir es entwerfen und planen, ist auch stark davon abhängig, wie weit wir uns von Geburt und Tod entfernt wähnen.[156]

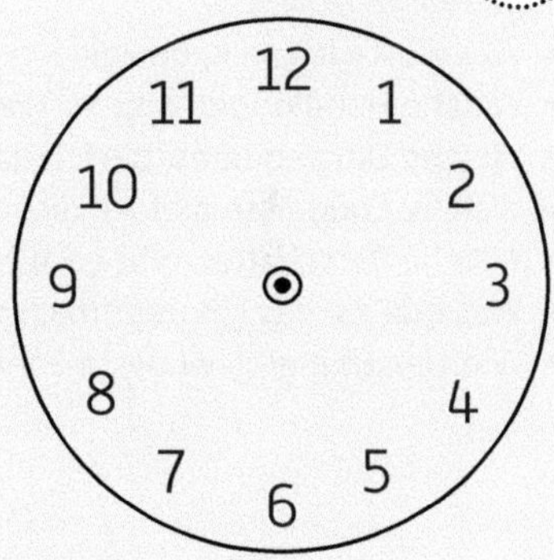

Stellen sie sich vor: Die Lebensspanne zwischen Geburt und Tod dauert zwölf Stunden. Wie spät ist es dann auf Ihrer Lebensuhr?

Denken Sie einige Minuten über diese Frage nach und tragen Sie dann „Ihre persönliche Zeit" auf das untenstehende Ziffernblatt (Stunden- und Minutenzeiger) ein. Mit dem Ziffernblatt vor Augen vervollständigen Sie die nachstehenden Satzanfänge.

Es ist zu spät, um ……………………………………………

Es ist noch zu früh, um ……………………………………………

Es ist der richtige Zeitpunkt, um ……………………………………………

Ich brauche noch Zeit, um ……………………………………………

Der Wecker ist gestellt auf ……………… Uhr. Das bedeutet: ……………………………………………

Einübung ins abschiedliche Leben

Methode 51

Die Auseinandersetzung mit der eigenen Biografie ist vielfach verbunden mit Abschiednehmen – von vergangenem Schönen, nicht erfüllten Wünschen und nicht mehr realisierbaren Plänen. Die „Einübung ins abschiedliche Leben"[157] kann helfen, Zukunftspläne zu entwickeln, weil so Energie von Vergangenem abgezogen und in die Zukunft investiert werden kann.

Schreiben Sie Ihre Antworten auf!

- Welche Pläne habe ich für meine Wohnung oder mein Haus, die ich bis jetzt noch nicht verwirklicht habe?
- Welche Dinge gibt es, die ich wegwerfen sollte?
- Welche Dinge gibt es, die ich kaufen wollte?
- Welche Dinge gibt es, die ich haben wollte und bei denen ich mich damit abgefunden habe, dass ich sie nicht habe?
- Welche Aufgaben gibt es, an denen ich arbeite und die ich noch nicht abgeschlossen habe?
- Welche Aufgaben gibt es, die ich anfangen wollte und die ich nicht angefangen habe?
- Welche Dinge gibt es, die ich ändern wollte und die ich noch nicht geändert habe?
- Wer wollte ich sein, der/die ich noch nicht war?
- Welche Handlungen gibt es, die ich tun wollte und noch nie tat?
- Welche Dinge gibt es, die ich haben wollte und nie hatte?
- Welche Ereignisse gibt es, die ich erleben wollte und nicht erlebt habe?
- Welche Botschaften gibt es, die ich sagen wollte und nie gesagt habe?
- Was gibt es, das ich über mich selbst weiß und was niemand anderes weiß?
- Wie schaut meine wildeste Fantasie von mir selber aus?

Assoziationen zur Trauer

Methode 52

Oft verbinden wir mit Trauer negative Gefühle, Schwere und Dunkelheit. Notieren Sie Ihre Assoziationen zur Trauer! Überlegen Sie nicht lange, bilden Sie keine Oberbegriffe! Schreiben Sie spontan Ihre Einfälle auf – auch wenn Sie Ihnen unsinnig vorkommen!

In der ersten Zeile beginnen Ihrer Assoziationen zur Trauer mit den Buchstaben T, R, A, U, E und R. In den weiteren Zeilen notieren Sie jeweils Ihre Einfälle in Bezug auf die beiden darüber stehenden Begriffe!

Wie lautet Ihr letztes Wort? Überrascht Sie das Wort, wenn Sie es in Verbindung zur Trauer sehen?

Assoziationenkette TRAUER

T.......................... R.......................... A .... U .... E.......................... R ....

....

....

....

....

....

KAPITEL 6 Schlusswort: Biografiearbeit will gelernt sein

„Das echte Gespräch bedeutet:
aus dem Ich heraustreten und an die Tür des Du klopfen." *Albert Camus*

Wer andere Menschen bei der Reflexion ihrer Biografie begleiten will, bedarf einer ganzen Reihe von Kompetenzen, um diese Aufgabe verantwortungsvoll erledigen zu können. Kompetenzen sind ein Bündel aus Wissen, Haltungen und Fähigkeiten, die eine erfolgreiche Bewältigung von wichtigen Situationen in der Biografiearbeit ermöglichen. Je nach Profession (z. B. Psychologe/-in, Theologe/-in, Pädagoge/-in u.a.) und Professionalisierungsgrad (z. B. Hauptamtliche/-r oder Ehrenamtliche/-r) kann sich die inhaltliche Beschreibung der Kompetenzfelder im Umfang und graduell unterscheiden – die Grundanforderungen bleiben allerdings für alle bestehen.

Selbstreflexion

- Welche Situationen können beim biografischen Arbeiten immer wieder auftreten (z. B. problemorientierte Sicht bei den Teilnehmer/-innen)?
- Welches Wissen, welche Einstellungen und welche Fähigkeiten benötigen Sie, um diese Situationen zu bewältigen? (Zum Beispiel Wissen aus der Gehirnforschung, Haltung der Ressourcenorientierung, Fähigkeit zu konstruktivem Fragen, ...)
- Wo und wie können Sie sich besser auf solche Situationen vorbereiten?

Wir unterscheiden sechs Kompetenzfelder:

- **Fachliche Kompetenzen**: Hierbei handelt es sich um Theorien, Konzepte und Bezugswissen, vor deren Hintergrund biografisches Arbeiten stattfindet. Dieses Wissen hilft, die Praxis zu verstehen und einzuordnen. Es unterstützt bei der Entwicklung von Handlungsstrategien und -wegen.
- **Methodische Kompetenzen:** Der Biografiearbeiter/die Biografiearbeiterin sollte über einen großen methodischen Werkzeugkasten verfügen. Er/sie ist in der Lage, Methoden zielorientiert und situationsgerecht einzusetzen. Er/sie ist sich auch bewusst, welche Methoden zu ihm/ihr passen.
- **Soziale Kompetenzen**: Wer sozial kompetent ist, ist in der Lage, zwischenmenschliche Beziehungen (im 2er-Setting und in der Gruppe) förderlich und wertschätzend zu gestalten. Er/sie reflektiert dazu regelmäßig auch das eigene Verhalten bzw. die persönliche Einstellung.

- **Selbst-Kompetenzen**: Wer andere anleitet und begleitet, sollte sich selbst steuern und reflektieren können. Biografiearbeiter/-innen wissen um ihre Stärken und Schwächen. Sie kennen ihre Entwicklungspotenziale und Aufgaben.
- **Systemische Kompetenzen**: Biografiearbeiter/-innen sind sich zum einen bewusst, in welchen Kontexten (z. B. historisch, gesellschaftlich) Menschen leben bzw. gelebt haben. Sie sind in der Lage, Wechselwirkungen zwischen unterschiedlichen Lebensfaktoren wahrzunehmen und zu erkennen. In ihren Interventionen und Impulsen sind sie sich solcher Wechselwirkungen bewusst.
- **Ethische Kompetenzen**: Biografiearbeiter/-innen handeln verantwortungsvoll. Sie sind achtsam, respektieren ihre eigenen Grenzen. Sie werden nicht aktiv, wo sie keinen Auftrag von den Teilnehmern/-innen und Klienten/-innen haben.

Diese Kompetenzfelder können – in nicht abgeschlossener Aufzählung – so gefüllt werden:

Fachliche Kompetenzen, z. B.: • Wissen um die Veränderungen von Biografien • Wissen über die Lebenssituation der Zielgruppe, mit der man arbeitet • Entwicklungspsychologisches Wissen • Wissen über (lebenslanges) Lernen und die Begleitung von Veränderungs- und Lernprozessen • Wissen über Bezugstheorien der Biografiearbeit	**Methodische Kompetenzen, z. B.:** • Methoden ziel- und situationsgerecht einsetzen • Über methodische Alternativen verfügen • Ressourcenorientierung beachten • Methodeneinsatz im Nachhinein reflektieren • Lernmaterialien gestalten • Lern- und Gesprächsergebnisse sichern
Soziale Kompetenzen, z. B.: • Kommunikation gestalten • Gruppen leiten und moderieren • Mit Widerstand und Störungen konstruktiv umgehen • Rollenklarheit zeigen	**Selbst-Kompetenzen, z. B.:** • Sich selbst motivieren • Sich selbst reflektieren, z. B. um persönliche heikle Themen wissen • Mit der eigenen Biografie bewusst umgehen
Systemische Kompetenzen, z. B.: • Wissen über die Lebenskontexte der Teilnehmer/-innen und Klienten/-innen: z. B. (Sozial-) Geschichte • Erkennen, wie unterschiedliche Lebensfaktoren der Klienten/-innen sich wechselseitig bedingen und beeinflussen • Systemisches Bewusstsein bezüglich eingesetzter Interventionen (Prinzip der Nicht-Machbarkeit)	**Ethische Kompetenzen, z. B.:** • Angemessener Umgang mit Nähe und Distanz • Beachtung der eigenen Rolle • Prinzip der Selbstbestimmung und Freiwilligkeit beachten • Wahrnehmen und Zeigen der eigenen Grenzen bzw. Erkennen und Beachten der des Gegenübers

Anmerkungen

1 z. B. Hölzle & Jansen (Hg.), 2009

2 z. B. Kappner, 2015; Ruhe, 2014

3 (Auto-) Biografien als Literaturgattung haben eine schon lange Geschichte. Vor allem im Bereich der Kirche stellen sie eine traditionelle Erzählweise dar (Biografien in der Bibel, Heiligenlegenden). Aber auch Kirchenlehrer/-innen und wichtige Personen des Kirchenlebens haben schon früh damit begonnen, ihre (Berufungs- und Bekehrungs-) Geschichten selbst aufzuschreiben, z. B.: die „Bekenntnisse" des hl. Augustinus, der „Weg des Pilgers" des hl. Ignatius von Loyola oder das „Buch meines Lebens" der hl. Teresa von Ávila.

4 Gudjons; zit. nach Fischer, 2007

5 Baacke; zit. nach Fischer, 2007

6 Hudson & MacLean, 2001

7 2017; siehe auch www.thomas-oberender.de

8 Münchhausen, 2004

9 1985

10 2004, 75

11 Steffensky, 2004, 16 f.

12 Simon, 1999

13 Quelle unbekannt

14 Siebert, o.J.

15 Siebert 2006. In einer anderen Aufzählung unterscheidet Siebert (o.J.) innerhalb der Lernbiografie 1) die Motivations- und Interessensbiografie, 2) die Kommunikationsbiografie und 3) die Tätigkeitsbiografie.

16 Knoblauch u.a., 2003

17 Institut Arbeit und Qualifikation, 2008

18 1984

19 Schmid, 2004, 160 ff.

20 Wittwer, o.J.

21 Bak u.a., o.J.

22 Graf, 2007

23 Glasl, 2005

24 Nach einer Idee von Irmgard Gasteiger-Wintersberger

25 nach einer Idee von Lutz von Werder

26 Dürrschmidt u.a., 2005

27 Sander, 2006, 3 f.

28 Alheit & Felden (Hg.), 2009

29 Pisarksi, 2005, 24

30 Dies gilt allerdings weniger für sozial schwache Schichten und Migranten/-innen.

31 Auch genetisch scheint es eine Zeit der größer werdenden Freiheit zu sein. Weil – so behaupten manche Genforscher – mit zunehmendem Alter der Einfluss der Gene zurückgeht, die „wollen", dass der Mensch sich reproduziert, und die Menschen somit ein Stück weit freier werden.

32 Beck-Gernsheim, 1983.

33 Keupp, 1999

34 Alheit, 1994

35 Weinhardt, 2014

36 In der Organisationsentwicklung werden Unternehmen, die angemessen und konstruktiv mit solchen Herausforderungen umgehen können, als „agile Unternehmen" bezeichnet. Dementsprechend könnte man auf die Individuen übertragen von „agilen Subjekten" sprechen.

37 Vertreter eines solchen Ansatzes sind Karin Jurczyk und Ulrich Mückenberger; vgl. Schoener, 2016, 59

38 Die Berliner Sozialwissenschaftlicher Jutta Allmendinger (http://www.ggfa.de/fiftyup/pressemitteilungen/PM_04-06_Kamin1_2.php) spricht hier von „perforierten Lebensläufen", die den Bedürfnissen der Menschen entgegenkommen. Bildungs- und Sozialsystem müssten sich auf solchermaßen veränderte Biografien einstellen.

39 1997

40 Klingenberger, 2012

41 Siebert, 2006.

42 2007

43 Lütz, 2013

44 Längle & Bürgi, 2016

45 Dick, 2010

46 Hofmeister, 2007

47 Zur Methode des Wertequadrats vgl. Pörksen & Schulz von Thun, 2016

48 Frick 2007

49 Schmid, 2000

50 Gruhl, 2008

51 Gruhl, 2008

52 Klingenberger, 2016

53 Klingenberger & Ramsauer, 2016

54 Klingenberger, 2017

55 Klingenberger, 2016

56 Klingenberger, 2016

57 Pastoralkonstitution Gaudium et Spes des Zweiten Vatikanischen Konzils

58 Klingenberger, 2017

59 Rabaioli-Fischer, 2015, 24

60 Anthropologie = die Wissenschaft vom Menschen (anthropos = Mensch)

61 Diesen Ausführungen liegt die „Pädagogische Anthropologie" Bruno Hamanns (2005), meines Doktorvaters und akademischen Lehrers (H. Kl.) zugrunde.

62 Der Mensch begegnet nach Hurrelmann zwei Realitäten: der inneren (körperliche und psychische Eigenschaften und Befindlichkeiten) und der äußeren (seine soziale und physische Umwelt). Diese verarbeitet er produktiv, „weil ein Mensch sich stets aktiv mit seinem Leben auseinandersetzt und die damit einhergehenden Entwicklungsaufgaben zu bewältigen versucht" (Hurrelmann, 2012, 90).

63 Wilhelm Schmid in seiner „Philosophie der Lebenskunst"

64 Vgl. Feldmann, 2016, 57 f.

65 Steffensky, 2007

66 Brantschen & Gyger, 2013

67 2006, 187

68 Nuber, 2008

69 2005

70 Nuber, 2008

71 Nach der Ersten Wiener Schule, der Psychoanalyse Sigmund Freuds (Wille zur Lust) und der Zweiten Wiener Schule, der Individualpsychologie Alfred Adlers (Wille zur Macht) war in der Dritten Wiener Schule die Frage nach dem Sinn bzw. der Wille zum Sinn das zentrale Thema.

72 Längle, 2016

73 Kurz & Sedlak, 2013

74 Kurz, Wolfram & Sedlak, Franz (2013).

75 Schmid, 2000, 9

76 Haubl, 2009

77 Lütz, 2013

78 Baer u.a., 1997

79 Grönemeyer, 2006

80 Hierzu u.a. Schmid, 2000

81 2000, 33

82 König & Volmer, 2005; 2009

83 Das scheint ganz natürlich zu sein, gilt unser Gehirn doch als ein Regeln bildendes Organ. D.h. es macht sich „einen Reim" auf das, was ihm tagtäglich passiert und entwickelt daraus regelhafte Konsequenzen.

84 2009

85 König & Volmer, 2005

86 König & Volmer, 2005

87 Knoblauch u.a., 2003, 40 ff.

88 König & Volmer, 2005

89 Geißler, 1997

90 König & Volmer, 2005; 2009

91 König & Volmer, 2009, 103

92 König & Volmer, 2009, 104

93 König & Volmer, 2005

94 Liebig, 2011

95 Reichel & Rabenstein, 2001

96 Siebert, 2006

97 2012

98 2013, 8, 15 f.

99 Vopel, 2013, 20

100 Vopel, 2013, 9f.

101 2015

102 2000

103 Zit. nach König & Volmer, 2005

104 Völzke, 2006

105 Völzke, 2006

106 Völzke, 2006

107 Kricheldorff, o.J.,5

108 Oehlmann, 2001

109 Oehlmann, 2001

110 O'Connell, 2010, 276

111 Behrens-Cobet & Reichling, 1997

112 Zit. nach Meise, 2014

113 Lohmann, 2014

114 Lohmann, 2014

115 zit. nach Stern, 2012

116 Buber, 1995

117 Völzke, 2006

118 Völzke, 2006

119 Völzke, 2006

120 Kerkhoff & Halbach, 2002, 14

121 Dies deckt sich übrigens mit einer kirchengeschichtlichen/religiösen Erfahrung: denn auch das von vielen Seiten bedrohte Volk Israel versicherte sich seiner Identität immer wieder durch das Erzählen der gleichen Geschichten – daraus entstand das Alte Testament.

122 2002

123 Welzer, 2002

124 Assmann, o.J.

125 Etzold, 2003

126 Schacter, 1999

127 Siebert, 2003, 45 f.

128 1999

129 Reichel & Rabenstein, 2001

130 nach Nauer, 2007

131 Schacter, 1999

132 Schärmer, 2016, 113

133 Kräutler, 2016, 17

134 Papst Franziskus, 2016, 82

135 Müller & Schnegg. 2008. 59 ff

136 Schneider & Schneider, 2012, 18

137 Längle, 2014

138 Darauf weist auch der Buddhismus in seinen „Vier Edlen Wahrheiten“ hin.

139 2006

140 Schneider & Schneider, 2012, 14

141 Eine bekannte Sinngeschichte zu diesem Thema ist die Geschichte von der „Steinpalme": Eine junge Palme steht in der Wüste. Ein Mensch kommt vorbei und legt der Palme – aus Bosheit oder Neid über deren schönen Wuchs – einen schweren Stein mitten auf das Kronenherz der Palme. Doch die Palme geht nicht ein, sondern entwickelt durch das Hindernis starke Kräfte und absorbiert so den Widerstand, bis sie am Ende stärker als je zuvor ist. Es gibt unterschiedliche Fassungen dieser Geschichte.

142 Schmid, 2000, 55 ff. – Er spricht von einer „Hermeneutik des Schmerzes", was sich aber gut auf eine Hermeneutik des Leidens übertragen lässt.

143 Steffensky, 2007

144 Bergmann, 2011

145 Allerdings besteht eine Skepsis gegenüber so lautenden Forschungsergebnissen, denn die Befragten sehen sich in der Regel noch weit vom Tod entfernt.

146 Frisch, 2012, 5; Nummerierung durch Spiegelstriche ersetzt

147 Zit. nach Modehn, 2011, 58

148 Kothgasser & Sedmak, 2012, 17 ff.; Pisarski, 2005, 61 ff.

149 Müller & Schnegg 2008, 14 ff.

150 Müller & Schnegg 2008, 17

151 Müller & Schnegg 2008, 17

152 2005, 41 ff.

153 Pisarski, 2005, 14

154 Entwickelt nach Ideen während des Universitätsstudium Master of Training and Development in Salzburg von 2016–2017

155 Leimon & McMahon, 2011

156 Vopel, 1997

157 Tausch-Flammer & Bickel, 2000

Literatur

Alheit, Peter (1994). *Zivile Kultur: Verlust und Wiederaneignung der Moderne.* Frankfurt: Campus.

Arnold, Rolf (2007). *Ich lerne, also bin ich: eine systemisch-konstruktivistische Didaktik* (1. Aufl.). Heidelberg: Carl Auer.

Assmann, Aleida (o.J.). Erinnern und Erinnert werden: Strategien und Mechanismen des au-tobiografischen Gedächtnisses. Internet: http://culturalgenderstudies.hgkz.ch/de/texte/downloads/AleidaAssmann.erinnern-erinnertwerden.pdf

Bak, B. u.a. (o.J.): *Evaluation von Fortbildung (Fortbildungscontrolling) oder: was hat die Fortbildung gebracht?* Dorsten: Studieninstitut für kommunale Verwaltung Emscher-Lippe.

Beck-Gernsheim, Elisabeth (1983). Vom Dasein für andere zum Anspruch auf ein Stück eigenes Leben – Individualisierungsprozesse im weiblichen Lebenszusammenhang. *Soziale Welt* (3), 307–341.

Behrens-Cobet, Heidi & Reichling, Norbert (1997). *Biografische Kommunikation: Lebensgeschichten im Repertoire der Erwachsenenbildung.* Neuwied: Luchterhand.

Bergmann, Wolfgang (2011). *Sterben lernen.* München: Kösel.

Brantschen, Niklaus & Gyger, Pia (2013). *Es geht um die Liebe: aus dem Leben eines zölibatären Paares.* München: Kösel.

Buber, Martin (1995). *Ich und Du.* Ditzingen: Reclam.

Dick, Andreas (2010). *Mut – Über sich hinauswachsen.* Bern: Huber.

Donders, Paul Ch. (1997). *Kreative Lebensplanung: entdecke deine Berufung, entwickle dein Potential – beruflich und privat.* Asslar: Gerth Medien.

Ende, Michael. (1988): *Momo. Ein Märchen-Roman.* Dtv: München

Etzold, Sabine (2003, 25.9.). Vergessen? Vergiss es! *Die Zeit,* S. 35 f.

Feldmann, Christian (2016). *Henri Nouwen – Glaube heißt Sehnsucht: die Biografie.* Freiburg: Herder.

Frazzetto, Giovanni (2014). *Der Gefühlscode – Die Entschlüsselung unserer Emotionen.* München: Hanser

Frisch, Max (2012). Fragebogen XI. *brennstoff* (30), 5.

Geißler, Karlheinz A. (1997). *Zeit leben: Vom Hasten und Rasten, Arbeiten und Lernen, Leben und Sterben.* Weinheim: Beltz,

Goldberg, Herb (1984). *Der Verunsicherte Mann. Wege zu einer neuen Identität aus psychotherapeutischer Sicht.* Reinbek. Rowohlt.

Grönemeyer, Dietrich (2006). *Lebe mit Herz und Seele: sieben Haltungen zur Lebenskunst* (2. Aufl.). Freiburg: Herder.

Gruhl, Monika (2008). *Die Strategie der Stehauf-Menschen: Resilienz – so nutzen Sie Ihre inneren Kräfte.* Freiburg: Herder.

Haubl, Rolf (2009). Lebenskunst: die Fähigkeit, mit sich allein zu sein. *Psychologie heute, 36* (3), 20-23.

Hofmeister, Klaus (2007). Wissen, wo es lang geht. Der Mut hat drei Geschwister: Angst – Zuversicht – Tapferkeit. *Publik-Forum* (7), 69-71.

Hudson, Frederic M. & McLean, Pamela D. (2001). *Heute beginnt Ihr neues Leben.* Landsberg: mvg.

Hurrelmann, Klaus (2012). Jugendliche als produktive Realitätsverarbeiter: Zur Neuausgabe des Buches „Lebensphase Jugend. *Diskurs Kindheits- und Jugendforschung* (1), 89-100.

Institut Arbeit und Qualifikation (2008) Allgemeine Informationen zum Übergangsmanagement. *Internet*: http://www.uebergangsmanagement.info/html/allgallg.html [Letzter Zugriff: 4.8.2009]

Kerkhoff, Barbara & Halbach, Anne (2002). *Biografisches Arbeiten: Beispiele für die praktische Umsetzung*. Hannover: Vincentz.

Kiechle, Stefan (2011). *Warum leiden?* Würzburg: Echter.

Klingenberger, Hubert (2012). *Bildkarten zur Biografiearbeit: Mein Weg ist mein Weg*. München: Don Bosco.

Klingenberger, Hubert (2016). *Biografiearbeit in der Pflege*. München: Don Bosco.

Klingenberger, Hubert (2016). *Biografiearbeit in der Seelsorge*. München: Don Bosco.

Klingenberger, Hubert (2016). *Biografiearbeit mit Männern*. München: Don Bosco.

Klingenberger, Hubert (2017). *Biografiearbeit mit Migranten*. München: Don Bosco.

Knoblauch, Jörg W. u.a. (2003). *Dem Leben Richtung geben: in drei Schritten zu einer selbst-bestimmten Zukunft*. Frankfurt: Campus.

Kothgasser, Alois & Sedmak, Clemens (2012). *Jedem Abschied wohnt ein Zauber inne: von der Kunst des Loslassens*. Innsbruck: Tyrolia.

Kricheldorff, Cornelia (o.J.). *Biografisches Arbeiten und Lernen in der Praxis: Intervallkurs Seniorenpastoral Freising*. Kopierte Powerpoint Präsentation.

Längle, Alfried (2016). *Existenzanalyse: existentielle Zugänge der Psychotherapie*. Wien: Facultas.

Leimon, Averil & McMahon Gladeana (2011). *Positive Psychologie für Dummies*. Wiley-Vch Verlag: Weinheim

Liebig, Dorothe (2011). Resonanz – Eine vitalisierende Kulturdimension in Organisationen. *Internet*: http://www.mcv.at/uploads/tx_mcv/MC_Notiz_Okt._2011.pdf [Letzter Zugriff: 2.12.2011]

Lukas, Elisabeth (2006), *Rendezvous mit dem Leben – Ermutigungen für die Zukunft* (3. Aufl.). München: Kösel.

Lütz, Manfred (2013). *Lebenslust: Wider die Diät-Sadisten, den Gesundheitswahn und den Fitnesskult*. München: Knaur.

Modehn, Christian (2011). Adieu: eine Philosophie des Abschiednehmens. *Publik-Forum* (21), 58-60.

Müller, Monika & Schnegg, Matthias (2008). *Der Weg der Trauer – Hilfen bei Verlust und Trauer.* (4. Aufl.). Freiburg: Herder-

Müller-Busch, H. Christof (2012). *Abschied braucht Zeit – Palliativmedizin und Ethik des Sterbens*. (3. Aufl.) Berlin: Suhrkamp.

Nauer, Doris (2007). *Seelsorge: Sorge um die Seele*. Stuttgart: Kohlhammer.

Nilsson, Ulf & Eriksson, Eva (2006). *Die besten Beerdigungen der Welt.* Frankfurt: Moritz.

Nuber, Ursula (2008). [muss ich noch recherchieren]

O'Connell, Carol (2010). *Such mich!* München: btb.

Oehlmann, Christel (2001). *Einfach erzählen! Ein Übungsbuch zum freien und gestalteten mündlichen Erzählen.* Paderborn: Junfermann.

Papst Franziskus (2016). *Der Name Gottes ist Barmherzigkeit.* München: Kösel.

Pausch, Randy (2008). *Last Lecture: die Lehren meines Lebens* (4. Aufl.) München: Bertelsmann.

Pisarski, Waldemar (2005). *Auch am Abend wird es leicht sein: die Kunst, zu leben und zu sterben.* München: Claudius.

Reichel, René & Rabenstein, Reinhold (2001). *Kreativ beraten: Methoden, Modelle, Strategien für Beratung, Coaching und Supervision.* Münster: Ökotopia.

Riemann, Fritz (2009). *Grundformen der Angst* (39. Aufl.). München: Reinhardt.

Schacter, Daniel (1999). *Wir sind Erinnerung: Gedächtnis und Persönlichkeit.* Reinbek: Rowohlt.

Schechner, Johanna & Zürner, Heidemarie (2016). *Krisen bewältigen – Viktor E. Frankls 10 Thesen in der Praxis* (3. Aufl.). Wien: Braumüller.

Schmid, Wilhelm (2000). *Schönes Leben? Einführung in die Lebenskunst.* Frankfurt. Suhrkamp.

Schmid, Wilhelm (2004). *Mit sich selbst befreundet sein.* Frankfurt: Suhrkamp.

Schmid, Wilhelm (2005). *Die Kunst der Balance: 100 Facetten der Lebenskunst* (1. Aufl.). Frankfurt: Insel.

Schneider, Anne & Schneider, Nikolaus (2012). *Wenn das Leid, das wir tragen, den Weg uns weist: Leben und Glauben mit dem Tod eines geliebten Menschen* (4. Aufl.). Neukirchen-Vluyn: Neukirchener Aussaat.

Schoener, Johanna (2016, 11. Aug.). Zu platt für den Aufstand. *Die Zeit* (34), 59.

Sedmak, Clemens & Unterrainer, Christine (2010). *Leid verstehen.* Augsburg: Sankt Ulrich.

Seligman, Martin (2012). *Der Glücks-Faktor: Warum Optimisten länger leben* (11. Aufl.). Mülheim: Bastei-Lübbe.

Siebert, Horst (2003). *Vernetztes Lernen: systemisch-konstruktivistische Methoden der Bildungsarbeit.* Neuwied: Luchterhand.

Siebert, Horst (2006). *Lernmotivation und Bildungsbeteiligung.* Bielefeld: Bertelsmann.

Siebert, Horst (o.J.) Theoretische Begründungen lebenslangen Lernens. In Grundlagen der Weiterbildung e.V. (Hg.), *Grundlagen der Weiterbildung – Praxishilfen* (8.170). Neuwied: Luchterhand.

Singer, Jefferson A. (2005) *Memories that matter*. New Harbinger Publications: Oakland

Sölle, Dorothee (2006). *Den Rhythmus des Lebens spüren: inspirierter Alltag*. Freiburg: Herder.

Steffensky, Fulbert (2004). *Die Zehn Gebote: Anweisungen für das Land der Freiheit* (3. Aufl.). Würzburg: Echter.

Tausch-Flammer, Daniela & Bickel, Lis (2000). *Jeder Tag ist kostbar: Endlichkeit erfahren – intensiver leben*. Herder: Freiburg:

Völzke, R. (2006). Angeleitete biographisch-narrative Gesprächsführung im pädagogischen Alltag. *Internet*: http://www.strukturnetz.de/download//Vortraege/voelzke_biografisch_narrative_gespraechsfuehrung_flensburg_okt2006.pdf (Letzter Zugriff: 03.11.2007)

Vopel, Klaus W. (1997). *Geschichten erzählen* (1. Aufl.). Salzhausen: iskopress.

Welzer, Harald (2002). *Das kommunikative Gedächtnis: eine Theorie der Erinnerung*. München: Beck.

Wir müssen die Lebensläufe entzerren. (2017, 16. März). *Die Zeit* (12), 23,

Wittwer, W. (o.J.). „Stärken stärken – Individuelle Kompetenzentwicklung als Führungsaufgabe, *Internet*: http://www.utb.at/tsymp/tsymp_2004/Wittwer-Handout-VortragLinzEndfassung.pdf

Young, William Paul (2010). *Die Hütte – Ein Wochenende mit Gott* (5. Aufl.). Berlin: Ullstein.

Aus der Reihe

ISBN 978-3-7698-2322-6

ISBN 978-3-7698-2236-6

ISBN 978-3-7698-2235-9

ISBN 978-3-7698-2200-7